Niklaus Schefer

Philosophie des Automobils

Niklaus Schefer

PHILOSOPHIE DES AUTOMOBILS

Ästhetik der Bewegung und
Kritik des automobilen
Designs

Wilhelm Fink

Publiziert mit Unterstützung des Schweizerischen Nationalfonds zur Föderung der wissenschaftlichen Forschung

Umschlagabbildung:
Ur-Saab (1947); © GM Suisse SA

Bibliografische Information der Deutschen Nationalbibliothek

Die Deutsche Nationalbibliothek verzeichnet diese Publikation in der Deutschen Nationalbibliografie; detaillierte bibliografische Daten sind im Internet über http://dnb.d-nb.de abrufbar.

Zugl. Diss. Bern, 2006

Alle Rechte, auch die des auszugsweisen Nachdrucks, der fotomechanischen Wiedergabe und der Übersetzung, vorbehalten. Dies betrifft auch die Vervielfältigung und Übertragung einzelner Textabschnitte, Zeichnungen oder Bilder durch alle Verfahren wie Speicherung und Übertragung auf Papier, Transparente, Filme, Bänder, Platten und andere Medien, soweit es nicht §§ 53 und 54 URG ausdrücklich gestatten.

© 2008 Wilhelm Fink Verlag, München
(Wilhelm Fink GmbH & Co. Verlags-KG, Jühenplatz 1, D-33098 Paderborn)

Internet: www.fink.de

Einbandgestaltung: Evelyn Ziegler, München
Printed in Germany.
Herstellung: Ferdinand Schöningh GmbH & Co. KG, Paderborn

ISBN 978-3-7705-4640-4

Vorwort

In dieser Arbeit setze ich mich mit einem Gegenstand auseinander, der mich schon von Kindheit an faszinierte, aber auch immer wieder abstiess: dem Automobil. Auf den folgenden Seiten analysiere ich die Entwicklung des Automobildesigns aus philosophischer Sicht und hoffe, dass es dadurch gelingt, teilweise ungewöhnliche, aber doch wichtige Thesen zu formulieren und ausreichend zu begründen, Thesen, die für unser modernes Kulturverständnis relevant sein könnten.

Die Arbeit wäre nicht möglich gewesen ohne die Betreuung durch Prof. Dr. Andreas Graeser und die Mithilfe von Prof. Dr. Andreas Dorschel, Kaspar Hurni, Andreas Hohn, Li Mollet, Andreas Schudel, Claudio Veress, Katharina Suhr, Christine Greder-Specht, Anna Marie Pina und Peter Herren. Ihnen möchte ich an dieser Stelle herzlich danken.

Thun, im März 2008   NIKLAUS SCHEFER

Inhaltsverzeichnis

Einleitung und kurze Zusammenfassung der Kapitel
und Unterkapitel. 9/11

1. Ästhetik der Bewegung 19
   a) Eine praktische Ästhetik. 19
   b) Wahl eines Gegenstands als Untersuchungsobjekt und die Leitfrage. . 23
   c) Archäologie ästhetisierter Bewegung 26
   d) Facetten einer neuzeitlichen Ästhetik der Bewegung. 29
   e) Skizze einer Ästhetik der Gegenbewegung 31
   f) Dialektik der Bewegung in der technisierten Moderne. 33

2. Moderne Ästhetik einer universalen Funktionalität 39
   a) Kurzer Überblick über die Geschichte der Aerodynamik 39
   b) Genealogie organischer und mechanischer Designformen 43
   c) Rationales Aussendesign: eckige und runde Keilform. 48
   d) Kunststoff: das moderne Material 53
   e) Entidentifikation und rationale Globalisierung 55
   f) Die Frage nach der Ästhetik. 58

3. Philosophische und ökonomische Hintergründe zur Moderne. . . 61
   a) Eine Begriffsklärung: Funktion und Funktionalismus 61
   b) Funktionalismus und politisch-ökonomische Aspekte 66
   c) High-Tech-Ästhetik: die Faszination der Technik. 71
   d) Eine moderne Allianz: Separatismus, Reduktionismus,
      Funktionalismus 76
   e) Eine Analogie: die moderne Allianz in der Sprache 78
   f) Eine Quelle des ästhetischen Reduktionismus: Japonismus 83

4. Postmoderne Ästhetik einer inszenierten Identität 89
   a) Das Markengesicht: Grill, Logo und Scheinwerfer. 91
   b) Wohnliches Interieur 96
   c) Spannung: dynamische Linie und Dekonstruktion 100
   d) Neomoderne 106
   e) Ästhetik des Traditionsbezugs und der Mehrsprachigkeit 108
   f) Die Frage nach der Ästhetik. 111

5. PHILOSOPHISCHE UND ÖKONOMISCHE HINTERGRÜNDE
   ZUR POSTMODERNE 115
   a) Ein begrifflicher Zusammenhang: Identität und Inszenierung 115
   b) Eine Übertragung: die postmoderne Deutung der Sprache 121
   c) Emotionalität und Erotik nach aussen: in der Verkaufsstrategie 127
   d) Geklonte Plattformen nach innen: in der Produktionsweise. 134
   e) Die rhetorische Metapher 136
   f) Fazit der Leere 139

6. AUSFALTUNG EINER PRAKTISCHEN ÄSTHETIK AUF NEUEM WEGE 143
   a) Der Primat der Ästhetik 143
   b) Mehr über die Metapher 145
   c) Ästhetik und poetische Metaphorik. 150
   d) Lebendigkeit und Beseeltheit im Jugendstil 155
   e) Die Metapher der Weltseele. 160
   f) Kriterien einer praktischen Ästhetik als Gegenbewegung. 166

7. ÄSTH/ETHISCHE RÜCKSCHLÜSSE UND AUTOMOBILE ANWENDUNGEN. . . . 173
   a) Skizze einer po(i)etischen Ökonomie und Ethik 173
   b) Ästhetisch lebendige Gestaltung 178
   c) Sorgfalt im Umgang mit Kunden 181
   d) Sorgfalt im Umgang mit der Umwelt. 184
   e) Regeln der Beschränktheit 187
   f) Gegenbewegt und widerständig. 190

8. QUELLENVERZEICHNIS 195

9. ABBILDUNGS- UND TABELLENVERZEICHNIS 207

10. ANHANG. 219

Einleitung

Diese Arbeit analysiert die Entwicklung des Designs von Gebrauchsgegenständen am Beispiel des Automobils während der letzten 30 Jahre vor dem theoretischen Hintergrund der Ästhetik und Sozialphilosophie. Dabei wird Ästhetik im weiten Sinn und nicht nur als Theorie der Kunst oder Philosophie des Schönen verstanden. Ich nenne sie daher ‚praktische Ästhetik'. Ausgehend vom Untersuchungsgegenstand wird besonderes Augenmerk auf die Ästhetik der Bewegung gelegt, die mit der allgemeinen Fortschrittsbewegung der modernen Zivilisation einhergeht. Bei der Analyse dieser Entwicklungen zwischen 1975 und heute versuche ich allgemeine philosophische und weltanschauliche Positionen der Gegenwart einzubeziehen, um eine möglichst ganzheitliche Sicht auf die vorliegenden Phänomene zu erhalten. Dazu gehören in erster Linie die Konzepte der Moderne und der Postmoderne. Eine These wird lauten, dass es im Automobildesign eine sehr wirkungsvolle Postmoderne gibt.

Hilfreich für meine Arbeit erwies sich die Verknüpfung von Ästhetik (als Grundlage des Designs) und Sprachphilosophie (als besondere Ausformung der Erkenntnistheorie): Die Beziehung zwischen der ästhetischen Dekoration und der Funktion eines Gegenstandes ähnelt derjenigen zwischen der Metapher als poetischem Ornament und dem Begriff. Einmal mehr geht es hier also – zumindest hintergründig – um das Verhältnis der beiden philosophischen Disziplinen Ästhetik und Erkenntnistheorie, das bereits bei Baumgarten und Kant in der Anfangszeit der Ästhetik diskutiert wurde.

Aber auch die Ethik, die dritte moderne Hauptdisziplin der Philosophie, möchte ich nicht vernachlässigen. Aufgrund der heutigen Produktionsverhältnisse – das Automobil ist in der Regel ein industrielles Massenprodukt – dürfen ökonomische Hintergründe nicht ausgeschlossen bleiben, sind vielmehr ethisch zu hinterfragen. Dabei zeigt sich, dass die Produkte der Automobilindustrie ethisch unbefriedigende Lösungen darstellen. Das gleiche Resultat ergibt sich aus meiner ästhetischen Analyse. Denn – und das ist die Hauptthese der ersten fünf Kapitel der Philosophie des Automobils – das moderne Autodesign ästhetisiert gerade nicht die (Fortschritts-)Bewegung, die dem Projekt der Moderne innewohnt. Das postmoderne Design, als Gegenbewegung zur Moderne, äussert sich nicht so sehr in einer Ästhetik der Gegenbewegung, sondern eher als Fortsetzung der Ästhetik der Bewegung.

In der Folge versuche ich in essayistischer Form eine Theorie der praktischen Ästhetik zu entwickeln, die eine Alternative zu den bisherigen Ansätzen bildet und zukunftsweisend sein könnte. Ich gebe zu, dass solch ein Projekt waghalsig ist. Doch die möglichst breite Ausleuchtung eines aktuellen Themas, das nicht direkt mit den philosophischen Fragestellungen zu tun hat, aufgrund der grossen Mobilitätsprobleme aber von gesellschaftlicher Relevanz ist, faszinierte und motivierte mich.

Meine Vorgehensweise ist einerseits historisch kritisch, andererseits heuristisch. Die Arbeit versucht ein grosses gesellschaftliches Phänomen zu erfassen, weshalb einige Bezüge und Zusammenhänge vielleicht zu kurz und zu oberflächlich geraten sind. Doch die Gegenwart verstehen und deuten zu können scheint mir wertvoller als eine exakte Studie über ein eingegrenztes und dafür vielleicht unerhebliches Gebiet.

Meine Design-Analysen möchte ich mit geeignetem Bildmaterial ergänzen. Um der Willkür der Auswahl entgegenzuwirken, füge ich im Anhang eine grössere Datensammlung mit statistischer Auswertung sowie eine exemplarische Designanalyse an. Da die Arbeit auch historische Bezüge herstellt, ist eine Zeitangabe der Entstehung der jeweiligen Produkte unerlässlich. Sie ist den jeweiligen Abbildungen beigefügt, wobei sich die Jahreszahl auf die Erstproduktion des Modells bezieht.

Die Arbeit ist in sieben Kapitel unterteilt. Zur besseren Orientierung und damit die Gedankengänge leichter nachvollziehbar sind, werden im Folgenden die Inhalte der jeweiligen Unterkapitel kurz zusammengefasst.

Zum Editorischen noch eine kleine Anmerkung: Die Nummerierung der Fussnoten und Abbildungen beginnt bei jedem Kapitel wieder bei 1.

Kurze Zusammenfassung der Unterkapitel

1. Ästhetik der Bewegung

a) **Eine praktische Ästhetik**
Ich beschäftige mich mit ‚praktischer Ästhetik', d. h. einer auf die Probleme des alltäglichen Lebens angewandten Ästhetik, welche die Gestaltung unserer Umwelt betrifft. Damit grenze ich mich sowohl von einer Philosophie der Kunst als auch von einer allzu engen Designtheorie ab.

b) **Wahl eines Gegenstands als Untersuchungsobjekt und die Leitfrage**
Als Untersuchungsgegenstand wähle ich das Automobil, da es Fortschritt und Gefährlichkeit unserer Zivilisation sehr eindrücklich vereint. Ich konzentriere mich dabei auf die Entwicklung des Aussen- und Innendesigns seit 1975.

c) **Archäologie ästhetisierter Bewegung**
Diese Analyse stelle ich in den Kontext einer Ästhetik der Bewegung, d. h. einer Ästhetisierung der Bewegung. Obwohl Bewegung eine grundsätzliche Lebenserfahrung darstellt, galt über lange Zeit in unserer Kulturgeschichte die Ruhe als vornehmer, edler und wahrer.

d) **Facetten einer neuzeitlichen Ästhetik der Bewegung**
Dies änderte sich mit der Neuzeit. Erkenntnis wurde mit Arbeit verbunden. Dies wirkte sich auch auf das Schöne aus. Hier entstand der Begriff ‚Ästhetik', der etymologisch an die subjektive Wahrnehmung und Empfindung gekoppelt ist.

e) **Skizze einer Ästhetik der Gegenbewegung**
Natürlich gibt es auch Gegenbewegungen zu den klassischen Positionen der Ästhetik. Aber dies bedeutet nicht automatisch, dass Gegenbewegung als ästhetisches Phänomen bewertet wird. Sie ist eher ein Randphänomen innerhalb einer Ästhetik der Bewegung. Ihr Reiz kann im Taumel oder in der Irritation liegen.

f) **Dialektik der Bewegung in der technisierten Moderne**
In der Moderne ist die Bewegung dank der Technik selbstverständlich geworden und beginnt die Kunst radikal zu verändern, insbesondere durch die Photographie und den Film. Hier wird eine zweite Bedeutung der Ästhetik der Bewegung relevant: Sie lautet ‚Stil der modernen Fortschrittsbewegung'. Mit dem Film hat das Automobil eine besondere Gemeinsamkeit. Beide betonen die Bewegung, sind aber auch auf ruhende Zuschauende angewiesen. So entsteht eine eigentümliche Dialektik von Bewegung, Ruhe und Gegenbewegung, auf die ich in der folgenden Analyse zurückkommen möchte. Ich frage dabei, in wieweit die Ästhetik der Bewegung (als Stil der Moderne) eine Ästhetik der Bewegung (eine Ästhetisierung der Bewegung) ist.

2. Moderne Ästhetik einer universalen Funktionalität

a) **Kurzer Überblick über die Geschichte der Aerodynamik**
Die Geschichte des Automobildesigns beginnt mit stark an der Mechanik orientierten Formen: Kutschen mit Motor. Die fortschreitende Technik erlaubt allmählich immer höhere Geschwindigkeiten, so dass sich seit 1930 mutige Karosseriegestaltungen den aerodynamischen Studien des Flugzeugbaus anpassen. Die Stromlinienform taucht auf.

b) **Genealogie organischer und mechanischer Designformen**
Darum werden die Hüllen um den mechanischen Kern des Autos organischer gestaltet, je nach Kultur und Zeit im Art déco – Stil, manieristisch oder klassisch elegant. Das angesprochene Gegensatzpaar ‚organisch' und ‚mechanisch' steht dabei in einer langen geistesgeschichtlichen Tradition. In der Neuzeit gewinnt das Mechanische an Bedeutung, da die innere Struktur eines Dinges dessen wirkliche Beschaffenheit eher aufzuzeigen vermag als die organische Hülle, die Täuschung ist. Diese Tendenz wirkt sich auch auf die Gestaltung und Architektur aus und findet im Konstruktivismus der Moderne ihren Höhepunkt.

c) **Rationales Aussendesign: eckige und runde Keilform**
Beim Automobildesign macht die Betonung des Mechanischen und der Konstruktion keinen Sinn. Um seine Funktion zu erfüllen, bedarf das Fahrzeug einer windschlüpfrigen Hülle. Darum äussert sich in der aerodynamischen, rationalen Keilform die moderne Sachlichkeit und Fortschrittlichkeit. Sie ist zunächst (ab den 70er Jahren) an eckigen Formen, ab Mitte der 80er Jahre vermehrt an rund geschliffenen Formen orientiert.

d) **Kunststoff: das moderne Material**
Ein wichtiger Faktor bei der modernen Automobilproduktion ist zudem die Massenproduktion von Plastikteilen, vor allem seit den 60er Jahren. Mit diesem künstlichen Material lassen sich beliebige Formen einfach und billig herstellen. Und so zeigt sich ein modernes Armaturenbrett in einem grau-schwarzen, funktionalen Look.

e) **Entidentifikation und rationale Globalisierung**
Diese Entwicklungen veranschaulichen die Globalisierung der Ökonomie und die Rationalisierung der Produktion. Technische Funktionalität steht dabei im Vordergrund. Eigenständige Markenprofile drohen in einem Einheitsdesign über die verschiedenen Kontinente und Kulturen hinweg zu verschmelzen.

f) **Die Frage nach der Ästhetik**
Die praktische Ästhetik fragt nun, welche ästhetischen Motive hinter diesen Entwicklungen stecken: Funktionalismus (schön ist, was nützlich ist), Reduktionismus (schön ist, was entschlackt und einfach ist) und High-Tech-Ästhetik (schön ist, was artifiziell und futuristisch ist) sind die Antwort.

3. Philosophische und ökonomische Hintergründe zur Moderne

a) **Eine Begriffsklärung: Funktion und Funktionalismus**
,Funktionalismus' stammt von ,Funktion' und steht in Zusammenhang mit dem Substanzbegriff. Seit der Aufklärung wurden Begründungen mit Verweis auf unabhängige Substanzen problematisch. Ersatz ist der Funktionsbegriff. Trotz der Stärkung des Funktionsdenkens macht ein gestalterischer Funktionalismus, wonach die Form der Funktion folgt, jedoch keinen Sinn: Wir haben die Freiheit, Dinge trotz ihrer Vorbestimmung für diverse Funktionen zu verwenden.

b) **Funktionalismus und politisch-ökonomische Universalisierung**
Dennoch war der Funktionalismus eine einflussreiche Denkströmung der Moderne, die durch die christliche Tugend der Bescheidenheit, das protestantische Arbeitsethos, den aufkommenden Kapitalismus sowie durch den sozialistischen Kampf gegen feudalen Prunk vorbereitet wurde. So etabliert sich der funktionalistische Stil in der Architektur quasi als universales Dogma über politische Ideologiegrenzen hinweg mit allen positiven und negativen Konsequenzen.

c) **High-Tech-Ästhetik: die Faszination der Technik**
Über den Funktionalismus hinaus entwickelt sich eine High-Tech-Ästhetik, beflügelt vor allem durch die Weltraumforschung. Automaten und Roboter strahlen einen eigenen ästhetischen Reiz aus. So ist die Natur nicht mehr Vorbild der Kunst. Indem die Technik die Mängel der Natur zu überwinden sucht, schafft sie eine künstliche, neue Welt, wird sie selbst zu einem Kunstwerk. Dem technischen Perfektionismus wohnt allerdings eher eine Ästhetik der Starre inne.

d) **Eine moderne Allianz: Separatismus, Reduktionismus, Funktionalismus**
Gleichzeitig zur funktionalistischen Gestaltung der Architektur und der Gebrauchsgegenstände wächst mit der Industrialisierung die Kluft zwischen zweckfreiem Kunstwerk und zweckgebundenem Industrieerzeugnis, bis zur Separierung der beiden Bereiche. Nicht mit dem Funktionalismus zu verwechseln ist die Tendenz in der modernen Kunst, ihren traditionellen Formen- und Schmuckreichtum zu reduzieren und das Abstrakte in umfassender Weise darzustellen.

e) **Eine Analogie: die moderne Allianz in der Sprache**
Diese Abläufe finden eine Entsprechung in der Sprache der Wissenschaft. Das Projekt der modernen Wissenschaften ist es, auf ungenaue bildliche Ausdrücke zu verzichten und Wirklichkeit mittels exakter Begriffe zu beschreiben. In Wittgensteins Werken aus den 20er Jahren, dem *Tractatus* und einem Einfamilienhaus in Wien, manifestiert sich die Parallelität von wissenschaftlicher Sprache und moderner Architektur.

f) **Eine Quelle des ästhetischen Reduktionismus: Japonismus**
Trotz der Loskoppelung der modernen Architektur von der Tradition finden sich Bezüge zur japanischen Baukunstgeschichte. Die durch die Zen-Philosophie beeinflusste funktionale Art der Raumgestaltung inspirierte mehrere Koryphäen des modernen Bauens. Wiederum versteckt sich hinter dem Stil der Fortschrittsbewegung eher eine Ästhetik der Ruhe. Allerdings stellt diese Philosophie hohe Ansprüche an die Bewohner solcher Räume. Wird Fortschrittlichkeit, Schlichtheit und dekorative Armut nur eingesetzt, um möglichst billige Massenwohnmaschinen zu bauen, sind die sozialen Folgen unberechenbar. Dies verlangt eine ästhetische Kehrtwende.

4. Postmoderne Ästhetik einer inszenierten Identität

a) **Das Markengesicht: Grill, Logo und Scheinwerfer**
Die Gegenbewegung zeigt sich im automobilen Design äusserlich in einer Akzentuierung des Markengesichts mit interessanten Scheinwerfern, deutlichem Grill und grossem Logo, die alle die ehrwürdige Tradition der Marke bewusst machen sollen. Als typisches Merkmal der Postmoderne werden auch alte Modellbezeichnungen wieder belebt.

b) **Wohnliches Interieur**
Im Interieur wird mehr Wert auf die Verwendung von natürlichen Materialien wie Holz, Metall und Leder gelegt. Damit soll ein wohnlicher, gemütlicher Eindruck entstehen und die Autofahrt zu einem sinnlichen Erlebnis werden, das das Subjekt in der Privatheit geniessen kann.

c) **Spannung: dynamische Linie und Dekonstruktion**
Schliesslich fällt auf, dass das Karosseriedesign auch Emotionen und nicht nur rationale Funktionalität anspricht: z. B. mit Spannungsbögen in der Dachgestaltung, mit geschwungenen, skulpturierten Linien in der Seitenansicht oder in der Innenraumgestaltung. So versucht das postmoderne Design Eleganz und Dynamik auszudrücken. Andererseits sind z. T. auch dekonstruktivistische Elemente sichtbar: Mit schiefen Linien sollen Sehgewohnheiten gebrochen und Autos auffällig gemacht werden.

d) **Neomoderne**
Aber auch typisch moderne, futuristische Gestaltungsweisen wie kantige Schlichtheit und technoide Formen gehören zur Gegenbewegung. Dieses neomoderne Design ist nicht einfach funktional begründet, sondern eine bewusste ästhetische Inszenierung.

e) **Ästhetik des Traditionsbezugs und der Mehrsprachigkeit**
In Übereinstimmung mit den Theorien zur postmodernen Architektur finden sich auch im Design die Kennzeichen der Doppelkodierung und Mehrsprachigkeit. Sie machen klar, dass die Postmoderne nicht einfach eine Renaissance der Tradition ist, sondern bewusst Tradition und Moderne in Einklang bringen und weiterentwickeln möchte. In dieser Mehrdeutigkeit und Beweglichkeit liegt ihr ästhetischer Reiz.

f) **Die Frage nach der Ästhetik**
Rückblickend erweist sich das postmoderne Design als eine Bewegung von grosser ästhetischer Differenziertheit und Bewusstheit. Als Stilmotive tauchen das Moment der Gegen- und Rückwärtsbewegung ebenso wie dasjenige der Bewegung und Dynamik auf. Ausserdem zeigt sich ein Trend zur Beschaulichkeit.

5. Philosophische und ökonomische Hintergründe zur Postmoderne

a) **Ein begrifflicher Zusammenhang: Identität und Inszenierung**
Hinter der Entwicklung zum postmodernen Design steckt die Einsicht, dass die vorherrschende instrumentelle Vernunft den Menschen zu enthumanisieren droht und darum eine Wende zur Individualität und eine Stärkung der Identität im Gegensatz zur Entwicklung der Massengesellschaft und Globalisierung Not tun. Allerdings kann eine postmoderne Philosophie nicht mehr auf ein metaphysisches Konzept der Person oder der Seele zurückgreifen. Identität ist eine Inszenierung, eine Illusion, aber eine, die überlebenswichtig ist sowie besser und emotional wärmer als die Realität eines durchrationalisierten Systems erscheint.

b) **Eine Übertragung: die postmoderne Deutung der Sprache**
Ähnlich wie die Kritik an der modernen asketischen Gestaltung sieht die postmoderne Sprachkritik aus. In ihr findet sich ein zentrales Fundament für eine Theorie des pluralen Denkens. Es kommt in der Gleichberechtigung verschiedener Sprachspiele zum Ausdruck. Dies bedeutet den Abschied vom Glauben an eine universale, begriffliche Idealsprache. Gleichzeitig wird die Metaphorik und mit ihr das bildhafte, analoge Denken auch im wissenschaftlichen Kontext rehabilitiert. So verkleinert sich die Kluft zwischen Rationalität und Emotionalität.

c) **Emotionalität und Erotik nach aussen: in der Verkaufsstrategie**
Wenn wir auf dieser Grundlage die ökonomischen Bedingungen der postmodernen Autoproduktion betrachten, fällt auf, dass nicht nur die Werbung emotional und oft auch erotisch aufgeladen ist, sondern auch die Produkte vermehrt sinnlich und einprägsam gestaltet werden, positive Emotionen auslösen und Individualität ausdrücken sollen.

d) **Geklonte Plattformen nach innen: in der Produktionsweise**
Auf der andern Seite führt der Konkurrenzkampf in der Branche zu einer Reihe von Fusionen, aus denen einheitliche, technische Plattformen für ganz verschiedene Modelle folgen, deren Hülle Individualität vorspielt.

e) **Die rhetorische Metapher**
Im postmodernen Design wird bildhaft Dekoratives nicht aus Überzeugung, sondern aus utilitaristischem Kalkül dem rational Funktionellen zur Seite gestellt. Eine genaue Analyse der sprachphilosophischen Grundlage verdeutlicht, dass sich dieser Prozess mit der rhetorischen Strategie vergleichen lässt, zur Überredung metaphorische Stilmittel zu benutzen.

f) **Fazit der Leere**
Resultat ist eine Leere, die aufzeigt, dass die als postmodern gekennzeichnete Gegenbewegung nicht eine Gegenbewegung zum modernen Fortschrittsdenken ist, sondern im Kern die zweckrationale Denkweise der Moderne konsequent im Bereich des Emotionalen fortsetzt. Es ist ein Beispiel für eine negative Dialektik ohne erlösende Synthese. Dies ist der provokative Schluss der Analyse der Designentwicklung während der letzten 30 Jahre.

6. Ausfaltung einer praktischen Ästhetik auf neuem Wege

a) **Der Primat der Ästhetik**
An dieser Stelle lohnt sich der Versuch, eine alternative Grundlage für eine praktische Ästhetik auszuarbeiten. Ausgangspunkt ist der Primat der Ästhetik im menschlichen Wahrnehmungs- und Gestaltungsprozess: Bevor ich einen Gegenstand begrifflich einordne oder zweckdienlich handhabe, nehme ich ihn zunächst zweckfrei und ästhetisch wahr.

b) **Mehr über die Metapher**
Die bereits mehrfach angesprochene Verbindung von Sprache und ästhetischer Wahrnehmung und Gestaltung greife ich auf und zeige, dass die metaphorische Ausdrucksweise, im besonderen Masse die poetische Metapher, eine plausible Stellvertreterin der Ästhetik im Bereich der Sprache ist. Darum folgt ein vertiefter Blick auf aktuelle Metapherntheorien. Metaphern werden unter anderem ‚kalkulierte Absurditäten' genannt, die in ihrer Form unersetzlich sind und dem Denken eine eigene kreative Bewegung ermöglichen.

c) **Ästhetik und poetische Metaphorik**
Der metaphorischen Ausdrucksweise in der Poesie entspricht die Zweckfreiheit und Ausdrucksfreude des Ornaments in der Gestaltung. Ob Metaphern oder Dekors schön, poetisch und angemessen sind, lässt sich anhand ihrer Lebendigkeit entscheiden. Metaphern können immer neu erfunden werden, sie können aber auch abgewetzt sein, ja zu stehenden Begriffen werden. Als lebendige Wortbilder ist ihnen immer ein reflexives und widersprüchliches Element eigen.

d) **Lebendigkeit und Beseeltheit im Jugendstil**
Eine kunsthistorisch spannende Epoche ist diesbezüglich der Jugendstil im Übergang zwischen Historismus und Moderne. Sein Credo besteht darin, die morbide Wiederholung von Stilen und Dekormustern des Historismus zu durchbrechen und aus der Mannigfaltigkeit der Natur neue urwüchsige, beseelte Formen für den künstlerischen Ausdruck zu entwickeln.

e) **Die Metapher der Weltseele**
Dahinter steckt das Vertrauen auf eine allem gemeinsame Lebenskraft, die nicht biologisch reduziert oder metaphysisch erhöht werden darf, da sie sonst getötet wird. Es ist eine Lebenskraft, die sich beispielsweise durch die Metapher der Weltseele ausdrücken, nicht aber durch den Begriff ‚Weltseele' beschreiben lässt. Sie eint und motiviert jedes Individuum, die Welt im Kleinen bewusst wahrzunehmen und mitzugestalten, Teil eines Ganzen im Streben nach Harmonie zu sein, eingedenk des Scheiterns und der Endlichkeit.

f) **Kriterien einer praktischen Ästhetik als Gegenbewegung**
Aus den Eigentümlichkeiten der Grundmetaphern ‚Seele' und ‚Weltseele', die das Einzelne transzendiert, aber als Bild doch nicht Einheit garantiert, leite ich Kriterien für eine neue praktische Ästhetik ab: Wahrnehmung und Gestaltung richten sich auf die Beziehung mit der Welt. Beziehung setzt Vertrauen und Zeit voraus. Ästhetischer Genuss bedingt bewussten Verzicht und Konzentration, d. h. auch Selbsteinschränkung. Und ein künstlerisches Werk darf nicht einfach perfekt sein, sondern muss die Widersprüchlichkeit des Lebens mit reflektieren und brechen.

7. Ästh/ethische Rückschlüsse und automobile Anwendungen

a) **Skizze einer po(i)etischen Ökonomie und Ethik**
Stellen wir uns eine Gesellschaft vor, die diese praktische Ästhetik ernst nähme. Der Primat der Ästhetik verlangt nach einer poetischen Ökonomie und setzt die oben genannten Kriterien konsequent im wirtschaftlichen Handeln um: Die Produktion ist behutsam, sorgfältig und bescheiden. Es geht nicht um Rendite, sondern um den Primat der Gestaltung. Nun gilt es, diese Kriterien der poetischen Ökonomie im Automobilbau zu prüfen.

b) **Ästhetisch lebendige Gestaltung**
Da die Seele traditionell aus zwei Teilen bestehend gedeutet wird, dem verstandes- und dem gefühlsmässigen, ergibt sich eine Regel für eine beseelende Ästhetik aufgrund einer Dialektik von harmonischen Formen und chaotischer Reizvielfalt. Disziplinierter Ausbruch kann diese Maxime genannt werden. Die Analyse des postmodernen Automobilbaus zeigt, dass das Design dieser Maxime nahe kommt.

c) **Sorgfalt im Umgang mit Kunden**
Der sorgfältige Umgang mit den Kunden kommt in der Diversifizierung der Produkte mit ihren z. T. flexiblen Formen zum Ausdruck. Allerdings handelt es sich in diesen Fällen entweder um Massenprodukte für einen möglichst globalen Markt mit teilweise künstlichen Bedürfnissen oder um Kleinserien für eine wohlhabende Klientel. Statt einer sorgfältigen Beziehung besteht der Kontakt zwischen Gestaltenden und Konsumierenden oft in nicht gleichberechtigten Formen, z. B. der Marktforschung.

d) **Sorgfalt im Umgang mit der Umwelt**
Der sorgfältige Umgang mit der Umwelt ist gerade im Automobilbereich eine Illusion. Kaum in einer andern Sparte wird deutlicher, wie sehr Gewohnheiten unser Verhalten bestimmen und hoch zivilisierte Menschen in Massen kontinuierlich wider besseres Wissen handeln. Eine kritische Reflexion der sozialen Nutzungsbedingungen des Automobils fehlt meistens in der Planung neuer Produkte, bzw. hat im beschränkten Spielraum der Gestaltenden keinen Platz.

e) **Regeln der Beschränktheit**
Von Beschränktheit in einer Zeit entfesselter Globalisierung zu reden klingt merkwürdig utopisch und zeigt die Irrealität meiner Skizze einer praktischen Ästhetik. Sich zu beschränken könnte aber eine sinnvolle Maxime sein, um den zukünftigen Weg nach ihr auszurichten. Aufgrund der Richtungsänderung schlage ich die Bezeichnung ‚Ästhetik der Gegen-Bewegung' vor.

f) **Gegenbewegt und widerständig**
Als bildhafter Ansatz für eine Erklärung der Gegenbewegung dient die Renaturierung von kanalisierten Flussläufen. Als architektonisches Beispiel wähle ich Renzo Pianos Zentrum Paul Klee. Der Bau orientiert sich im Westen sichtbar an der Mobilität der Autobahn und führt gegen Osten ins dunkle, ruhige Erdinnere, zu den wertvollsten und kunstvollsten Räumen des Museums. Allerdings muss der strukturelle Unterschied zwischen diesem interessanten Beispiel eines einmaligen Baus und den in Massen produzierten Automobilen berücksichtigt werden.

„Formalismus ist Form ohne Funktion." Paul Klee[1]

1. Ästhetik der Bewegung

Wenn man mit dem Auto in der Schweiz unterwegs ist und auf der Autobahn von Bern gegen Süden Richtung Alpen fährt, trifft der Blick noch innerhalb der Stadt auf ein seltsames Gebäude am linken Strassenrand. Jedes Mal, wenn ich mich fahrend an dessen geschwungenen Linien vorbeibewege, die so gar nicht zum Wort ‚Haus' passen wollen, sondern eher Landschaftsarchitektur darstellen, wird mir der Problemkreis rund um die Bewegung und Bewegtheit der modernen Gesellschaft bewusst (siehe Abb. 1).

Abb. 1: Das Zentrum Paul Klee in Bern (2005) von Renzo Piano

Dieses Museumsgebäude, das Renzo Piano für die Bilder von Paul Klee entworfen hat, ist fliessend und fliesst wie der Verkehr auf der Autobahn, an die es sich absichtlich anschmiegt. „Weshalb ist eigentlich die Bewegung in all ihrer Ausgestaltung im modernen Leben so dominant?", frage ich mich jeweils während der Weiterfahrt, und auch später gerate ich darob bisweilen ins Grübeln.

a) Eine praktische Ästhetik

Es ist eine Frage, die unser praktisches Leben betrifft. Doch während man seit Peter Singers Publikation *Praktische Ethik* von ebendieser als einem wichtigen Teilgebiet

---

[1] Paul Klee, „Das bildnerische Denken"; in: W. Welsch, *Unsere postmoderne Moderne*, S. 97.

der Ethik spricht, ist der Begriff ‚praktische Ästhetik', um den es hier geht, ungebräuchlich geblieben.[2] Zu Unrecht, wie mir scheint. Denn die Umwelt wird in einer hoch entwickelten Gesellschaft ständig verändert und (durch)gestaltet. Wo Menschen gestalten, da ist auch die Beurteilung aus produktions- und rezeptionsästhetischer Perspektive angebracht. Und je mehr gestaltet wird, umso wichtiger ist diese Kritik. Eine philosophische Ästhetik verkennt ihre Wurzeln, wenn sie sich nur auf die Kritik der „hohen Kunst" beschränkt. Andererseits sind wir durch die Tendenz der Spezialisierung gar nicht mehr für die latenten Verknüpfungen sensibilisiert, die zwischen den Bereichen des Guten (Ethik), Schönen (Ästhetik) und Wahren (Erkenntnistheorie/Logik) liegen und für Platon offensichtlich waren.[3] Praktische Ästhetik vermag m. E. manch dunkle Zusammenhänge zu erhellen und gerade hinsichtlich der Frage nach dem Guten, die heute schwieriger denn je zu beantworten ist, Lösungsansätze anzubieten.[4]

Wie der Name andeutet, geht eine praktische Ästhetik von der Wahrnehmung von Praktischem, Konkretem aus: von Alltags- und Gebrauchsgegenständen. Die Wurzel der Ästhetik liegt in der Wahrnehmung von Gegenständen, seien es natürliche oder künstlich geschaffene. In diesem Sinne wird der Begriff auch noch in Kants erkenntnistheoretischem Werk *Kritik der reinen Vernunft* verwendet, in der die Transzendentale Ästhetik neben der Transzendentalen Logik zur Transzendentalen Elementarlehre gehört.[5] Welsch betont diesen Ausgangspunkt des Ästhetischen mit der differierenden Schreibweise ‚aisthetisches Denken'[6], indem er auf die Etymologie des Wortes Rücksicht nimmt: Die zugrunde liegende griechische αἴσθησις bedeutet ‚Empfindung, Wahrnehmung durch die Sinne'.[7] In der ästhetischen Wahrnehmung geht es nicht um das erkenntnismässige Einordnen des Wahrgenommenen, sondern um die sinnliche Empfindung selbst, um die Lust oder die Unlust, die sich bei diesem Prozess einstellt. Insofern sind gebräuchliche Prädikate der ästhetischen Wahrnehmung: schön, hässlich, angenehm, vergnüglich, verblüffend, erhaben, lustig, lieblich, aufregend etc. Solche ästhetische Urteile

---

2 Der Begriff ‚praktische Ästhetik' an sich ist fast so alt wie der Begriff ‚Ästhetik' selbst. Baumgarten verwendete ihn für den zweiten Teil seines unvollendeten Werks *Aesthetica*, der 1758, acht Jahre nach dem ersten Teil, erschien. Allerdings versteht er darunter eher ein Regelbuch für Poetik und Rhetorik. Vgl. N. Schneider, *Geschichte der Ästhetik von der Aufklärung bis zur Postmoderne*, S. 21.
3 vgl. z. B. Platon, *Phaidros* 246e.
4 Dies kann als Fortführung des Kantischen und auch Schillerschen Gedankengangs verstanden werden. Kant sieht das Schöne als Symbol des Sittlich-Guten (*Kritik der Urteilskraft* B258, S. 297). Der Ausgangspunkt einer praktischen Ästhetik kann vielleicht Marquards Kritik an Kants Symbolisierungs- und damit Sublimierungsformel entgegentreten. Nach ihm verkommt das Symbol des Sittlich-Schönen, das in der Kunst dargestellt werden sollte, zum resignativen Ersatz für die fehlende Realisierung (vgl. „Kant und die Wende zur Ästhetik", in: *Aesthetica und Anaesthetica*, S. 31 f). In der praktischen Ästhetik geht es aber mitunter um die Ausgestaltung der Lebenswelt, nicht bloss um die „künstliche" Welt der Kunst.
5 vgl. I. Kant, *Kritik der reinen Vernunft*, §§ 1-8, S. 80-118.
6 vgl. W. Welsch, „Die Geburt der postmodernen Philosophie aus dem Geist der modernen Kunst", S. 34 f und W. Welsch, *Grenzgänge der Ästhetik*, S. 25 f.
7 vgl. W. Welsch, *Grenzgänge der Ästhetik*, S. 26 f und M. Seel, *Ästhetik des Erscheinens*, S. 40.

bedürfen oft unweigerlich der Reflexion[8], so dass diese Arbeit neben Teilen, die eine Sammlung ästhetischer Phänomene beinhaltet, auch reflektierende Passagen mit entsprechenden Hintergründen umfasst. Einer so verstandenen Ästhetik gegenüber steht die Poetik (als dichterischem Schaffen), bzw. Po(i)etik (als gestalterischem, produktivem Schaffen überhaupt). Doch mit dem Untergang der Poetik als philosophischer Disziplin, die sich nur einseitig mit der Dichtkunst beschäftigte, adoptierte die moderne Ästhetik – ihrer Etymologie zum Trotz – die produktive Hälfte, so dass man heute von Produktions- und Rezeptionsästhetik spricht.[9]

Wenn ich nun von praktischer Ästhetik rede, grenze ich mich damit von der verbreiteten Verwendung des Begriffs Ästhetik ab, der auf Kunst fixiert ist.[10] Auch meine ich damit nicht eine Philosophie des Schönen, oder – wie bei Hegel – eine Philosophie der schönen Kunst.[11] Diese Tradition ist alt. Kant hat z. B. in seiner *Kritik der Urteilskraft* das Naturschöne dem Kunstschönen gegenüber gestellt.[12] Von einem „alltäglich und praktisch Schönen" eines Gebrauchsgegenstandes ist nicht die Rede, da es mit Kants Definition des Schönen als Geschmacksurteil über einen Gegenstand, dessen Betrachtung interesseloses Wohlgefallen auslöst, in Konflikt gerät. Auffällig zum Vorschein kommt die genannte Einseitigkeit auch in Odo Marquards Zeitdiagnose aus dem Jahre 1989. Er sieht in der Postmoderne eine problematische Tendenz der Ästhetisierung der Wirklichkeit und meint damit die Verwandlung der Wirklichkeit in ein Gesamtkunstwerk, wobei er Ästhetik notwendig mit Kunst verbindet.[13] Anders sähe es aus, wenn man das griechische Wort τέχνη, das für Kunst steht, in seiner Bedeutung ernster nähme und dabei erkennte, dass es ebenso ‚Geschicklichkeit, Kunstfertigkeit, Handwerk, Gewerbe' heissen kann.

Kambartel legt in seinem Aufsatz „Zur Philosophie der Kunst" nahe, dass es Sinn mache, ästhetische Phänomene in breiterem Zusammenhang als Form- und Gestaltungsprobleme des Lebens zu deuten.[14] In der vorliegenden Arbeit versuche ich daher anhand der Betrachtung eines ausgewählten Alltagsgegenstandes und sei-

---

8 Diesen Zusammenhang beschreibt beispielsweise Seel in seiner *Ästhetik des Erscheinens*, S. 137 f. Auch Kant erwähnt in der *Kritik der Urteilskraft* das so genannte Reflexions-Urteil (vgl. B 147, S. 218 und dazu A. Graeser, *Bedeutung, Wert, Wirklichkeit*, S. 192 f und 198 ff).
9 vgl. z. B. A. Dorschel, *Gestaltung*, S. 134, mit Bezug auf den Literaturtheoretiker Wolfgang Iser. Rezeptionsästhetik ist – etymologisch gesehen – eine Tautologie, Produktionsästhetik ein Widerspruch.
10 Auffällig ist z. B., dass sich eine moderne Publikation mit dem Titel *Einführung in die Ästhetik* von Gethmann-Siefert (1995) praktisch nur mit dem „Kunstschönen" beschäftigt. Als Veranschaulichung zitiere ich die Kapitelüberschriften: 1. Philosophie und Kunst, 2. Kunst als Erkenntnis, 3. Kunst als Handeln, 4. Philosophische Ästhetik und Kunstpraxis.
11 vgl. K. P. Liessmann, *Philosophie der modernen Kunst*, S. 39. Er schreibt dort: „Verglichen mit Kant […] wirkt Hegels Ästhetik dennoch seltsam antiquiert – konzentriert er sich doch so auf eine Philosophie der schönen Kunst, dass von einer ausserordentlich rigiden, an der Idee des Klassischen orientierten Werkästhetik gesprochen werden könnte."
12 vgl. I. Kant, *Kritik der Urteilskraft* B 165-176, S. 230 ff. Bei B 175, S. 237 f unterscheidet Kant die Kunst vom Handwerk und lässt offen, in wieweit man einen Uhrmacher auch als Künstler bewerten darf.
13 vgl. O. Marquard, *Aesthetica und Anaesthetica*, S. 15 ff.
14 vgl. F. Kambartel, *Philosophie der humanen Welt*, S. 106.

ner Gestaltungsgeschichte zunächst allgemeine ästhetische und anschliessend ethische Rückschlüsse zu ziehen. Doch Alltags- und Gebrauchsgegenstände sind in der heutigen Zeit meist industrielle Serienerzeugnisse. Wenn in diesem Zusammenhang von philosophischer Ästhetik die Rede ist, müssen gewisse Einschränkungen berücksichtigt werden: Die Formgebung des Gegenstandes ist abhängig von seiner Funktion, vom technischen Fortschritt, vom psychologischen Wiedererkennungswert der Marke, die ihre Produkte möglichst ökonomisch produzieren und zahlreich verkaufen möchte, von den Wünschen der Kundinnen und Kunden, vom Geschmack verschiedener sozialer Schichten und Kulturen usw. Die Disziplin mit dem Fachbegriff ‚Industrial Design' will diesen Phänomenen auf den Grund gehen. Der zentrale Begriff, welcher Gestaltung, Formgebung, Konstruktion zusammenfasst, lautet ‚Design'. Er bedeutet Entwurf und Formgebung, in der Regel unter dem Aspekt der Schönheit, und betont insbesondere den technisch-konstruktiven Bestandteil der „Gestaltung" von Gebrauchsgegenständen. Design ist darum nicht eine äusserliche „Eigenschaft, die einem Produkt als ästhetisches Extra hinzugefügt wird."[15] Es beschreibt einerseits den Prozess des gezielten Gestaltens und Entwerfens. Andererseits dient es als Sammelbegriff für alle bewusst gestalteten Produkte. Aber leider wird der Begriff heute inflationär verwendet, und der Beruf der Designerin, bzw. des Designers ist nicht geschützt. Die Bezeichnung selbst stammt vom italienischen ‚Disegno'. In der Renaissance bedeutete der Ausdruck ‚Disegno interno' den Entwurf für ein geplantes Kunstwerk, die Idee, die einer Arbeit zugrunde liegt. ‚Disegno esterno' stand für das vollendete Werk.[16] In beiden Bedeutungen taucht das Wort ‚design' im Jahre 1588 zum ersten Mal im Oxford English Dictionary auf. Relevant wird das Streben nach einem präzisen Begriff der Gestaltung im 19. Jahrhundert mit der aufkommenden Industrialisierung und dem Beginn der Serienproduktion von Gebrauchsgegenständen, die sich von Kunst und (Kunst-) Handwerk abgrenzten. Ausdrücke wie ‚technische' oder ‚industrielle Künste', ‚Werkkunst', ‚Kunstindustrie' betraten im deutschsprachigen Raum zunächst das begriffliche Neuland.[17] Der heute dominierende Begriff ‚Design' wurde ab 1933 von Lehrern des deutschen Bauhauses im englischen Sprachraum geprägt. Sie emigrierten nach der Zerschlagung des Bauhauses durch die Nationalsozialisten in die USA, lehrten dort an Universitäten und suchten einen passenden Begriff für das deutsche Wort *Gestaltung*.[18] Design wird traditionell in Grafik- und Produktdesign getrennt. Doch gerade im Bereich der Informatik werden die Übergänge zunehmend undeutlich.[19] In den letzten Jahren haben sich Design-Theorien entwickelt, die das Design als eigenständige wissenschaftliche Disziplin rechtfertigen. Einerseits erforschen sie den Gestaltungsprozess, andererseits untersuchen sie den Verkaufserfolg eines bestimmten Produktdesigns. Dies benötigt eine breite, komplexe

---

15 K. Albrecht, „Was ist Design?", in: www.designcenter-muenchen.de.
16 vgl. H. Sturm, *Pandoras Box: Design*, S. 121.
17 vgl. B. Schneider, *Design – Eine Einführung*, S. 195 f.
18 vgl. K. Albrecht, a.a.O.
19 vgl. B. Schneider, a.a.O., S. 203.

und systemische Denk- und Forschungsmethode.[20] Doch während Abhandlungen im Bereich des Industrial Design vorwiegend technisch und ökonomisch orientiert sind[21], möchte ich bewusst die umfassende, philosophische Perspektive beibehalten und in diesem Sinne praktische Ästhetik betreiben. Ich konzentriere mich dabei vor allem auf die ästhetischen Kriterien der Gestaltung und deren Begründung. Gestaltungsprozesse sowie ökonomische Analysen beziehe ich nur am Rand in die vorliegende Untersuchung mit ein. Mein Ziel ist es auch nicht, auf Stil und Motivation einzelner Stararchitekten und -designer wie Mario Botta, Jean Nouvel, Giorgetto Giugiaro etc. oder des Designstudios Pininfarina einzugehen.[22]

b) Wahl eines Gegenstands als Untersuchungsobjekt und die Leitfrage

„Vorausgesetzt, dass die Wahrheit ein Weib ist – ..." Mit diesen Worten beginnt Nietzsches Vorrede zu *Jenseits von Gut und Böse*[23], und er führt aus, dass sich Dogmatiker schlecht auf Frauen verstehen und ungeschickt benehmen. Der Vergleich der Wahrheit mit der Frau ist heute zum Glück anrüchig, darum möchte ich diese mit einem vom Menschen geschaffenen Ding ersetzen: Dies kommt dem konstruktivistischen Verständnis von Wahrheit m. E. schon näher. Das Ding sei das Automobil als gewöhnlicher Gebrauchsgegenstand, der uns tagtäglich auf den Strassen begegnet.[24] Wie kaum ein anderer Gebrauchsgegenstand symbolisiert das Auto für mich die moderne westliche Zivilisation. Ich wuchs als Bergbauernsohn auf und war vielleicht gerade deshalb in jungen Jahren fasziniert von diesem Objekt, das Freiheit, Fortschritt, Modernität und Urbanität ausdrückte. Es ist ein Gerät voller Technik, eine wichtige Verkörperung der Individualität, eine Art mobiler Wohnung. Natürlich steht es für die Mobilität und Flexibilität unseres Lebenswandels und zeigt gleichzeitig die Schattenseiten des modernen Wohlstandes wie die Zerstörung und Verschmutzung der Umwelt, die Verschwendung natürlicher Ressourcen oder die Isolation und Abstumpfung der Menschen etc. Daher scheint mir eine eingehende Untersuchung dieses modernen Gebrauchsgegenstandes aufschlussreich und aussagekräftig für unsere Gesellschaft. Meine ästhetische Analyse konzentriert sich auf das Design und dessen Geschichte; die Belange der Motorisierung und Technik lasse ich hingegen ausser Betracht. Es bedarf bei dieser Arbeit einer gewissen Besessenheit und Leidenschaft, all die notwendigen Informationen zu sammeln und die neuesten Entwicklungen zu verfolgen. Doch mit der Verarbeitung

---

20 vgl. a.a.O., S. 268 und 273-288.
21 vgl. B. Löbach, *Industrial Design*, S. 14 ff.
22 Eine solche Arbeit leistet z. B. die britische Kunstprofessorin Penny Sparke in ihrem Werk *A Century of Car Design* (2002).
23 F. Nietzsche, *Ecce auctor*, S. 3.
24 Spezielle Gebrauchsformen wie Tuning, Trucks, Motorsport, Ralleys lasse ich ausser Betracht.

Abb. 2: Die auffällige Präsentation der Studie Seat Leon am Automobilsalon 2005 in Genf

möchte ich meine Informationsbeschaffungswut zu einem Ende bringen und die Ergebnisse in dialektischem Sinne aufheben.

Das Automobil ist ein geeignetes Verbindungsstück zu Nietzsches Vergleich. Dies kommt allein durch Abb. 2 zum Ausdruck: Wie auch immer diese sonderbare Verknüpfung von beinah prostituierter Frau und Präsentation eines neuesten Autos am Automobilsalon 2005 in Genf psychologisch und marketing-strategisch zu deuten ist, ich ziehe die nach Nietzsche notwendigen Konsequenzen, um mich der Wahrheit angemessen zu nähern: Ich will undogmatisch philosophieren und der Entwicklung des Automobil-Designs, vor allem der letzten 30 Jahre anhand zahlreicher Phänomene mit kritischem Geiste nachgehen. Die Publikation von Paolo Tumminelli[25] von 2003 breitet einen weiten und gut bebilderten Teppich verschiedener Design-Strömungen im Automobilbau nach dem 2. Weltkrieg aus. In einem kurzen Essay zum Automobil-Design beschreibt er die historischen Stationen, die zur ästhetischen Ahnungslosigkeit geführt haben, mit der die Bevölkerung heute – im Gegensatz zu Schillers Postulat[26] – ästhetisch ungebildet den Konsumgütern gegenübersteht:

„[Es] wird weder Schönheit gelehrt, noch wird sie woanders gelernt. Es fehlt jegliche Grundlage wissenschaftlicher oder gar ästhetischer Natur. Die Menschen sind ahnungslos. – Aber manche profitieren davon. Denn wenn das Schöne tot ist, geht es auch dem Hässlichen nicht gut – was für mich noch schlimmer ist. Keiner beschäftigt sich mehr mit der Hässlichkeit, die in unserer von Schönheit besessenen Gesellschaft tabu ist."[27]

In diesen Zeilen klingen auch Gedanken des Soziologen Pierre Bourdieu an, der in *Die feinen Unterschiede* aufzeigt, wie sich der populäre Geschmack unkritisch am Vergnüglichen und Funktionalen erfreut und sich vom modernen Kunstbetrieb oder von der „reinen Ästhetik" kopfschüttelnd abwendet.[28] Gegen die ästhetische Ahnungslosigkeit möchte auch ich mich wehren. Ich meine damit fehlendes ästhetisches Urteilsvermögen und mangelnde Einsicht in kulturhistorische Zusam-

---

25 vgl. P. Tumminelli, *Car Design*.
26 vgl. Schillers Intention, dass die ästhetische Bildung zum aufgeklärten Menschsein gehört, in: *Über die ästhetische Erziehung des Menschen in einer Reihe von Briefen*.
27 P. Tumminelli, „Schönheit braucht Zeit", S. 99. Branzi deutet die ästhetische Ungebildetheit im Zusammenhang des Werteverfalls, in: „Niedergang des ästhetischen Standards", S. 198.
28 vgl. P. Bourdieu, *Die feinen Unterschiede*, S. 64 f und 80 ff.

menhänge. Im Gegensatz zu Tumminellis formalen Einteilungen ziehe ich es vor, die Entwicklung des automobilen Designs wie ein Buch zu lesen und zu deuten, sie mit verschiedenen Geschichten aus unserer Kultur zu verknüpfen und daraus philosophische Schlüsse zu ziehen: Diagnosen, Hintergründe, Kritik, neue Entwürfe und Ausblicke, kurz – eine Philosophie des Automobils.[29] Aber der Rahmen dieser Arbeit würde gesprengt, wenn ich noch eine soziologische Studie über die ästhetischen Urteile, die Menschen mit unterschiedlichem Bildungs- und Sozialisationshintergrund über das Design exemplarischer Automobile abgeben, verfolgte.[30] Auch lege ich diesen Analysen keine eigene Ästhetik zugrunde, sondern versuche lediglich die praktischen Ästhetiken, die explizit oder implizit im Design, im Geschmack oder in den Moden der jeweiligen Zeiten zum Ausdruck kommen, zu beschreiben und kritisch zu diskutieren. Dazu dient mir die Debatte um die Moderne und Postmoderne, die in die Zeit zwischen 1975 und heute fällt und sich im Design widerspiegelt. Da der philosophische Diskurs vor allem anhand der Entwicklungen in der Architektur geführt wurde, verwende ich zum grossen Teil die Terminologie aus diesem Bereich und versuche, sie auf das Design zu übertragen. Allerdings kann die Adaption nicht eins zu eins erfolgen. Die Wörter Im-mobilien und Auto-mobil weisen bereits deutlich darauf hin, dass es sich um zwei sehr verschiedene Gegenstände handelt, deren (Serien-)Produktionsweisen sich deutlich unterscheiden.

Wenn ich also Fachbegriffe aus der Architekturtheorie übernehme, müssen diese Differenzen berücksichtigt werden. Zudem erweist sich der scheinbar einfache Wandel von der Moderne zur Postmoderne als eine komplexe Geschichte mit vielen Nebenästen, denen ich z. T. nachgehe, um einen einigermassen angemessenen Überblick über die Entwicklungen zwischen 1975 und heute und deren Hintergründe zu erhalten.

Die Arbeit über die praktische Ästhetik möchte ich schliesslich „aisthetisch" gestalten und passendes Bildmaterial einfügen, welche die Analysen und Diagnosen sinnlich nachvollziehbar machen.[31] Dies entspricht ganz dem Plädoyer des Architekturtheoretikers Gerd de Bruyn für eine heterogene Architektur, indem er verlangt, „die isolierten Disziplinen zusammenzuführen und zugleich die Dichotomie von Vernunft und Sinnlichkeit zu überwinden."[32]

Zusammenfassend formuliere ich folgende Leitfragen:
– *Welche ästhetischen Kriterien prägen das Autodesign während der letzten 30 Jahre?*

---

29 Der Architekturtheoretiker Jencks macht auf die Unzulänglichkeit der Klassifikation aufmerksam und vermerkt: „Wir [müssen], wenn wir mit einer neuen Entwicklung oder auch nur marginalen Variationen der Tradition konfrontiert werden, auch eine neue Terminologie erfinden, welche diese Nuancen ausdrückt." (Ch. Jencks, *Die Neuen Modernen*, S. 17 und 20).
30 Eine solche Arbeit im Anschluss an Bourdieus Analysen von ästhetischen Urteilen über Photographien von Sonnenuntergängen, Baumrinden, Kohlköpfen u. ä. (a.a.O., S. 70 ff) stelle ich mir als sehr aufschlussreich und lohnend vor.
31 Die jeweils hinter der Modellbezeichnung angegebenen Jahreszahlen beziehen sich auf das Erscheinungsjahr des Fahrzeugs.
32 G. de Bruyn, „Plädoyer für die Ketzer und Pioniere", S. 28.

— *Wie könnte allgemein eine sinnvolle praktische Ästhetik für die Zukunft aussehen?*

c) Archäologie ästhetisierter Bewegung

Meine Meditationen über die Formgebung der Automobile möchte ich mit einem Blick auf die Geschichte oder besser Archäologie der Ästhetik beginnen, denn Überlegungen zur Ästhetik gab es bereits lange, bevor der Begriff ‚Ästhetik' eingeführt wurde. Der Gebrauchsgegenstand Automobil gibt durch seinen Begriff wie durch seine Funktion bereits einen wichtigen Aspekt seiner Ästhetik vor: die (Selbst-)Bewegung. Folglich beschränke ich mich in diesem lückenhaften Überblick vor allem auf die Ästhetik der *Bewegung* und versuche sie im Wechselspiel mit den gesellschaftlichen und geistesgeschichtlichen Entwicklungen zu interpretieren.

Ästhetik der Bewegung kann zweierlei bedeuten, je nach Lesart des Genitivs. Ich konzentriere mich zunächst auf die Variante des Genitivus obiectivus und bezeichne mit Ästhetik der Bewegung die ‚Ästhetisierung der Bewegung', den (ästhetischen) Ausdruck von Dynamik, bzw. Bewegung als ästhetisches Phänomen.

Natürlicherweise kommt Bewegung und Beweglichkeit u. a. im Lauf der Gestirne, der Gewässer, in Wind und Stürmen vor. Sie gehören zur anthropologischen Grundausstattung. Sie zeichnen den Menschen gegenüber Pflanzen oder leblosen Gegenständen aus, wenn auch nicht kategorisch. Paul Virilio nennt in seinem kurzen Aufsatz „Fahrzeug" den Mensch ein „metabolisches Fahrzeug" und schreibt:

> „[L]eben, LEBENDIG sein heisst Geschwindigkeit sein. Ich kenne meine Geschwindigkeit, so wie ich den Körper kenne, der sie produziert. Auch mein lebendiger Körper ist ein dauerndes Umschalten, ein Geschwindigkeitswechsel; mein Leben, meine Biographie, das alles sind GESCHWINDIGKEITEN."[33]

Die Bewegung ist zutiefst mit unserem Körper und unseren Sinnen verknüpft, so dass es nicht schwer fällt, Bewegung und Geschwindigkeit zu spüren und überdies ästhetisch, sozusagen reizvoll wahrzunehmen. Verkürzt möchte ich dieses Phänomen ‚Ästhetik der Bewegung' nennen. Sie lässt sich mit Heraklits Spruch „πάντα ῥεῖ" sogar auf ein ontologisches Fundament stellen. Sie war, ist und bleibt Begleiterin des menschlichen Lebens, und zwar schon von Kindsbeinen an. Dies kommt in der Bezeichnung, die der Entwicklungspsychologe Jean Piaget für die erste Stufe der kognitiven Entwicklung des Menschen gewählt hat, zum Ausdruck: die sensumotorische Phase.[34] Von Geburt an bis zum Alter von zwei Jahren entwickelt sich unser Erkenntnisvermögen durch erst willkürliche, dann aber immer bewusstere

---

33 P. Virilio, „Fahrzeug" (1975: Véhiculaire), in: *Fahren, fahren, fahren*, S. 20.
34 vgl. R. Oerter und L. Montada, *Entwicklungspsychologie*, S. 519 ff. Im Begriff stecken sowohl das Sinnliche (sensu) als auch die Bewegung (motorisch).

Körperbewegungen, um die Gegenstände der Umwelt zu „begreifen". Bewegung und sinnliche Wahrnehmung konstruieren allmählich unsere alltäglichen Schemata und sind somit ganz zentral für unsere Entwicklung. So wird die Bewegung „verinnerlicht". Dies wird beim Neukantianer Hermann Cohen deutlich, wenn er fragt:

> „Was ist diese erste Form des Inhalts, die sich aus dem Fühlen an den Tag ringt? Das ist eben die Bewegung. […] So erzeugt das Fühlen das Bewusstsein, als Bewegung. So erzeugt das Fühlen auch die Bewegung, als Bewusstsein."[35]

Er baut sein System der Ästhetik auf dieses Gefühl auf, das notwendig mit der Bewegung gekoppelt ist. Insofern ist das Bewegungsgefühl zentral für das Verständnis von Ästhetik überhaupt.[36] Bewegung lässt sich aber auch physiologisch verinnerlichen: Statt mich von A nach B fortzubewegen, kann ich mich drehen, wiederholt im Kreis drehen und dabei eine intensive ästhetische Wahrnehmung machen: Ich fühle Schwindel und Taumel, gerate in einen kleinen Rausch.

Der Begriff ‚Rausch' zeigt an, dass in der Bewegung und Geschwindigkeit auch Gefahren lauern. Verständlich ist deshalb, dass es neben der Ästhetik der Bewegung eine lange Tradition einer so genannten Ästhetik der Ruhe und Stille gibt. Ich meine damit die Auffassung, Genuss des Schönen in Meditation und Betrachtung zu finden. Heraklits Gegenspieler Parmenides postuliert das Sein als das Wahre. Daraus folgt notwendig, „dass Seiendes nicht hervorgebracht und unzerstörbar ist, einzig, aus einem Glied, unerschütterlich, und nicht zu vollenden."[37] Diese Eigenschaften überträgt Platon auf die Ideen. Sein metaphysisches Konzept definiert Ästhetik als die eben genannte Ästhetik der Ruhe und prägt damit die Geistesgeschichte nachhaltig. In diesem Sinne wurden in der Vergangenheit die philosophischen Grundbegriffe ‚wahr, gut und schön' definiert: Die drei Werturteile konzentrierten sich auf Musse und Kontemplation, auf die ewige und unabänderliche Ordnung des Kosmos. Wenn ich zur Ruhe gekommen bin, kann ich die Welt in ihrem Wesen erkennen. In der Ruhe der Eigentlichkeit eröffnet die Welt ihre wahre Schönheit und Pracht. Schönheit in diesem Sinn ist Vollkommenheit, Harmonie und Wohlproportioniertheit, sowie heller Glanz.[38] Indem ich mein Wesen im Spiegel der Welt wieder erkenne, besinne ich mich auf das gute Wesen in mir und werde so als guter Mensch handeln.

Bei Platon betreffen diese Gedanken einen ersten Teil dessen, was heute retrospektiv unter Ästhetik subsumiert würde: Textausschnitte im *Phaidros*[39] und *Symposion*[40] beschreiben das Streben nach Schönem als eine zentrale Wegstelle auf dem

---

35 H. Cohen, *Ästhetik des reinen Gefühls*, S. 137.
36 vgl. a.a.O., S. 143 ff.
37 Parmenides, *Über das Sein*, Kapitel 8, S. 11.
38 vgl. z. B. Thomas v. Aquin, *Summa theologiae* (I, q. 39 a.8), in: N. Schneider, *Geschichte der Ästhetik von der Aufklärung bis zur Postmoderne*, S. 97.
39 vgl. Platon, *Phaidros* 249de.
40 vgl. Platon, *Symposion* 209e-212a. Diotima lehrt Sokrates darin folgendermassen: „Wer nämlich bis hierher in der Liebe erzogen ist, das mancherlei Schöne in solcher Ordnung und richtig schau-

Gang zu höherer, „göttlicher" Erkenntnis. Der zweite Teil betrifft die Gedanken zur Kunst. Hier sind die Aussagen aus den platonischen Dialogen – anders als beim Schönen – kritisch, vor allem was die Dichter betrifft.[41] Sie neigen nach Platon dazu, das Nichtseiende, Erlogene, statt die Wahrheit zu sagen, und ähneln den Sophisten. Er verwendet dabei den Begriff ‚Mimesis' und legt dar, dass Künstler nachahmen und nachbilden. Sie schaffen nichts Neues. Verwerflich ist vor allem, dass sie Erscheinungen nachahmen, also Schein des Scheins produzieren, statt sich auf das wahre Sein zu konzentrieren.[42] Immerhin zeigt Platon im Dialog *Sophistes*, in dem er das Wesen des Sophisten als ironischen Meinungsnachahmer beschreibt[43], dass es auch andere Formen der Mimesis gibt. Er führt sie allerdings nicht weiter aus.[44]

Aristoteles' Gewichtung des Schönen und der Kunst unterscheidet sich davon. Mit dem Schönen beschäftigt er sich wenig, hingegen sehr mit der Dichtkunst, der er das Werk *Poetik* widmet. Daher bleibt der philosophische Fokus auf die Tätigkeit des Künstlers, bzw. auf objektive Wirkungen von Kunstwerken bezogen. Kunstwerke sollen mimetisch und kathartisch sein, d. h. sie sollen die Wirklichkeit nachahmen und reinigend wirken.[45] Diese Festlegung, obwohl vor allem auf die Tragödie bezogen, prägte das traditionelle Kunstverständnis über Jahrhunderte. Der Verlust des Kapitels über die Komödie mit einer Untersuchung des Lächerlichen in der aristotelischen Poetik mag einiges dazu beigetragen haben.[46] In Zusammenhang mit einer Ästhetik der Bewegung möchte ich nochmals den Begriff der Mimesis hervorheben. Aristoteles führt aus, dass das Nachahmen zur Natur des Menschen gehört. Es entspricht aber nicht dem blossen Abbilden und Kopieren, sondern eher dem Komponieren.[47] Wer nachahmt, dichtet und ist damit Poet. Dichtung wiederum zeichnet sich durch Lebendigkeit aus und ahmt handelnde Menschen nach.[48] Wenn wir diese Definition der Mimesis auf die bildende Kunst übertragen, folgt daraus, dass zwar der Stoff, aus dem die Kunstwerke geschaffen sind, leblos ist, dass aber in der Form der Gestaltung Natur bzw. Menschen

---

end, der wird, indem er nun der Vollendung in der Liebeskunst entgegengeht, plötzlich ein von Natur wunderbar Schönes erblicken, nämlich jenes selbst, o Sokrates, um deswillen er alle bisherigen Anstrengungen gemacht hat, welches zuerst immer ist und weder entsteht noch vergeht, weder wächst noch schwindet [...]." (210e-211a)

41 vgl. Platon, *Politeia* III. Buch, vor allem 386a-403c; später im X. Buch: 595a-604a.
42 vgl. Platon, *Politeia* 598b.
43 vgl. Platon, *Sophistes* 268c.
44 vgl. zur Widersprüchlichkeit des platonischen Mimesis-Begriffs: A. Graeser, *Die Philosophie der Antike 2*, S. 198 ff.
45 Mit ‚mimetisch' ist die Nachahmung, nicht etwa die Abbildung oder Kopie der Wirklichkeit gemeint (vgl. M. Fuhrmann, „Nachwort zu Aristoteles' Poetik", in: Aristoteles, *Poetik*, S. 166ff); mit ‚kathartisch' meint Aristoteles die Reinigung von den gefährlichen Affekten Furcht und Mitleid, die zuvor durch die Handlung der Tragödie im Zuschauer ausgelöst werden sollten (a.a.O., S. 161 ff).
46 vgl. M. Fuhrmann, a.a.O., S. 146.
47 vgl. a.a.O., 1448b 5-10 und a.a.O., 1447b 20-25. Vgl. auch P. Ricoeur, *Die lebendige Metapher*, S. 50: „[A]lles Schaffen [untersteht] der Natur. Mimesis ist Poiesis und umgekehrt."
48 vgl. a.a.O., 1448a 1-5.

als Lebendige nachgeahmt werden. Dementsprechend versuchte ein Künstler wie der mythische Pygmalion einer Statue im Ausdruck Kraft und Dynamik zu verleihen. Erst so wird das Werk elegant, spannungsvoll und überzeugend. Auch wenn das Werk ruht, soll im Betrachter die Illusion von Bewegtheit und Lebendigkeit erzeugt werden. So erscheint illusionierte Bewegung in der Antike als zentrales ästhetisches Phänomen. Hiervon abgesehen interessierte der subjektive Aspekt der Wahrnehmung des Schönen Aristoteles und mit ihm die Menschen im Zeitalter der Metaphysik und der ontologischen Kategorien wenig. Lehren über objektive Harmonie- und Proportionen wie beim römischen Architekten Vitruvius, bei Plotin[49] und viel später bei Leonardo da Vinci sind hingegen verbreitet. In dieser langen Zeitperiode erwähnenswert ist schliesslich die Schrift ‚περὶ ὕψους' (Über das Erhabene) von (Pseudo-)Longinus, der damit der Kunstbeurteilung eine wichtige Kategorie hinzufügt.

d) Facetten einer neuzeitlichen Ästhetik der Bewegung

Mit der aufkommenden Neuzeit vollzieht sich innerhalb der philosophischen Grundbegriffe ‚wahr, schön, gut' eine Revolution: Zweifel an der herkömmlichen naiven und kontemplativen Weltvorstellung kommen auf. Mit René Descartes wird dieser Zweifel zur Methode und bringt das alte Weltbild allmählich ins Wanken. Nun muss das Wahre im Verborgenen aufgespürt werden. Als Gegner der traditionellen Metaphysik und Ontologie wächst aus der nominalistischen Position im mittelalterlichen Universalienstreit der Empirismus und mit ihm der Fortschrittsglaube heran, beflügelt durch Experimente und zahlreiche technische Erfindungen. Die metaphysische Starre weicht der vorwärts gerichteten Bewegung. Die Strömung des Empirismus erkämpft sich den ersten Platz in der Erkenntnistheorie. Damit wird diese Disziplin aber etwas, das mühselige Arbeit abverlangt: Beobachtungen, Experimente und Messungen: kurz Bewegung und Beweglichkeit.[50] Gleichzeitig verliert die Arbeit ihren schlechten Nebengeschmack und wird zur Tugend, zum Guten, das zum Glück verhilft. Hannah Arendt nennt dies den „plötzliche[n] glänzende[n] Aufstieg der Arbeit von der untersten und verachtets-

---

49 Plotin schreibt in der ersten Enneade, Kapitel 6, 17: „Nun wird fast von allen behauptet, dass die Symmetrie der Theile zu einander und zum Ganzen, dazu noch schöne Färbung die Schönheit für die Wahrnehmung des Gesichts ausmacht, und für sie, wie überhaupt für das gewöhnliche Bewusstsein ist Schönsein so viel wie symmetrisch und an gewisse Massverhältnisse gebunden sein." (in: *Enneaden*, S. 78) Er stützt sich dabei u. a. auf Ansichten der Stoiker wie Chrysipp (vgl. C.-F. Geyer, *Philosophie der Antike*, S. 112).

50 Dewey beschreibt diesen Wandel an der Figur Bacons in *Die Erneuerung der Philosophie* (S. 75-90) so: „*Kontinuierlicher Fortschritt* der Erkenntnis ist der einzig sichere Weg, altes Wissen vor dem Verfall in dogmatische, auf Autorität hin übernommene Lehren […] zu sichern. *Ständig erneuerter Fortschritt* ist für Bacon der Prüfstein wie das Ziel echter Logik." [Hervorhebung: N.S.] S. 80 f.

ten Stufe zum Rang der höchstgeschätzten aller Tätigkeiten [...]."[51] In diesem Prozess emanzipieren sich die drei Grundbegriffe von ihrer metaphysischen, neuplatonischen Klammer, die sie alle zusammen geschweisst hat.[52] Zu dieser Zeit – um 1750 – prägt der Philosoph Alexander G. Baumgarten offiziell den Begriff Ästhetik und gründet damit eine neue philosophische Disziplin.[53] Das Ästhetische, bzw. das Schöne wird dadurch zum eigenständigen Forschungsgegenstand und hat immer weniger ontologische (kosmologische oder theologische) Qualität. Marquards These lautet daher, dass das Ästhetische ein spezifisch modernes Phänomen sei.[54]

Während Baumgarten unter dem Titel *Aesthetica* vor allem eine recht traditionelle Poetik versteckt, diskutiert er gleichwohl die Frage, in wiefern Dichtkunst zu Erkenntnissen führen kann. Das Werk umfasst – wie bereits erwähnt – im Grunde ihrer Anlage also zwei unterschiedliche Bereiche, den der ästhetischen Wahrnehmung und denjenigen der ästhetischen (künstlerischen) Produktion. Eine Ästhetik im modernen Sinn, die den (subjektiven) Aspekt der sinnlichen Wahrnehmung ernst nimmt und nicht bloss eine Kunstform, nämlich die Poesie, im Auge hat, formuliert wenig später Edmund Burke 1757 mit dem Werk *A philosophical Enquiry into the Origin of our Ideas of the Sublime and the Beautiful*.[55] Seine Begründungsweise der ästhetischen Phänomene ist typisch für das neuzeitliche Denken: Der Geschmack wird sensualistisch, bio- und psychologisch. Burkes Verdienst ist es auch, die Kategorie des Erhabenen, die (Pseudo-)Longinus in seiner Monographie beschrieb, wieder entdeckt zu haben. Die Gedanken über das Erhabene übernehmen Kant und Schiller gerne; auf die empiristische Begründung jedoch verzichtet Kant in seiner *Kritik der Urteilskraft* (1790). Sie geht vom Primat der sinnlichen Erscheinung aus, die über die ästhetische Wahrnehmung zum subjektiven Werturteil führt und im Gegensatz zur theoretischen und praktischen Wirklichkeitsbestimmung zweckfrei und interesselos bleibt.[56] Das Angenehme und das Gute fallen aus der philosophischen Ästhetik heraus, weil sie mit Interessen verknüpft sind.[57]

In diesen Überlegungen verschiebt sich also der Fokus des Ästhetischen oder des Schönen vom Objekt ins Subjekt und von einem Zustand (der Wohlproportioniertheit) in einen Prozess (der Wahrnehmung und Urteilsbildung). Diesem

---

51 vgl. H. Arendt, *Vita activa*, S. 119.
52 Die hoch bewertete Arbeit und Bewegung ermöglichen, dass sich das Wahre, das Gute und das Schöne scheinbar unabhängig voneinander weiterentwickeln. Doch eigentlich verbindet sie das „Band" der Arbeit.
53 vgl. Alexander G. Baumgarten, *Aesthetica*, 1750/1758.
54 vgl. O. Marquard, *Aesthetica und Anaesthetica*, S. 12-15. Im Anschluss an seine vier Thesen schreibt er: „[D]ie Moderne – zu der die ästhetisierte Kunst, also das Ästhetische, unabdingbar gehört – ist die bewahrenswerteste der uns geschichtlich erreichbaren Welten." (a.a.O., S. 15).
55 Der deutsche Titel lautet *Vom Erhabenen und Schönen*.
56 vgl. I. Kant, *Kritik der Urteilskraft*, B 28, S. 132. Dementsprechend betitelt Bourdieu den Geschmack der unteren Schichten der Bevölkerung als „anti-kantianische ‚Ästhetik'" (vgl. a.a.O., S. 81).
57 vgl. a.a.O., B13 f, S. 121 f.

formalen Einbezug des Elements der Bewegung und der Arbeit, die ich mit dem Beginn der Neuzeit diagnostiziert habe, folgt aber auch eine inhaltliche Betonung der Bewegung: d. h. Bewegung und Veränderung werden ästhetisiert, während das Ruhige an Reiz verliert und zusehends langweilig erscheint. So finden sich in Burkes Überlegungen zum Erhabenen die Elemente Schrecken, Plötzlichkeit, Unterbrechung.[58] Kants Theorie der ästhetischen Urteilskraft enthält an wichtiger Stelle das Urteil ‚dynamisch-erhaben'.[59] Auch Nietzsches Kategorie des Dionysischen nimmt das Moment der Bewegung – bis zum Schwindel und Taumel, bis zum Berauschen – auf.[60]

Aus diesen Feststellungen leite ich die zweite Bedeutung des Ausdrucks ‚Ästhetik der Bewegung' im Sinne eines Genitivus subiectivus ab. Damit meine ich den Stil, mit welchem eine „fortschrittsbewegte" Gesellschaft ihre Umwelt prägt – eine Fortschrittsbewegung, mit der sich die westliche Gesellschaft seit der Neuzeit immer prononcierter identifiziert. Das darin innewohnende Projekt der Aufklärung deutet durch die metaphorische Wortwahl seiner Bezeichnung auf eine sich ausbreitende Lichtbewegung, die letztlich zur allseitigen Erhellung führen sollte. Interessant ist die Frage, welches Verhältnis zwischen den zwei Ästhetiken der Bewegung besteht.

e) Skizze einer Ästhetik der Gegenbewegung

Eine weitere wichtige Entdeckung in der Philosophie ist die Neuinterpretation der Dialektik, der dialektischen Bewegung. Hegel, Marx und Mao[61] heben sie von der alten Philosophie ab und betonen die inneren Widersprüche, die Entwicklungen, Bewegungen und Gegenbewegungen erzeugen. Diese eigentümliche Logik der Bewegung und Gegenbewegung im Denken prägt auch die Ästhetikgeschichte.

Gehen wir kurz auf eine Strömung der ästhetischen „Gegenbewegung" ein: 1804 formuliert Jean Paul mit Bezug auf Rousseaus Denken und den literarischen

---

58 vgl. E. Burke, *Vom Erhabenen und Schönen*, S. 91 f, 121 ff. Auf S. 118 erwähnt er das Beispiel des Blitzes, der mit seiner grossen Geschwindigkeit Macht demonstriert und damit das Gefühl des Erhabenen im Zuschauer erzeugt.

59 vgl. I. Kant, a.a.O., B 102 ff, S. 184 ff. Als Beispiele nennt er „am Himmel sich auftürmende Donnerwolken, mit Blitzen und Krachen einherziehend, […], Orkane mit ihrer zurückgelassenen Verwüstung, […] ein hoher Wasserfall eines mächtigen Flusses".

60 vgl. F. Nietzsche, *Die Geburt der Tragödie*, S. 22-24. Auf S. 27 beschreibt er das Dionysische in der Musik: „Sodann wachsen die […] Kräfte […] der Musik, in Rhythmik, Dynamik und Harmonie, plötzlich ungestüm."

61 Mao Zedong schreibt in seiner prägnanten Abhandlung „Über den Widerspruch": „Im Gegensatz zur metaphysischen Weltanschauung vertritt die dialektisch-materialistische Weltanschauung die Meinung, dass wir beim Studium der *Entwicklung der Dinge* von ihrem inneren Gehalt, von dem Zusammenhang des einen Dinges mit anderen ausgehen sollen, das heisst, dass wir die Entwicklung der Dinge als ihre innere, notwendige *Selbstbewegung* betrachten, wobei sich jedes Ding in seiner *Bewegung* mit den anderen, es umgebenden Dingen in Zusammenhang und Wechselwirkung befindet." [Hervorhebung: N.S.] (S. 30).

Sturm und Drang eine Ästhetik der Romantik, als Gegenstück zur Position der Klassik (Goethe und Schiller). Einerseits betont er – als Kind seiner Zeit – stark die Subjektivität in der Ästhetik. Als neuen Aspekt des Romantischen behandelt er das Unendliche, das durch die christliche Gottesvorstellung in die abendländische Geisteswelt herein getreten sei. Aus der Kombination ergibt sich aber keineswegs eine neue Ästhetik der Ruhe. Nach Jean Paul führt dies das endliche Subjekt vielmehr zu einem Fächer ästhetischer Prädikate, in denen sich das Unendliche bricht: Das Lächerliche, der Humor, das Komische, Ironie, Witz, das Erhabene, das Lustige treten hervor.[62]

Wenn an dieser Stelle nicht bloss von Bewegung, sondern von Gegenbewegung die Rede ist, möchte ich kurz darüber nachdenken, in wieweit eine ästhetische Gegenbewegung auch eine Ästhetik der Gegenbewegung im engen Sinne ist und in wieweit sich eine Ästhetik der Bewegung von jener der Gegenbewegung unterscheidet.

Ästhetik der Gegenbewegung, d. h. Gegenbewegung als ästhetisches Phänomen, ist unweigerlich ein Sonderfall einer Ästhetik der Bewegung. Von der Warte des Ruhenden aus ist es unerheblich, ob sich jemand in Bewegung oder in Gegenbewegung befindet. Das Phänomen der Gegenbewegung macht nur aus der Perspektive eines sich schon bewegenden Subjekts Sinn.

Entweder bewege ich mich und jemand bewegt sich in die Gegenrichtung. Die Begegnung löst dann einen leichten Luftwirbel aus. Diese Wirkung wird stärker, wenn man von einer bewegten Masse ausgeht. Oder ich kann mir ausmalen, mich in einem Strom von Menschen zu bewegen und jemanden zu bemerken, der sich in die Gegenrichtung durchzwängt. Diese Person fällt mir sogleich auf, sie sticht hervor. Ich kann mich selbst in die Position des Aussenseiters versetzen und merke, wie ich Aufsehen errege – so vermag meine Gegenbewegung zu provozieren. Eine Ästhetik des Widerstandes kann sich daran anschliessen. Übertragen wir diese Bewegungslogik auf die Strömung des Wassers, so unterscheiden wir das abwärts fliessende Wasser und das Widerwasser, das sich am Rand oder um einen grossen Stein im Flussbett bildet. Bewegung und Gegenbewegung des Flusses bewirken gefährliche Wirbel oder Strudel, die bei grosser Strömung Schwimmende in den Tod reissen können. Aus der Verallgemeinerung dieses Phänomens folgt, dass Gegenbewegungen gemieden werden, weil sie eine Gefahr für die sich vorwärts Bewegenden sind.

Eine weitere Erscheinungsform der Gegenbewegung ist die abrupte Richtungsänderung und Rückwärtsbewegung, wenn ich z. B. auf einer Schaukel hin und her pendle. Die Rückwärtsbewegung löst dabei einen sanften Taumel aus. Nebst dieser ästhetischen gibt es m. E. auch eine „anästhetische" Wirkung der Gegenbewegung: So fasziniert bei einem Ereignis wie der Sonnenfinsternis vor allem die Bewegung des Leermondes bis zur totalen Eklipse als Klimax; sobald jedoch der Mond aus der

---

62 vgl. Jean Paul, *Vorschule der Ästhetik*, VI. bis IX. Programm, S. 102-207. Vgl. auch die beiden Aspekte, in die Cohen zu Beginn des 20. Jahrhunderts das Schöne aufteilt: in das Erhabene und den Humor (*Ästhetik des reinen Gefühls*, 1. Bd, 5. Kapitel).

Sicht der Erdbewohner die Sonne verlässt und das Tageslicht zurückkehrt, erlischt das ästhetische Interesse sofort. Die gegenläufige Bewegung, d. h. die Gegenbewegung, steht also oft im Schatten unserer Aufmerksamkeit und droht dem Vergessen anheim zu fallen.

Hieraus lassen sich bescheidene Kriterien einer Ästhetik der Gegenbewegung ableiten. Ob diese konkreten Kriterien auf ein abstraktes geistesgeschichtliches Phänomen wie die Strömung der Romantik passen, ist eine spekulative Fragestellung, deren Antwort viel Raum beanspruchen würde. Hinzu kommt, dass die zeitliche Distanz aus den damaligen Bewegungen beinah ruhende Positionen macht. Eine Ästhetik der Gegenbewegung lässt sich aber, wie oben erläutert, nur aus der Perspektive der Bewegung eruieren. Zumindest bleibt die Vielfalt ästhetischer Prädikate in Jean Pauls *Vorschule der Ästhetik*, die im Gegensatz zu Burkes und Kants gradliniger und klarer Grammatik des Schönen und Erhabenen fast einen Schwindel einer plötzlichen Rückwärtsbewegung auslöst, auffällig und irritierend.

Nachdem so das Schöne als zentrale Kategorie der Ästhetik relativiert wurde, konnten überhaupt erst Karl Rosenkranz' *Ästhetik des Hässlichen* (1853) und Charles Baudelaires *Les Fleurs du Mal* (1857) entstehen. An diesen Titeln wird deutlich, dass die platonistische Gleichung ‚wahr = schön = gut' endgültig aufgehoben ist.[63] Das Auffällige, Andersartige, Verfemte wird ästhetisch reizvoll. Hier funkelt die skizzierte Ästhetik der Gegenbewegung auf wie die Verwunderung über jemanden, der es wagt, gegen den Strom zu schwimmen. Das Funkeln aber zeigt an, dass Gegenbewegungen selten im Kulturbewusstsein aufmerksam wahrgenommen, rezipiert und etabliert werden. Das Gemieden- und Vergessen-Werden gehört gleichsam zur Konstitution. Eine Ästhetik der Gegenbewegung muss daher versuchen, gewohnte Betrachtungsweisen zu durchbrechen und den Blick z. B. auf Autoren wie Jean Paul, Rosenkranz oder Cohen zu richten.

f) Dialektik der Bewegung in der technisierten Moderne

Bei der Betrachtung dieser Autoren scheint der konkrete Bezug zum Phänomen der Bewegung zu fehlen. Doch es genügt, die Augen von den Büchern aus der Zeit um 1850 zu heben und in der damaligen Welt schweifen zu lassen. Die Dampfmaschine und die Eisenbahn rufen sogleich das Phänomen der Bewegung in eindringlicher Form ins Bewusstsein zurück. Sie symbolisieren Fortschritt sowie Beschleunigung der Gesellschaft und ihrer Strukturen, sie prägen die Gestaltung der Umwelt allmählich durch einen Stil, der sich mit dem am Naturschönen und Organischen geschulten Geschmack nicht unbedingt verträgt. An dieser Stelle erhält Rosenkranz' Titel eine Bedeutung, die der Philosoph selber gar nicht ins Auge gefasst hat-

---

63 Für Platon selbst steht gemäss dem Sonnengleichnis (*Politeia* 508b-509b; vgl. auch 517bc) die Idee des Guten über dem Wahren.

te. Zur ästhetisierten Hässlichkeit gesellt sich die reale Hässlichkeit. Dabei geht die Angst vor ihr mit einer Angst vor Bewegung und Geschwindigkeit einher. Doch die Fortschrittsbewegung setzt sich gegen solche Widerstände erfolgreich durch.

Die Technik beflügelt zum Beispiel die wissenschaftliche Auseinandersetzung mit der Bewegung. Dank der Photographie wird im eigentlichen Sinn eine „Aisthetik" der Bewegung möglich, als der Ingenieur Etienne-Jules Marey um 1880 die so genannte Chronophotographie erfindet. Mit ihr gelingt es, von blossem Auge nicht wahrnehmbare Bewegungsabläufe festzuhalten und zu dokumentieren, wie z. B. das Galoppieren des Pferdes oder den Vogelflug in freier Natur.[64] Wenn der Flug des Pfeiles gemäss dem alten Paradox von Zenon von Elea aus einer Reihe ruhender Photographien besteht[65], lassen sich darin die Geheimnisse der Bewegungslehre entdecken. Von hier ist für Marey der Schritt nicht mehr weit zu Aerodynamik-Studien.[66]

Die Technik versetzt aber auch die Kunst in Bewegung. Erstens macht die Photographie – oberflächlich betrachtet – realistische Malerei überflüssig. Die Strömungen seit der zweiten Hälfte des 19. Jahrhunderts bezeugen diese Entwicklung in der Malkunst: Impressionismus, Symbolismus, Surrealismus, Expressionismus, Dadaismus, Kubismus, konkrete (abstrakte) Kunst etc. Zweitens bringt die technisch reproduzierbare Photographie eine Dimension in die Kunst hinein, die bisher nur die Literatur in Form des Buchdrucks kannte und die damit die Einmaligkeit und Originalität des Bildes relativiert.[67] Und drittens wird die Bewegung in Form des Films mit seinen bewegten Bildern selbst Kunstform. Walter Benjamin kommentiert die neue Gattung in eher kritischer Weise wie folgt:

> „Man vergleiche die Leinwand, auf der der Film abrollt, mit der Leinwand, auf der sich das Gemälde befindet. Das letztere lädt den Betrachter zur Kontemplation ein; vor ihm kann er sich einem Assoziationsablauf überlassen. Vor der Filmaufnahme kann er das nicht. Kaum hat er sie ins Auge gefasst, so hat sie sich schon verändert. Sie kann nicht fixiert werden."[68]

Unmittelbar mit dem Film zu tun hat die Euphorie der neu gewonnenen, technischen Mobilität. Denn aus dem Fenster eines Fahrzeugs wie der Eisenbahn, des Flugzeugs oder Automobils heraus erscheint die Umwelt wie in einem Kinostreifen und wird dadurch auf sonderbare Weise spannend. So nennt der Soziologe Paul Virilio den Reisenden einen Voyeur und schreibt: „Die Geschwindigkeit macht das Sehen zum Rohstoff, mit zunehmender Beschleunigung wird das Reisen zum Filmen […]."[69] Das Autofahren als Massenphänomen wird zur Konkurrenz für

---

64 vgl. P. Virilio, *Ästhetik des Verschwindens*, S. 17 f.
65 vgl. L. DeCrescenzo, *Geschichte der griechischen Philosophie – Die Vorsokratiker*, S. 123.
66 vgl. P. Virilio, *Rasender Stillstand*, S. 53.
67 vgl. W. Benjamin, *Das Kunstwerk im Zeitalter der technischen Reproduzierbarkeit*, S. 21: „In der Photographie beginnt der Ausstellungswert den Kultwert auf der ganzen Linie zurückzudrängen."
68 a.a.O., S. 38.
69 P. Virilio, *Ästhetik des Verschwindens*, S. 67.

das Kino und hat sogar Einfluss auf die Architektur: „Die Ästhetik der Gebäude verschwindet in den *special effects* der Kommunikations- und Verkehrsmaschine, in ihren Transport- und Übertragungsapparaten."[70] In diesem Zusammenhang trägt folgender Aspekt zur Dialektik der Bewegung bei: Sowohl im Kino- wie im Fahrsessel verhält sich der nach vorne Blickende eigentümlich ruhig, isoliert und unbewegt. Geschützt durch die Karosserie sind die Autopassagiere dabei ungestört und privat, um die bewegte Aussenwelt ästhetisch zu geniessen.

Dies möchte ich zusätzlich anhand des Ventilators illustrieren. Er wird oft dort gebraucht, wo man arbeitet. Denn wer arbeitet, schwitzt. Insofern ist er ein taugliches Hilfsmittel, um die Last der Arbeit erträglicher zu machen. Der eigentliche ästhetische Reiz des Ventilators ergibt sich erst, wenn er eine Gegenbewegung zur Bewegung der Arbeit darstellt. Der Ventilator besitzt – wie ein Cabriolet – für uns einen wertvollen sinnlichen Reiz, indem er uns, die durch Arbeit Aufgeheizten, abkühlt und zur Sachlichkeit zurückführt. Ein besonderer Aspekt des Ästhetischen ist in diesem Zusammenhang also der Komfort. Er ist das Bemühen, erschöpften Körpern Erholung und Ruhe zu verschaffen. Und so vereinen sich zwei Gegensätze im Komfort des Automobils, die der Soziologe Richard Sennett wie folgt beschreibt: „Diese Erfindungen [im 19. Jahrhundert] machten es dem Reisenden bequemer. Komfort ist ein Zustand, den wir mit Ruhe und Passivität assoziieren."[71] Insofern ist die Ästhetik der Bewegung unweigerlich eine Ästhetik der Ruhe und obendrein mit technischer Rationalität verbunden – kurzum ein sehr komplexes Phänomen. Dies äussert sich auch dadurch, dass Automobile trotz der Hauptfunktion der schnellen Bewegungsmöglichkeit meistens parkiert herumstehen. Folglich muss sich die Gestaltung des Fahrzeugs auch auf diesen Ruhezustand ausrichten, in dem das Auto u. a. soziale Funktionen (z. B. einen gesellschaftlichen Status demonstrieren oder sich Prestige verschaffen) erfüllt.

Kehren wir noch einmal kurz zur traditionellen Kunstauffassung zurück. Aristoteles definierte Mimesis als ein zentrales Element der Poiesis, der künstlerischen Gestaltung. Damit ist die Nachahmung der Natur sowie handelnder Menschen gemeint. Die verschiedenen Kunstgattungen versuchten, die Lebendigkeit der Natur in den toten Materialien, in denen sie sich ausdrückte, zu retten. Durch den technischen Fortschritt der Motorisierung gelang es in der Neuzeit, tote Materie sich sozusagen selbständig bewegen und dadurch lebendig erscheinen zu lassen. Folglich muss Bewegtheit und Schwung nicht notwendig zusätzlich in die kunstvolle Gestaltung des Objekts inszeniert werden. Damit wird dank der Technik das Prinzip der Mimesis in der modernen Welt allmählich überflüssig. Mimesis und Rationalität scheinen sich, wie Adorno aufzeigt, auf den ersten Blick auszuschliessen.[72]

Eine ästhetische Verherrlichung der Bewegung und Geschwindigkeit, der Technik und der Maschine predigten die italienischen Futuristen bereits zu Beginn des

---

70 a.a.O., S. 72.
71 R. Sennett, *Fleisch und Stein*, S. 414.
72 vgl. Th. W. Adorno, *Ästhetische Theorie*, S. 86-90. Vgl. auch M. Seel, *Eine Ästhetik der Natur*, S. 277 ff.

Abb. 3: Umberto Boccionis Skulptur ‚Einzigartige Form und Kontinuität im Raum' (1913)

20. Jahrhunderts, schon bevor der Individualverkehr in unserer westlichen Zivilisation zum Massenphänomen wurde. Aus heutiger Sicht wirkt diese Apotheose gerade deshalb so abschreckend, weil das ästhetische Plädoyer gewalttätig real geworden ist. So schrieb der Künstler Filippo Tommaso Marinetti (1909) im „Manifest des Futurismus":

„Wir wollen preisen die angriffslustige Bewegung, die fiebrige Schlaflosigkeit, den Laufschritt, den Salto mortale, die Ohrfeige und den Faustschlag. […] Wir erklären, dass sich die Herrlichkeit der Welt um eine neue Schönheit bereichert hat: die Schönheit der Geschwindigkeit. Ein Rennwagen, dessen Karosserie große Rohre schmücken, die Schlangen mit explosivem Atem gleichen ... ein aufheulendes Auto, das auf Kartätschen zu laufen scheint, ist schöner als die Nike von Samothrake."[73]

Eindrücklich zeigt sich dieser Dynamismus in der Skulptur „Einzigartige Form der Kontinuität im Raum" (1913) von Umberto Boccioni (siehe Abb. 3). Bewegung und Geschwindigkeit als Leitmotiv des Futurismus bedingen auch, dass es keine Vollendung geben kann, dass Veränderung zum Prinzip gehört und damit auch Boccionis Skulptur kein Ideal darstellt.[74] Die Skulptur scheint trotz aller Dynamik sonderbar schwerfällig und an den zwei Metalluntersätzen zu kleben. Hier gelangt die in sich oft widersprüchliche Ästhetik der Bewegung zu einem Höhepunkt, zu expliziter Selbstdarstellung.

Die nachfolgenden Jahrzehnte bis zur Gegenwart stehen aber nicht minder unter dieser Dynamik. Fortschritt, Entwicklung und Flexibilität sind alltäglich und prägen das Weltbild der abendländischen Gesellschaften grundsätzlich, oft unbewusst und implizit (vgl. Abb. 4). Insofern Ästhetik und Geschmack in das Leben der Kultur eingebettet sind, kann rückblickend auf die vergangenen 2500 Jahre sicherlich eine dramatische Geschmacksveränderung postuliert werden.[75] In der „beschleunigten" Gesellschaft von heute ist die Bewegung und damit auch die Ästhetisierung der Bewegung so selbstverständlich, dass Ruhe und Stille dagegen

---

73 erschienen in ‚Le Figaro' (Paris), 20. Februar 1909; vgl. W. Welsch, *Unsere postmoderne Moderne*, S. 91 und 105.
74 vgl. R. Banham, „Funktionalismus und Technologie", S. 127.
75 Benjamin beschreibt einen solchen Wandel mit einem Verweis auf die Architektur, welche den Tastsinn anspricht: „Die Aufgaben, welche in geschichtlichen Wendezeiten dem menschlichen Wahrnehmungsapparat gestellt werden, sind auf dem Wege der blossen Optik, also der Kontemplation, gar nicht zu lösen. Sie werden allmählich nach Anleitung der taktilen Rezeption, durch Gewöhnung, bewältigt." (a.a.O., S. 41)

Abb. 4: Werbespot des Citroën C4 (2004): Tanzender Roboter; moderne Adaption der futuristischen Skulptur

fast als Ausnahmen erscheinen: Wer an eine bestimmte Lebensgeschwindigkeit gewöhnt ist, wird Ruhiges kaum mehr wahrnehmen und folglich auch kaum auf die Idee kommen, Lebensabschnitte bewusst ruhig zu gestalten. In diesem Sinne schreibt Benjamin:

> „Die Rezeption in der Zerstreuung, die sich mit wachsendem Nachdruck auf allen Gebieten der Kunst bemerkbar macht und das Symptom von tiefgreifenden Veränderungen der Apperzeption ist, hat am Film ihr eigentliches Übungsinstrument."[76]

An diesen soziologischen Feststellungen verdeutlicht sich die zweite Bedeutung des Ausdrucks ‚Ästhetik der Bewegung' im Sinne eines Genitivus subiectivus. Die Fortschrittsbewegung ist in der westlichen Gesellschaft so dominant geworden, dass ihre Stil- und Designformen unsere Umwelt nachhaltig prägen (vgl. Abb. 4).

Obwohl sich also auch in den Entwicklungen der modernen Kunst eine gewaltige Kraft und ein ungeheurer Entwicklungsschub entladen haben, fristet die Ästhetik als philosophische Disziplin heute eher ein Schattendasein. Koryphäen wie Kant oder Nietzsche, für die der ästhetische Zugang zur Welt gleich wichtig, oder sogar noch wesentlicher als der traditionell epistemologische ist, ändern daran wenig.[77] Gerade deshalb erscheint mir der unkonventionelle Zugang einer praktischen Ästhetik zum allgegenwärtigen Phänomen der Bewegung faszinierend: Sie ist anthropologisch tief verankert und hat eine lange, wenn auch nicht explizite Tradition. Sie ist verbunden mit einem Plural an ästhetischen Prädikaten und nicht allein auf das Schöne fixiert. Sie hat eine Affinität zur Entwicklung, insbesondere zum technischen Fortschritt, und ist darum aktuell. Sie ist oftmals dialektisch und darum spannend.

Das Automobil und sein Design als ästhetischer Angelpunkt befinden sich im dialektischen Zwischenspiel zwischen Ruhe, Bewegung und Gegenbewegung. Sein praktischer Nutzen liegt in der Erleichterung der Bewegung, als ob es, wie Virilio sagen würde, eine Prothese für motorische Behinderungen wäre.[78] Sein ästhetischer

---
76 ebd.
77 vgl. dazu W. Welsch, „Ästhetisierungsprozesse", in: *Grenzgänge der Ästhetik*, S. 46 ff.
78 vgl. P. Virilio, *Rasender Stillstand*, S. 50 f.

Reiz liegt aber vor allem in der berauschenden Bewegtheit, in der Mobilität, und in der Aussicht auf eine scheinbar bewegte Umwelt. So eröffnet sich in der Bewegung gleichzeitig – in dialektischer Manier – die Ruhe. Die Koinzidenz dieser Gegensätze benennt Jean Baudrillard mit treffenden Worten:

> „Die Geschwindigkeit bewirkt [...] die Zurückführung der Welt auf zwei Dimensionen: auf ein Panorama, welches in sublimer Unbeweglichkeit Sein und Wandel vereint, und auf eine geruhsame Beschaulichkeit. [...] Mehr als hundert Kilometer in der Stunde – das ist die Vorwegnahme der Ewigkeit."[79]

Die Dialektik von Bewegung und Ruhe, von Bewegung und Gegenbewegung spiegelt sich unweigerlich in der Entwicklung des Designs und der Ästhetik des Automobils, des Fortbewegungsmittels der modernen westlichen Zivilisation schlechthin. Diesen verwickelten Entwicklungsspuren möchte ich in der folgenden Analyse nachgehen und fragen, in wieweit die Ästhetik der Bewegung (d. h. der Stil der fortschrittsgläubigen Moderne) eine Ästhetik der Bewegung (d. h. eine Ästhetisierung der Bewegung) ist.

---

79 J. Baudrillard, *Das System der Dinge*, S. 87 f.

2. Moderne Ästhetik einer universalen Funktionalität

Meine detaillierten Analysen zum Automobil-Design beschränke ich aus Gründen der Überblickbarkeit und der verfügbaren Daten auf die vergangenen 30 Jahre. Ich unterteile diese Zeit grob in zwei Stile, denjenigen der Moderne und der Postmoderne. Die beiden Stile werde ich später genauer definieren und dort versuchen darzulegen, warum ich den Beginn modernen automobilen Designs ausgerechnet um das Jahr 1975 ansetze. Um die Bedingungen und Grundlagen des Automobildesigns besser zu verstehen und einordnen zu können, ist es eingangs jedoch erforderlich, in der Automobilgeschichte weiter zurückzublicken.

a) Kurzer Rückblick auf die Geschichte der Aerodynamik

Die Herstellung von Geräten, Werkzeugen und Maschinen gehört seit jeher gleichsam zu den anthropologischen Grundkonstanten, damit das höhere Säugetier homo sapiens im Vergesellschaftungsprozess seine biologischen Mängel beheben kann. Spätestens in der Neuzeit setzte ein rasanter technischer Entwicklungsschub ein, der durch Industrialisierung geprägt zu einer technischen Verfassung unserer Lebenswelt führte, zum so genannten Maschinenzeitalter, das Maschinenzeitalter-Architektur hervorbrachte.[1]

Blicken wir kurz auf die Entwicklung der Gestaltung der ersten Automobile zurück. Sie waren ursprünglich Kutschen, bei denen die Pferde durch einen Motor ersetzt wurden, also eigentliche Kutschenmaschinen (vgl. Abb. 1). Noch heute, mehr als 100 Jahre nach dem Beginn der Serienproduktion von Autos, findet man die Kraftangabe ‚PS' für Pferdestärke als lebendigen Anachronismus in der Liste der technischen Daten. Die Kutsche als Gebrauchsgegenstand hat eine lange Geschichte hinter sich. Ihre Gestaltung lehnte sich unter anderem an diejenige der Möblierungen von Wohnräumen an. Im 19. Jh. – im Zusammenhang mit Forschungen über die Ermüdung des arbeitstätigen Menschen und über deren Schutzfunktion für den Körper – strebten die Reisenden nach mehr Komfort. Bequemere Sitzmöbel und bessere Federungen der Kutschen sollten erschöpften Menschen neue Kraft schenken.[2] Das Automobil konnte teils von solchen Entwicklungen

---

[1] vgl. R. Banham, „Funktionalismus und Technologie", S. 129 f.
[2] vgl. R. Sennett, *Fleisch und Stein*, S. 416.

Abb. 1: Packard Modell 18 Touring (1910)   Abb. 2: Rumplers Tropfenwagen von 1921

profitieren, musste sich aber zugleich auch von diesem Ursprung befreien, um ein eigenständiger Alltagsgegenstand zu werden. Ein kleines Detail soll dies veranschaulichen: In der Kutsche sassen sich die Passagiere auf zwei Polsterreihen gegenüber und konnten, wenn es die Fahrgeräusche zuliessen, miteinander Konversation betreiben. Beim Automobilbau waren die Konstrukteure gezwungen, die Sitzreihen hinter einander (in frühen Modellen sogar z. T. Rücken an Rücken) anzuordnen. Dies war auch in amerikanischen Eisenbahnwaggons bereits um 1840 der Fall und erlaubte in Ruhe ein privates Reisen.[3]

Die Emanzipation des Designs von der mechanischen Kutschengestaltung verlief aber nicht kontinuierlich. Es gab schon früh Prototypen und auch Serienfahrzeuge, die sich in der Form radikal an anderen neuen Fortbewegungsmitteln orientierten: an Schiffen und Flugzeugen.[4] Bei beiden hatten physikalische, insbesondere aerodynamische Überlegungen eine grosse Wichtigkeit für das Gelingen der Fortbewegung. Den Flugzeugbau zu kopieren lag vor allem deshalb nahe, weil die Motorisierung Geschwindigkeiten zuliess, die sich von der relativ gemütlichen der Pferdekutsche immer weiter entfernten. Je höher die Geschwindigkeit, desto ausschlaggebender wurde die Aerodynamik und umso fragwürdiger war z. B. eine senkrechte Frontscheibe, wie sie Packard z. B. noch im Jahre 1932 in den Wagen Twin Six Coupé einbaute.[5]

Zwischen 1920 und dem Zweiten Weltkrieg entwickelten Edmund Rumpler und Paul Jaray diverse aerodynamische Studien (z. B. Rumplers Tropfenwagen von 1921, vgl. Abb. 2),[6] um den Luftwiderstand und damit auch den Kraftstoffverbrauch zu reduzieren. Auch namhafte Architekten und Künstler wie Le Corbusier oder Buckminster Fuller engagierten sich für ein modernes, funktionales Design (siehe Abb. 3 und 4).[7]

---

3 vgl. a.a.O., S. 421 f.
4 Beispiel für die Schiffsform: der Auburn 8 120 Boattail Speedster aus dem Jahre 1929.
5 Hier tendiert der Luftwiderstand gegen einen C_w-Wert von 1.0.
6 vgl. W.-H. Hucho, „Design und Aerodynamik", S. 57. Der C_w-Wert liegt bei erstaunlichen 0.28.
7 vgl. zu Le Corbusier: St. v. Moos, L'Esprit Nouveau, S. 259 ff; vgl. zu Buckminster Fuller: R. Banham, „Funktionalismus und Technologie", S. 125 f.

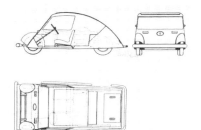 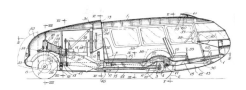

Abb. 3: „Voiture Maximum" von Le Corbusier (1928). Es könnte sogar sein, dass diese Skizze Grundlage für den Citroën 2CV war.

Abb. 4 : Dymaxion-Car von Buckminster Fuller (1933)

Ihre radikalen Formen waren der fliessenden Stromlinienform der Flugzeugflügel, dem Tragflügelprofil nachempfunden, irritierten aber die an Kutschen gewöhnten Leute so sehr, dass an eine Vermarktung (noch) nicht zu denken war.[8]

Eine Kombination von zwei aufeinander liegenden Stromlinien führte schliesslich zu designmässig befriedigenden Formen.[9] Die berühmteste Interpretation davon ist sicherlich der VW Käfer (vgl. Abb. 5), dessen Grundform die Markenidentität von Porsche bis heute definiert.[10] Der Nachteil dieser und ähnlicher Formgebungen war ein lang gezogenes flaches Heck mit geringem Kofferraumvolumen und meist engen Platzverhältnissen im Fond (siehe Abb. 6 bis 9). Dies schmälerte entsprechend die Funktionalität der Wagen. Erst die Studien von Kamm zeigten, dass auch ein verkürztes, klar abgeschnittenes, so genanntes Kamm-Heck gute C_w-Werte liefert. Allerdings ist der exakte Abrisswinkel entscheidend, so dass nicht jedes aerodynamisch aussehende Auto tatsächlich auch einen geringen Luftwiderstand aufweist.[11] Der Preis, der für eine wirklich aerodynamische Form bezahlt werden musste, war beträchtlich. Er liess keinen grossen Gestaltungsfreiraum zu und ignorierte die markentypischen Designelemente wie z. B. den Kühlergrill. Dies war der Hauptgrund für den nur kleinen Erfolg der konsequenten Stromlinienform. Aus ästhetischer Sicht fallen diese Fahrzeuge heute in der Regel wohltuend durch ihre runde, organische Gestalt auf. Unübertroffen bleibt trotz der genannten Einschränkung die 1955 vorgestellte DS von Citroën, beinahe göttlich, wie der

---

8 vgl. P. Tumminelli, *Car Design*, S. 22.
9 vgl. Jarays Stromliniencoupé von 1935 (ein von Spohn umgebauter Maybach SW 35). Die klassische Form entwickelten Prandtl und Lange anno 1937 (vgl. W.-H. Hucho, a.a.O., S. 58/60).
10 Ferdinand Porsche, der Gründer der gleichnamigen Marke, hat unter Hitlers Ägide diesen ersten Volkswagen in den Jahren 1933 bis 1938 entwickelt (vgl. F. Sabatès, *Der Käfer*, S. 6-11). Der C_w-Wert liegt bei 0.46. Auffällig anachronistisch ist das Trittbrett, das noch an die Konstruktion von Kutschen erinnert.
11 vgl. W.-H. Hucho, a.a.O., S. 60 f. Das Fliessheck (Pseudo-Jaray) schneidet mit C_w-Werten um 0.5-0.6 schlecht ab.

Abb. 5: Volkswagen Käfer (1939)

Abb. 6: Ur-Saab (1947): Basis für den Saab 92

Abb. 7: Tatra 87 (1936): Tschechische Luxuslimousine

Abb. 8: Phantom Corsair (1938): Einzelstück – Basis: Cord 810

Abb. 9: Citroën DS (1955)

Name suggeriert („déesse' = ‚Göttin'; siehe Abb. 9). Roland Barthes analysierte zwei Jahre später mit folgenden Worten, wie dieses Mobil zu einem modernen Mythos wurde:

> „Der neue Citroën fällt ganz offenkundig insofern vom Himmel, als er sich zunächst als ein superlativisches Objekt darbietet. Man darf nicht vergessen, dass das Objekt der beste Bote der Übernatur ist: es gibt im Objekt zugleich eine Vollkommenheit und ein Fehlen des Ursprungs, etwas Abgeschlossenes und etwas Glänzendes, eine Umwandlung des Lebens in Materie (die Materie ist magischer als das Leben) und letztlich: ein Schweigen, das der Ordnung des Wunderbaren angehört."[12]

Hier wird deutlich, wie klassisch und gleichwohl ungewohnt, entrückt und modern dieses Design war. Den Mythos hat sie bis heute nicht verloren. Hier ist dem Designer Flaminio Bertoni ein genialer Wurf, ein Kunstwerk geglückt. Barthes' Worte erinnern jedenfalls stark an die Genie-Ästhetik des 19. Jahrhunderts und machen bewusst, dass die moderne, aufgeklärte Welt nicht vor neuen Mythen gewappnet ist, sondern sich „mit jedem ihrer Schritte tiefer [...] in Mythologie" verstrickt.[13]

b) Genealogie organischer und mechanischer Designformen

Nach dieser vorläufigen Betrachtung der Geschichte der Aerodynamik will ich mein Augenmerk auf die Entwicklung des Designs und der Designstile im 20. Jahrhundert und deren Hintergründe richten. Das Automobil war nach der Lösung der wichtigsten technischen Konstruktionsprobleme in der Zwischenkriegszeit vor allem ein Luxusgegenstand, den sich wohlhabende Menschen leisten konnten. Da solche Menschen in der Regel gut gebildet und in der Kunst- und Kulturgeschichte versiert waren, lag es nahe, die Gefährte für diese Kundschaft in Anlehnung an die aktuellen Kunststile zu gestalten.[14] Viele, insbesondere französische Automobile der 30er Jahre sind darum durch den Art déco und den Expressionismus geprägt, wie z. B. der berühmte Bugatti Atlantic (vgl. Abb. 10).[15] Seine tropfenartigen Kurven und Linien erinnern an die einfachen, expressiv gezeichneten, organischen Formen derjenigen Strömung, die den Jugendstil weiter entwickelte (vgl. Abb. 11).

In der Aufbauphase nach dem Zweiten Weltkrieg ändert sich die Bedeutung des Automobils. Es symbolisiert nun Freiheit für den Kleinbürger, weil es dank der

---

12 R. Barthes, „Der neue Citroën", in: *Mythen des Alltags*, S. 76. Der C_w-Wert der DS liegt bei 0.38.
13 M. Horkheimer und Th. W. Adorno, *Dialektik der Aufklärung*, S. 18.
14 vgl. D. Gartman, „A History of Scholarship on American Automobile Design", in: www.autolife.umd.umich.edu.
15 Der Designer und Bauer dieses Autos, Jean Bugatti, verneinte zwar, dass er durch die Trends der damaligen Zeit beeinflusst sei (vgl. S. Bellu, „Ettore and Jean Bugatti – Genius and romanticism", S. 8 f).

Abb. 10: Bugatti T57SC Atlantic (1936)

Abb. 11: Art déco-Brunnen im Art déco-Distrikt von Miami Beach (USA)

industriellen Massenproduktion erschwinglich wird. Das Design des Autos muss nicht mehr dem Geschmack kunstbeflissener Aristokraten entsprechen, sondern soll der Masse gefallen und deren geheime Wünsche und Begierden befriedigen. Design ist nicht mehr „high art", sondern „pop art".[16] Diese neue Ausgangslage führt in den kriegsverschonten Vereinigten Staaten zu einer anderen Entwicklung als in Europa. In den 50er Jahren werden mit jedem Produktjahrgang die Formen üppiger und barocker.[17] Dieses so genannte Styling wird zum Marketingfaktor, das Auto zum Sinnbild für den ungebremsten Erfolg und die Überlegenheit des kapitalistischen Systems, kurz: für den ‚American way of life'. Das Rezept für erfolgreiches, modisches Design besteht aus der Stromlinie als Zeichen für „Optimismus, Dynamik und Fortschritt"[18], sowie aus Heckflossen mit zahlreichen Chromapplikationen, und schliesslich aus Rückleuchten, die die Ästhetik von Flugzeugtriebwerken imitieren (vgl. Abb. 12). Der Kofferraum im langabfallenden, d. h. flügelähnlichen Heck ist unpraktisch und nicht so riesig, wie er von aussen scheint. Die Autos zitieren so die Aerodynamik der Aviatik, ohne selber windschlüpfrig zu sein. Auch wenn aufgrund marktorientierter Massenproduktion das Design nicht mehr unbedingt mit Kunststilen gedeutet werden kann, lässt sich dieser Trend gestalterisch zwischen New Deal, futuristischem Expressionismus oder dynamischem Symbolismus eines Eero Saarinen situieren (vgl. Abb. 13).[19]

In Italien, wo sich moderner Funktionalismus und Faschismus verbunden hatten, war nach dem Krieg die Abneigung gegenüber beidem spürbar, so dass sich Künstler und Architekten folgerichtig am Historischen und Traditionellen orientierten. Die italienische Linie, die ‚italianità', bestand aus organischen Formen und

---

16 vgl. D. Gartman, ebd.
17 vgl. P. Tumminelli, *Car Design*, S. 46. Die Designeuphorie des Detroiter Baroques prägte die zweite Hälfte der 50er Jahre.
18 B. Schneider, *Design – Eine Einführung*, S. 95.
19 vgl. W. Ammann, *Baustilkunde* Bd. 2, S. 40 ff und J. Tietz, *Geschichte der Architektur des 20. Jahrhunderts*, S. 71 und 73.

Abb. 12: Cadillac Eldorado Brougham (1957)

Abb. 13: TWA Terminal New York, gebaut von Eero Saarinen (1956-1962)

Abb. 14: Lancia Aurelia (1951)

Abb. 15: Jaguar Mk IX (1959)

verband traditionelles Kunsthandwerk mit Improvisation (vgl. Abb. 14).[20] Dieser elegante Stil prägte die 50er und 60er Jahre in Europa, speziell in Grossbritannien, weil er im Gegensatz zum übertrieben manieristischen Styling in Amerika wohlproportioniert und weniger aufdringlich erschien. So bürgerte sich die Bezeichnung ‚klassisch' ein, obwohl kunsthistorisch von keinem (Neo-)Klassizismus die Rede sein kann. Der Jaguar Mk IX illustriert die Proportionen der so genannt klassischen Limousinenform mit ausgeprägtem, vertikalem Kühlergrill, mit elegant geschwungenen Kotflügeln und abfallendem Heck (vgl. Abb. 15).[21]

Wenn wir das Design solcher Automobile betrachten, fällt also auf, dass das Mechanische der Konstruktion und des Motors hinter eleganten organischen Blechhüllen und nicht nur reinen, funktionalen Stromlinienformen versteckt war: z. B. in Art déco-Kurven, in barocken Verzierungen oder in klassischen Proportionen. Die abgebildeten Beispiele verdeutlichen zudem die Anlehnung an die Formgebung aus der Kunstgeschichte und zeigen mit den erwähnten Einschränkungen

---

20 vgl. B. Schneider, *Design – Eine Einführung*, S. 108 f. So erklärt sich z. B. auch der Erfolg der Vespa (vgl. Kapitel 4, Abb. 71).
21 vgl. P. Tumminelli, a.a.O., S. 26. Er bezeichnet dieses Design als ‚classic'.

auf, dass das Automobildesign sich wie „echte" Kunstwerke eignet, um moderne und Relikte traditioneller Kunst- und Kulturstile zu lesen und zu deuten.

In der obigen Feststellung taucht unweigerlich der Gegensatz von ‚organisch' und ‚mechanisch' auf, der auf eine lange Geschichte in der westlichen Zivilisation zurückblicken kann. Zum weiteren Verständnis möchte ich einige Aspekte daraus kurz herausgreifen:

Für die traditionelle Kunst bedeutsam ist, wie in Kapitel 1. c) beschrieben, Aristoteles' Definition der Mimesis, der Nachahmung der Natur. So folgert Hans Blumenberg in einer Analyse der beiden Wörter als Metaphern:

> „Unter der traditionell-aristotelischen Sicht der Technik als Mimesis ergab sich konsequent eher eine organische Metaphorik des Mechanischen [...]."[22]

Dies wird verstärkt durch den verbreiteten Glauben an die Beseeltheit der Natur:

> „[D]a Seele als Vermögen der primären Selbstbewegung gedacht war, [war] Bewegung also ein wesentlich organisches Phänomen [...]."[23]

Natürlich hat in der antiken und mittelalterlichen Welt auch das Künstlich-Technische seine Berechtigung, doch es „kann nicht die Dignität der Weltverfassung als ganzer haben."[24] Dieses Verhältnis zwischen Organischem und Mechanischem ändert sich spätestens mit der Aufklärung. Liegt die Wahrheit in den mechanistischen Prinzipien der Welt, die durch die neuzeitliche Naturwissenschaft entdeckt werden, so sind die organischen Formen lediglich Hülle oder sogar Verkleidung. Sie müssen abgelegt werden, wie das Laub im Herbst fällt, um die „eigentliche" Struktur des Baumes zu zeigen. Das Organische ist nach dieser Auffassung nicht mehr das Umfassende und Wesentliche, im Gegenteil, es ist Schnörkel und Verhüllung, welche die „nackte" Wahrheit verbergen. So schreibt Blumenberg in der Analyse des eben genannten Bildes:

> „Die Metapher der „nackten Wahrheit" gehört zum Selbstbewusstsein der aufklärerischen Vernunft und ihrem Herrschaftsanspruch."[25]

Umgesetzt wird diese Haltung in wissenschaftlichen Experimenten, für die eigens Apparatur und Technik fabriziert werden. Hier entsteht der ‚homo faber', und hier dominiert das mechanistische Weltbild.[26] Daraus entwickelt sich später – in der ersten Hälfte des 20. Jh.s – der Grundstein für den architektonischen Konstruktivismus. Dies fasst der Architekturtheoretiker Fritz Neumeyer folgendermassen zusammen:

---

22 H. Blumenberg, *Paradigmen zu einer Metaphorologie*. S. 74.
23 a.a.O., S. 71.
24 a.a.O., S. 72.
25 a.a.O., S. 54, vgl. auch S. 55.
26 vgl. H. Arendt, *Vita activa*, S. 378 f.

„Erst unser Jahrhundert hat mit diesem Grundsatz der Mimesis gebrochen und sich an Stelle des menschlichen Körpers ein mechanisches Objekt, die Maschine, als Modell seiner selbst auserkoren […]."[27]

Und so konnte Architektur schliesslich ihre „Konstruktion in schamloser Nacktheit" zeigen.[28] Das Ornament als Hülle war verpönt, schnörkellose Sachlichkeit wurde zum Dogma modernen Bauens. Interessant ist, wie deutlich die Architekturtheorie hier die Metapher der Nacktheit und Verkleidung verwendet.[29] In der Geschichte des Automobilbaus fällt auf – wie oben erwähnt –, dass die ersten Modelle ihre Konstruktion (Motor, Passagierteil, Kofferraum, Räder) sehr deutlich zeigen (vgl. Abb. 1). Allerdings kann die Demonstration der mechanischen Konstruktion nicht ein allgemein befriedigendes Gestaltungsprinzip sein, vor allem, wenn die Hülle wie im Beispiel des Autos selbst wesentliche Funktionen übernehmen muss: Insassen schützen, für eine windschlüpfrige Form sorgen, Fussgänger schützen etc. Die Hülle kann also durchaus konstitutiv für einen Gebrauchsgegenstand sein. So schreibt Neumeyer bezogen auf Gebäude weiter:

> „Die nackte Konstruktion, sei sie noch so richtig und ehrlich, ist *per se* ebenso wenig bewohnbar wie ansehnlich. Sie muss bekleidet, also auch verkleidet werden, um sie einem Nutzen zuzuführen und dem Auge als Genuss zuzubereiten."[30]

Damit sind die Begriffe ‚organisch' und ‚mechanisch' nicht simplifizierend auf die Metaphern ‚verhüllt' und ‚nackt' rückführbar. Beide Stilrichtungen sind gleichberechtigt. Denn jede Gestaltung ist auch eine Gestaltung von Hüllen. Es ist eine Frage des Geschmacks und der Mode, ob die Formgebung eher organisch oder mechanisch ausfällt. Diese Einsicht spiegelte sich bereits in erkenntnistheoretischen Überlegungen der Aufklärung. Blumenberg zieht in seiner Analyse den Schluss:

> „Die Entdeckung der Geschichte inmitten der Aufklärung und gegen ihren Sinnstrom ist die Entdeckung der Illusion der „nackten Wahrheit" oder der Nacktheit als Illusion, die Aufhebung der Metapher und ihre Erneuerung in der Richtung, dass die ‚Verkleidungen' der Wahrheit nun nicht mehr rhetorischem Schmuckbedürfnis und dichterischer Phantasie entstammen, […] sondern den Manifestationsmodus der Wahrheit konstitutiv ausmachen."[31]

Leider wurde diese differenzierte Haltung nicht zum Allgemeingut der Moderne, die sich gerne und dogmatisch vom üppigen Ballast der Geschichte lossagte. Konsequent erscheint immerhin, dass Walter Gropius als Architekt der Moderne beiläufige Automobilstudien ziemlich konservativ und traditionell kutschenhaft

---

27 F. Neumeyer, „Tektonik: Das Schauspiel der Objektivität und die Wahrheit des Architekturschauspiels", S. 274. Vgl. auch J. Rykwert, „Ornament ist kein Verbrechen", S. 264.
28 Adorno bestätigt dies in seiner *Ästhetischen Theorie* (S. 92): „[M]it allem Recht sagt die Konstruktion dem Organischen als Illusionärem ab."
29 vgl. F. Neumeyer, a.a.O., S. 279.
30 F. Neumeyer, a.a.O., S. 279.
31 vgl. H. Blumenberg, a.a.O., S. 55.

Abb. 16: Adler Standard 8 nach Plänen des Architekten Walter Gropius (Beginn 30er Jahre)

zeichnete (vgl. Abb. 16) und sich nicht auf die damals fortschrittlichen neuen Technologien und aerodynamischen Designformen einliess. Dem gegenüber sind die Entwürfe von Le Corbusier und Buckminster Fuller viel revolutionärer (vgl. Abb. 3 und 4).[32] Spätestens Mitte der 30er Jahre begann sich aber die neue automobile Hüllengestaltung zu etablieren, in der sowohl organische als auch rational-sachliche Formen zum Ausdruck kommen konnten. Die Zeit, in der die Mechanik und technische Konstruktion selbst das Design prägten, war damit schon beendet, bevor in der Architekturtheorie von Konstruktivismus oder Brutalismus überhaupt die Rede war.

c) Rationales Aussendesign: eckige und runde Keilform

Die aerodynamischen Prinzipien setzten sich im Automobilbau erst durch, als sich die Forscher von der Vorgabe des Tragflügelprofils aus der Aviatik lösten und die günstigen C_w-Werte der Keilform entdeckten.[33] Sie ist gerade die Umkehrung der Stromlinie: vorne spitz und hinten steil abfallend. Anhand von Forschungen an stumpfen Körpern wurde man auch auf optimierte Formen aufmerksam, die durch kleine Abänderungen an Bug, Frontscheibe, A-Säule und Heck erreicht wurden.[34] Inzwischen hatte sich eine enge Zusammenarbeit zwischen Aerodynamik und Design entwickelt, die durch die Ölkrise in den 70er Jahren noch verstärkt wurde. Denn nebst Wagengewicht, abhängig von verwendeten Materialien, und Motorisierung ist der Luftwiderstand eine zentrale Grösse beim Benzinverbrauch, insbesondere bei hohen Geschwindigkeiten. Mit der Keilform und der angesprochenen Zusammenarbeit von Design und Aerodynamik bin ich nun bei derjenigen Phase angelangt, die ich grob moderne Ästhetik der Funktionalität nennen möchte. Trotz Betonung des Technischen und Funktionellen kann dieses Design nicht mecha-

---

32 vgl. R. Banham, „Funktionalismus und Technologie", S. 129. Das Prinzip der Konstruktion bei Gropius besteht aus additiven Elementarformen.
33 vgl. W.-H. Hucho, a.a.O., S. 70.
34 vgl. W.-H. Hucho, „Benzin sparen durch optimale Karosserieformen", S. 105.

Abb. 17: Lotus Esprit (1975): Fahrzeug für James Bond im Film ‚Der Spion, der mich liebte' (1977)

nisch genannt werden, insofern als hier – ebenso wie bei den Stromlinienautos – alles Mechanische und Elektronische unter der Karosserie und den Abdeckungen im Innern verborgen ist. Ich verwende deshalb die Adjektive ‚rational/sachlich'.[35] Mit der schnörkellosen Keilformhülle (vgl. Abb. 17 und 18) werden die wesentlichen Funktionen des Automobils gemäss der berühmten Formel ‚Form follows function' erfüllt: Geschwindigkeit, Sicherheit, genügend Raum zum Sitzen und für das Gepäck. Ihr Debut passt in die Zeit: 1968. Denn sie ist ein radikaler Schnitt mit der Vergangenheit.[36] Mit ihr konzentriert sich der Designer vor allem auf die Funktionalität, welche die Qualität des Fahrzeugs symbolisiert. Erst mit dieser Übernahme der „Bauhaus-Tradition" im automobilen Design der Massenprodukte in den 70er Jahren beginnt der ästhetische Funktionalismus aussen wie innen zu dominieren.

Hier entkoppelt sich das Design des Automobils endgültig von dem der Kutsche, und Le Corbusiers Diktum vom Haus als „Wohnmaschine"[37] lässt sich auf den Bereich des Fahrens übertragen: Das Auto wird zur eckigen Kiste und damit das angetönte Raumproblem funktionell gelöst. Der VW Golf (1974) erfüllt diese Aufgabe mit einem seinerzeit recht guten Aerodynamik-Wert (siehe Abb. 19).[38]

Interessant ist es, an dieser Stelle Le Corbusiers Verhältnis zum Auto zu betrachten: Der Aspekt der industriellen Serienfabrikation imponierte ihm schon zu Beginn der 20er Jahre, und er sah die Baukunst stilistisch im Rückstand. In einem Kapitel von *Vers une Architecture*, das dem Automobil gewidmet ist, definiert er die funktionalistische Standardlösung des Autos, die aus dem industriellen Konkurrenzkampf resultiert: Schnelligkeit, Bequemlichkeit.[39] Er interessiert sich sogar für

---

35 Tumminelli verwendet hierfür mehrere Bezeichnungen: Edge Line, Edge Box, Edge Body, Wedge Line, Graph (vgl. P. Tumminelli, *Car Design*, S. 16 f). Wichtig scheint mir die Konzentration auf elementare geometrische Grundformen: Gerade, Kreis, Kubus, Trapez etc.
36 vgl. P. Tumminelli, a.a.O., S. 58. Zwei italienische Studien läuten 1968 den neuen Stil ein: Alfa Romeo 33 Carabo (von Bertone) und der Bizzarini Manta (von Italdesign). Der Name Manta zeigt an, durch welche Naturformen sich die Designer inspirieren liessen: durch den flunderförmigen Mantarochen.
37 vgl. W. Welsch, *Unsere postmoderne Moderne*, S. 97.
38 vgl. U. von Mende, *Design-Klassiker, Der VW Golf*, S. 29 und 31. Ein weiteres Beispiel ist der Fiat Panda (1980). Beide wurden vom Designer Giorgetto Giugiaro gezeichnet.
39 vgl. Le Corbusier, *Vers une Architecture*, S. 109.

Zwei Nachfolger von berühmten, stromlinienförmigen Modellen:

Abb. 18: Citroën CX (1974): Cw-Wert: 0.36. CX ist die französische Bezeichnung für Cw. Er folgte auf die DS (Abb. 9).

Abb. 19: VW Golf (1974): Cw-Wert: 0.42. Er folgte auf den Käfer (Abb. 5).

die Luftwiderstandsberechnungen und fügt schliesslich einen Vergleich mit dem Parthenon-Tempel an:

> „Montrons donc le Parthénon et l'auto afin qu'on comprenne qu'il s'agit ici, dans des domaines différents, de deux produits de sélection, l'un ayant abouti, l'autre étant en marche de progrès. Ceci ennoblit l'auto. Alors! Alors il reste à confronter nos maisons et nos palais avec les autos."[40]

Was Le Corbusier vorschwebt, ist die serielle, funktionalistische Gebäude- und Möbelproduktion in Anlehnung an die moderne Automobilindustrie, obwohl die äussere Formgebung der Fahrzeuge damals noch verspielt war.

Doch in der Zeit von 1940 bis 1975 ist im Design nicht bloss die Entwicklung vom Organischen zum Rationalen zu beobachten, sondern auch die funktionalistische Verdichtung im wortwörtlichen Sinne. Die Fahrzeuge werden im Durchschnitt kürzer und gehen mit der Nutzung des zur Verfügung stehenden Platzes effizienter um. Auch dafür ist der VW Golf ein gutes Beispiel. Für ihn gilt, was der Philosoph Albrecht Wellmer von den gelungenen Werken der neuen Architektur sagt:

> „Die Klarheit der funktionalistischen Sprache [hat] in ihnen zu einer äussersten ästhetischen Verdichtung geführt, die aus der Verschmelzung von Konstruktion, Zweck und Ausdruck herrührt."[41]

Hier beginnt die wirkliche Moderne und setzt sich der traditionellen Formensprache entgegen. Kunstgeschichtlich mag dieser Zeitpunkt spät erscheinen, er fällt jedoch mit einem ähnlichen Entwicklungstrend beim Design von Alltagsgegen-

---

40 a.a.O., S. 111.
41 A. Wellmer, *Zur Dialektik von Moderne und Postmoderne*, S. 119. Inwieweit auch das dritte Kriterium – der Ausdruck – im Falle des VW Golf erfüllt ist, sei dahingestellt.

ständen und der Ausgestaltung von privaten Wohnräumen zusammen. Jean Baudrillard beschreibt in seiner soziologischen Zeitdiagnose aus dem Jahre 1968 die neuen Möbel in Abgrenzung zur bürgerlichen, traditionellen Wohneinrichtung so, dass sich seine Erkenntnisse leicht auf das Automobildesign übertragen lassen:

„Ein Tisch – neutrales Aussehen, leicht, einfach wegzuräumen; ein Bett – ohne Rahmen, Füsse, Kopfteil -, sozusagen der Nullpunkt der Schlaffläche; all diese Gegenstände in „abstrakter" Form, die nicht einmal den Anschein dessen verrät, was sie eigentlich sind, alle auf ihren einfachsten Entwurf reduziert und unwiderruflich säkularisiert: Was in ihnen frei wurde […] – ist die Funktion. Diese ist nun nicht mehr durch die moralische Theatralik der alten Möbel verdüstert; sie trennt sich vom Brauchtum, von der Etikette und von einer ganzen Ideologie […]. *Heute* lassen die Gegenstände endlich klar erkennen, wozu sie wirklich dienen."[42]

Das Zitat zeigt, dass die Massenverbreitung moderner Möbel nicht mit der Bauhaus-Avantgarde der Zwischenkriegszeit einherging, sondern sich erst in den 60er Jahren als demokratisierte, „volkstümliche" und damit praktische Ästhetik der Spätmoderne durchzusetzen begann. So diagnostiziert auch Charles Jencks die Situation in der Architekturgeschichte. Nach ihm übernimmt die Spätmoderne zwar die Maschinenästhetik und Technologie, sowie die Abwendung vom Historischen und das Puristische von der Moderne. Die Unterschiede liegen aber in der pragmatischen und auch kapitalistischen Grundhaltung in der spätmodernen Zeit, im Gegensatz zu den utopischen und idealistischen, gesellschaftsverändernden Visionen der Vertreter der klassischen Moderne.[43] Insofern liegt es auf der Hand, dass sich der Stil der Spätmoderne gerade im Design des Massenprodukts ‚Automobil' äussert.

Stilstreitigkeiten laufen in dieser Epoche fast ausschliesslich über die Begriffe ‚eckig' (Edge) und ‚rund' (Flow),[44] wobei ab der zweiten Hälfte der 70er Jahre, in denen sich das moderne Design richtig durchsetzte, eckige Formen, die so genannte ‚Edge Box' mit der Keilform, vorherrschten. Auffällig ist sowohl bei der eckigen als auch runden Variante, wie durchgezogene gerade Sicken und Kunststoff-Schutzleisten die Seitenansicht prägen und ihr einen soliden, statischen Eindruck verleihen. Tumminelli nennt diesen Stil ‚Graph'.[45] Ein Beispiel soll dieses Zeitalter illustrieren: Der Aston Martin Lagonda ist eine Luxuslimousine, die radikal mit der bisherigen Formensprache der Marke brach und bewusst alle neuesten Techniken in moderner Form einbezog (siehe Abb. 20). Abbildung 21 verdeutlicht, dass sich dieses futuristische Design auch konsequent im Innern des Autos widerspiegelt, sowohl was die Gestaltung wie den Einbezug der digitalen Computertechnologie betrifft.

---

42 J. Baudrillard, *Das System der Dinge*, S. 25 ff (Hervorhebung: N. S.).
43 vgl. Ch. Jencks, *Die Neuen Modernen*, S. 67.
44 Tumminelli differenziert dieses Design weiter in ‚Graph' (gerade Linien betont), ‚Wedge Line' (eckig keilförmige Form) und ‚Flow Box'/‚Smooth Body' (rund/oval geschliffen) (vgl. a.a.O., S. 58, 66, 70, 74 und 86).
45 vgl. a.a.O., S. 70.

Abb. 20: Aston Martin Lagonda (1976): aussen

Abb. 21: innen

Abb. 22: Audi 100 (1976): aussen

Abb. 23: innen

Abb. 24: Audi 100 (1990): aussen

Abb. 25: innen

Bis Mitte der 80er Jahre gewann das rund geschliffene Design (Flow/Smooth) mit z. T. verbesserten aerodynamischen Werten allmählich die Oberhand.[46] Die Entwicklung des Designs des Audi 100 zwischen 1976 und 1990 veranschaulicht diesen Wandel prägnant (Abb. 22 bis 25).

---

46 So nahmen die C_w-Werte der neuen Golf-Generationen kontinuierlich ab: 0.42 (1974), 0.34 (1983), 0.32 (1991), 0.31 (1997) [0.32 (2003)] (vgl. W.-H. Hucho, „Design und Aerodynamik", S. 69).

d) Kunststoff: das moderne Material

Wie die Abbildungen 23 und 25 zeigen, entspricht im Interieur grauer, dunkelbrauner oder schwarzer Kunststoff dem Sinn fürs Funktionale. Das neue Material Plastik ist ein herausragendes Symbol für Modernität: Es ist billig, künstlich, unendlich formbar, flexibel und entbehrt jeglicher Herkunft und Tradition.[47] Es ist, wie die Übersetzung des griechischen Wortes πλαστικός zeigt, ‚aus weicher Masse gebildet, geformt, gestaltet' und drückt damit grenzenlose Veränderbarkeit aus.[48] Roland Barthes schliesst daraus auf die Eigenschaften eines modernen Mythos:

> „Das Plastik ist weniger Substanz als vielmehr die Idee ihrer endlosen Umwandlung, […]: es ist weniger Gegenstand als Spur einer Bewegung."[49]

Und später fährt er fort:

> „Daher das ständige Staunen, das Träumen des Menschen angesichts der Wucherungen der Materie […]. Dieses Erstaunen ist glückhaft, da der Mensch an der Ausdehnung der Umwandlungen seine Macht ermisst und ihm der Weg des Plastiks die Euphorie eines bezaubernden Gleitens durch die Natur vermittelt. Doch das Lösegeld für dieses Gelingen besteht darin, dass das als Bewegung sublimierte Plastik als Substanz fast nicht existiert."[50]

In Barthes' Formulierung ist die grosse, beinah metaphysische Bedeutung dieses Materials im Zusammenhang mit der modernen Fortschrittsbewegung erahnbar. 1910 wurde es in petrochemischen Experimenten entwickelt und löste den Naturgummi aus Kautschuk ab. Von der Produktion her ist das künstliche Material also von der Treibstoffgewinnung und damit indirekt vom Automobilbau abhängig. Das Material etablierte sich gegen Mitte des 20. Jahrhunderts allmählich als Werkstoff. Damit ist seine Geschichte ziemlich vergleichbar mit derjenigen modernen Automobil- und Möbeldesigns, ja ihre Geschichten hängen stark voneinander ab.

> „Die Alltagswelt wird am gründlichsten durch die neuen Kunststoffe verändert, die nun zu Putzeimern und Eierbechern, Stühlen und Tischen verarbeitet werden. […] Überall in Europa experimentieren die Möbeldesigner jetzt mit dem neuen Material, das in so vielen Varianten zur Verfügung steht."[51]

So beschreibt Kurt Gustmann den Kunststoffboom in den 60er Jahren. Plastik ist also ein unbelastetes Material und lediglich da, um funktional eingesetzt zu

---

47 vgl. A. Dorschel, *Gestaltung*, S. 44. Er schreibt dort: „Der aseptische Charakter moderner Gestaltung, die das abwaschbare Material bevorzugt – Plastik statt Holz –, ist in einem Aspekt die konsequente Praxis einer Ästhetik, die Gleichheit auf Kosten der Unterschiede postuliert."
48 vgl. A. Dorschel, a.a.O., S. 59.
49 R. Barthes, *Mythen des Alltags*, S. 79.
50 a.a.O., S. 80.
51 K. Gustmann, *Top Design*, S. 82.

Abb. 26: VW Käfer (1962)

Abb. 27: VW Käfer (1973)

Abb. 28: Alfa Romeo Giulia (1962)

Abb. 29: Alfa Romeo Giulietta (1977)

Abb. 30: Rover P6 (1963)

Abb. 31: Rover 3500 (1979)

werden: an Türen, Griffen, Schaltern, Verkleidungen, u. ä. Die variable Elastizität kommt auch der Sicherheit der Passagiere zugute.

Weiche Kunststoffe und Kunstleder im Cockpit sind den traditionellen Werkstoffen wie Chrom, lackiertem Stahlblech (Abb. 26 und 27), Holz (Abb. 28 und 29) und Leder (Abb. 30 und 31) überlegen und zudem billiger herzustellen. Stossstangen aus Hartplastik sind weniger gefährlich als solche aus Metall. Rückspiegel in Kunststoff umhüllt sind weniger kratzempfindlich als chromstählerne. Auch die dunkeln Farben gehören in dieses Funktionalitätsdenken. Sie sind unauffällig, nicht heikel und blenden nicht. Die abgebildeten Beispiele verdeutlichen die Entwicklung, die zwischen 1960 und 1980 stattgefunden hat.

Abb. 32: Alfa Romeo Giulia (1963)   Abb. 33: Alfa Romeo Giulietta (1977)

Diese hat sich natürlich auch äusserlich niedergeschlagen. Die Veränderung in der Karosseriegestaltung der beiden oben erwähnten Alfa Romeo-Modelle verdeutlicht aber nicht bloss den Vormarsch des Kunststoffs bei Schutzteilen wie Stossstangen und Seitenleisten, sondern auch den Wandel vom klassisch-eleganten zum rationalen Edge- oder Graph-Design (vgl. Abb. 32 und 33).

Analog zur Aerodynamik in der äusseren Formgebung wird die Ergonomie zum entscheidenden Kriterium des Innenraums. Wirtschaftlich erfolgreich ist damit diejenige Automobilfirma, welche Modernität und Funktionalität am besten vereint. Fortschrittlichkeit allein verheisst Erfolg.

e) Entidentifikation und rationale Globalisierung

Nicht verwunderlich erscheint es daher, dass gerade in den 80er Jahren der Kühlergrill und das Logo einer Marke, einst Symbole einer segensreichen Tradition, in der keilförmig gestalteten Front konsequent bis zur Unkenntlichkeit schrumpfen. Der Lufteinlass für den Kühler wird unter die Stossstangen verlegt. Das verwaiste Markenzeichen macht sich unauffällig und klein auf der glatten Motorhaube, um ja nicht deplatziert zu wirken (siehe Abb. 35 im Vergleich zu Abb. 34).[52] Tumminelli deutet diese Entwicklung folgendermassen:

> „Somit wurde auch das Gesicht, ohne Zweifel bis dato das wichtigste Erkennungsmerkmal eines Automobils, abrasiert. Diese undifferenzierte Erscheinung mit Klappscheinwerfern ist das demokratischste Designelement, das je produziert wurde: sie bedeutete die Abschaffung der Markendifferenzierung in konzeptioneller Hinsicht. Die keilförmige Karosserie, deren absolute Geometrie für einen Paradigmenwechsel der Gestaltung verantwortlich war, sollte Dynamik und Windschnittigkeit suggerieren."[53]

---

52 Diese These wird durch eine empirische Untersuchung, die im Anhang einzusehen ist, gestützt.
53 P. Tumminelli, *Car Design*, S. 58.

Abb. 34: Opel Corsa (1982)   Abb 35: Opel Corsa (1993)

Nur wenige Firmen haben sich gegen diesen Trend gestellt und ihren Kühlergrill bewahrt.[54] Der Normalfall ist der Bruch mit der Tradition, wie ihn die moderne Architektur in ganz ähnlichem, radikalem Masse vollzogen hat.[55]

Eindrücklich zeigt sich in den 80er Jahren, dass dieses Design universell und letztlich ahistorisch ist. Somit ist mit einer gewissen Verspätung im Automobilbau auch dieser Aspekt der Moderne Realität geworden, der von einigen gepriesen, von andern verschmäht wird: die Abkoppelung von der Bürde der Geschichte mit all ihren überflüssigen und belastenden Traditionen.[56] Es scheint, als ob sich in diesem spät entwickelten Industriezweig zuerst noch ausgiebig Traditionen bilden mussten, bevor man einen Schlussstrich ziehen und die Ablösung in ein euphorisches Zeitalter der geschichts- und zugleich gesichtslosen Rationalität und Funktionalität unternehmen konnte. In der Bewegung hin zum Einheitsdesign äussern sich damit auch die schon zu Beginn des 20. Jahrhunderts propagierten Hauptmerkmale des Futurismus: Bewegung, Sprung und Beschleunigung als die hervorstechendsten Erscheinungsformen der Zeit.[57]

Diese Entwicklung hat sich schliesslich fast auf dem ganzen Globus ausgebreitet und sich so schnell zu einem internationalen Stil globalisiert, dass den verschiedenen Kulturen die Zeit fehlte, diesen Stil mit den eigenen Traditionen zu verbinden und sich anzueignen.[58] Ähnlich wie bei der austauschbaren Grossstadtarchitektur, dem so genannten Urbanismus, gleichen sich die neuen Produkte aus den verschiedenen Ländern und Weltkulturen (Europa, Nordamerika, Fernost) an.[59] Die einzelnen, bisher ziemlich unabhängigen Kulturstile verschmelzen zu einem anonymen funk-

---

54 z. B. Mercedes, Alfa Romeo, BMW, Jaguar, Rolls-Royce, Volvo.
55 vgl. W. Welsch, *Unsere postmoderne Moderne*, S. 91: „Die Radikalität des Bruchs mit vergangener Verbindlichkeit wird dadurch verstärkt, dass man diesen Bruch bewusst und massiv propagiert." Und später: „Diese Verwerfung der Tradition und dieser neue Purismus sind natürlich keineswegs auf die Architektur oder die Kunst beschränkt." (a.a.O., S. 93).
56 vgl. W. Ammann, a.a.O., S. 36.
57 vgl. Kapitel 1. f).
58 vgl. W. Ammann, a.a.O., S. 53.
59 Diese rationale Globalisierung ist der globalen Ästhetisierung, wie sie Welsch beschreibt, vorgelagert (vgl. *Grenzgänge der Ästhetik*, S. 143 f).

Abb. 36: Mazda 626 (1991): aussen   Abb. 37: innen

Abb. 38: Ford Contour (1994): aussen   Abb. 39: innen

tionalistischen Einheitsdesign, dem sich die Autoarchitekten unterworfen haben. Welsch sieht diese Entwicklung als logische Folge der Moderne: „[Sie] wurde aus prinzipiellen Gründen uniformistisch. Sie war im Wesen präskriptiv."[60]

Zur Illustration habe ich zwei Beispiele im ‚Flow Box'-, bzw. ‚Smooth Body'-Design[61] aus Japan (Abb. 36 und 37) und den Vereinigten Staaten (Abb. 38 und 39) gewählt. In diesen beiden Modellen kommen die neuen nüchternen und klaren Formen gut zum Ausdruck.[62] In ihrer revolutionären Sachlichkeit entschwindet der historische Ballast. Dies widerspiegelt sich auch in der Tendenz, die Umgebung der Verkehrsteilnehmenden möglichst neutral und unauffällig zu gestalten. Wenn die Lenkerinnen und Lenker durch die Umwelt, die sie in rauschender Geschwindigkeit passieren, nicht abgelenkt werden, verringert sich die Gefahr eines Unfalls. Das Dogma unauffälligen Entwerfens betrifft damit nicht bloss die Karosserien auf den Strassen, sondern auch die Architektur entlang der grossen Verkehrswege. Der Soziologe Sennett formuliert diesen Zusammenhang wie folgt:

„Das Aussehen des städtischen Raums, das von diesen Bewegungsmächten versklavt wird, ist notwendigerweise nichtssagend. [...] In dem Masse wie der städtische Raum zur blossen Funktion der Bewegung wird, ist er auch weniger stimulierend; der Fahrer

---

60 W. Welsch, *Unsere postmoderne Moderne*, S. 90.
61 vgl. P. Tumminelli, a.a.O., S. 74 und 86.
62 vgl. P. Erni, *Die gute Form*, S. 103 ff. Erni zitiert darin den Jugendstilarchitekten Henry van de Velde, der die Schönheit der reinen Form als notwendige Bedingung für Schönheit überhaupt definiert und damit jede phantasievolle Ausschmückung verbietet.

will den Raum durchqueren, nicht durch ihn angeregt werden. [...] Der Fahrende erfährt die Welt wie der Fernsehzuschauer gleichsam unter Narkose [...]."[63]

So verwandelt sich unter der Ägide der Funktionalität die Ästhetik der Bewegung, die – wie in Kapitel 1. d) dargelegt – Mobilität und Film vereint, in eine sonderbare Anästhesie, in die Zerstörung des ästhetischen Genusses. Die geistesgeschichtlichen Hintergründe dieser Entwicklung will ich im folgenden Kapitel aufdecken.

f) Die Frage nach der Ästhetik

Die drei von mir genannten Kriterien, die das moderne Design im Automobilbau auszeichnen, lauten: strömungsgünstige, eckige oder runde Keilform, Kunststoff-Interieur, Verschwinden des Markengrills. Sie stehen im Kontext einer Reihe von Designstilen, die Tumminelli folgendermassen diagnostiziert hat (vgl. Tab. 1):[64]

Stile im Automobildesign

-	mechanisch-konstruktivistisch (zu Beginn des Automobilbaus)	
-	organisch: *Stromlinie* „*Barock*" (manieristisch)	„*Klassisch*" (Kotflügelschwung, abfallendes Heck)
-	rational: *Edge* (Kiste) *Graph* (horizontal betont)	*Wedge* (Keilform) *Flow/Smooth* (rund/oval)

Tab. 1: Übersicht über die Designstile im Automobilbau bis ca. 1990

Zum Schluss bleibt die Frage, in wiefern die „Ästhetik der Bewegung", d. h. das moderne, fortschrittliche und funktionelle Design, auch einen ästhetischen Wert hat. Gibt es eine Ästhetik der Funktionalität und wenn ja, wie lässt sie sich begründen? Liegt sie in der Tradition einer Ästhetik der Bewegung im zweiten Sinne?

Das erste Kriterium – die aerodynamische Gestaltung – lässt sich ohne weiteres mit der Ästhetik der Bewegung erläutern. Tumminellis Zitat auf Seite 55 schafft den Bezug zwischen Keilform und dynamischer Erscheinung. Wenn Bewegung

---

63 R. Sennett, *Fleisch und Stein*, S. 24 f. An dieser Stelle ist der Vergleich mit Marquards Analyse des postmodernen Kunstverständnisses interessant. Laut ihm führt gerade die gegenläufige Tendenz, die gesamte Wirklichkeit zu ästhetisieren, zur Anästhetisierung des Menschen (vgl. O. Marquard, *Aesthetica und Anaesthetica*, S. 17 f).

64 Ich orientiere mich an Tumminelli (a.a.O., S. 17 f), nehme aber eigene Grobkategorisierungen vor.

und Geschwindigkeit ästhetisch reizvoll sind, dann lässt sich dieser Reiz auch auf eine dynamische, windschnittige Form übertragen.

Wie steht es aber um den ästhetischen Wert des praktischen, funktionellen Interieurs aus Kunststoff? Zunächst hat jede Künstlichkeit, alles Artifizielle rein begrifflich etwas mit Kunst, mit τέχνη, und damit auch mit Ästhetik zu tun. Das Plastik-Cockpit besitzt eine gewisse Fiktionalität, ist Ausdruck einer Kunstwelt und erinnert wie im Falle des Aston Martin Lagonda (vgl. Abb. 21) an Sciencefiction. Ich nenne sie High-Tech-Ästhetik. Einen zweiten Aspekt, die Funktionalität, möchte ich ebenfalls kurz antönen.[65] Hinter ihr versteckt sich eine rationalisierte Ästhetik: Funktionelles Design wird – ästhetisch betrachtet – in der modernen Zeit positiv bewertet. Die Funktionalität untersteht genau vorgegebenen Kriterien wie Aerodynamik, Platzverhältnis, Leistung, Geschwindigkeit, Gepäckraum, Ergonomie. Diese Kriterien werden herangezogen, um das Fahrzeug möglichst zweckrational und optimal zu gestalten. Innerhalb dieser Rationalität ist der Verstand letztlich blind für das traditionell Schöne, das Besondere einer Marke und die Überlieferung einer bestimmten Formgebung. Er ersetzt es durch das ästhetisierte Funktionelle. Dieses steht für Modernität und Fortschrittlichkeit, welche die Bewegung einer logischen Entwicklung symbolisiert.

Das letzte Kriterium modernen Designs – das Verschwinden der Markenidentität – ist Folge der hohen Einschätzung des Allgemeinen, Abstrakten und Universellen. Eine abstrahierte Form reduziert das Auto auf das Minimale und Notwendige. Dahinter steckt eine Ästhetik der reinen Formen und Funktionen, eine Ästhetik des Reduktionismus.

Nach dieser kurzen Skizzierung der ästhetischen Motive, die hinter modernem Automobildesign stecken, ist es für diese Arbeit nötig, die noch nicht weiter dargelegten Strömungen der High-Tech-Ästhetik, des Funktionalismus und Reduktionismus zu ergründen. Damit möchte ich prüfen, ob hinter diesen Produkten, die das Fortschrittlichkeitsdenken wie kaum andere zum Ausdruck bringen, auch eine Ästhetik der (Vorwärts-)Bewegung und Beschleunigung steckt.

---

65 Auf den Begriff ‚Funktionalismus' und die damit verbundene Denkströmung gehe ich im 3. Kapitel genauer ein.

3. Philosophische und ökonomische Hintergründe zur Moderne

Bevor ich die Hintergründe der modernen Ästhetik der Funktionalität erläutere, sind Begriffsklärungen unabdingbar: Was bedeuten Funktion und Funktionalismus? Alle Gegenstände, die die menschliche Zivilisation benützt oder erschaffen hat, üben eine Funktion aus. Insofern lässt sich alles funktionalistisch erklären. Im Zusammenhang mit den Entwicklungen vor allem im 20. Jahrhundert wird der weite Bedeutungshorizont dieses Wortes aber entscheidend eingeschränkt. Die nachfolgenden Überschriften sind durch den indefiniten Artikel ‚ein/eine' geprägt, um anzudeuten, dass ich hier lediglich eine Auswahl von Facetten und Geschichten darlege.

a) Eine Begriffsklärung: Funktion und Funktionalismus

Der Begriff ‚Funktion' ist eine Substantivbildung zum lateinischen Verb ‚fungi', welches ‚verrichten, vollbringen' bedeutet. ‚functio' ist Dienstverrichtung. Ab dem 17. Jahrhundert wird das Wort auch im Deutschen verwendet. Es kann den reibungslosen Ablauf (wie in: ‚Das Gerät erfüllt seine Funktion, es funktioniert.'), die Zweckdienlichkeit und Nützlichkeit, sowie die Effektivität und Leistungsfähigkeit bezeichnen. Doch zu diesen Verständnissen kommt eine weitere Bedeutung, die den Begriff sehr zweideutig macht: ‚Das Gerät erfüllt seine Funktion.' kann auch mit ‚Das Gerät erfüllt seinen Zweck.' übersetzt werden. So finden unter Funktion sowohl Zweckdienlichkeit (also die Eigenschaft, ein gutes Mittel zu sein, um einen Zweck zu erfüllen) als auch Zweck zusammen. Der Philosoph Andreas Dorschel, der diesen Begriff analysiert, fügt hinzu: „Beides ist, wenigstens im Denken, auseinander zu halten. Es kann technisch funktionierende, aber unnütze Dinge geben."[1] Auf diese Zweideutigkeit ist bei der Analyse des Funktionalismus zu achten.

Doch zuerst scheint mir unerlässlich, den Begriff Funktion in einen historischen Kontext der Philosophie zu setzen. Dazu bietet einmal Cassirers Werk *Substanzbegriff und Funktionsbegriff* von 1910 einen interessanten Ansatz. Das als Erkenntniskritik konzipierte Werk untersucht die Begriffsbildung in den Naturwissenschaften und der Mathematik und setzt bei Aristoteles an. Cassirer zeigt darin auf, dass das Verhältnis von Denken und Sein, von Erkenntnistheorie und Ontologie, überstra-

---

[1] A. Dorschel, *Gestaltung*, S. 38 f.

paziert wird, wenn naturwissenschaftliche Begriffe nur von ihrer Substanz, von ihrer Gattung her verstanden werden und der funktionale Aspekt der Terminologie, der im Relations- und Abstraktionsverhältnis zum Ausdruck kommt, ausser Acht gelassen wird.[2] Dies war vor allem in der langen Epoche der Geistesgeschichte der Fall, in der die traditionelle Metaphysik als erste Disziplin die Philosophie beherrschte.[3] Cassirer versucht aber auch Unstimmigkeiten in den modernen Wissenschaften, gerade in der Psychologie, aufzuzeigen, in denen das Verhältnis von Substanz- und Funktionsbegriff verwischt ist und eine kritische Durchleuchtung fehlt.[4]

Die wachsende Bedeutung der Funktion (eines Dinges) im Vergleich zu dessen Substanz hängt mit der Entstehung der Ästhetik als neuer philosophischen Disziplin insofern zusammen, als beide Folgen des Zusammenbruchs der klassischen Metaphysik im Kontext der Aufklärung sind.[5] Das Schöne als Leitkategorie der Ästhetik wird nicht mehr objektiv (an und für sich) begriffen, sondern wird zu einem Prädikat, das eine Funktion im (subjektiven) Wahrnehmungsprozess einnimmt. Beide Begriffe sind somit typisch moderne Begriffe. Folgende Zitate aus Cassirers Schriften belegen dies:

> „Die Geschichte der Metaphysik wechselt zwischen den gegensätzlichen Tendenzen [von Objektivem und Subjektivem] ab, ohne dass es ihr gelingt, die eine aus der anderen abzuleiten und auf sie zurückzuführen. – Und dennoch bildet zum mindesten das *System des Erfahrungswissens* eine ursprüngliche Einheit, die sich all jenen Gegensätzen zum Trotz als solche erhält und behauptet."[6]

> „Der allgemeinste Ausdruck des „Denkens" trifft also in der Tat mit dem allgemeinsten Ausdruck des „Seins" zusammen: Der Gegensatz, den die Metaphysik nicht zu überwinden vermag, schlichtet sich, wenn man auf die logische Grundfunktion zurückgeht, aus deren Anwendung beide Problemkreise erst entstanden sind und in der sie daher zuletzt ihre Erklärung finden müssen."[7]

> „Um die Bedeutung zu ermessen, die die Naturerkenntnis für die Entstehung und Gestaltung des modernen Weltbildes besitzt, darf man nicht bei der Betrachtung all der Einzelzüge stehen bleiben, die sie dem *Inhalt* dieses Weltbildes eingefügt und durch welche sie es entscheidend umgestaltet hat. […] Ihre entscheidende Leistung […] besteht nicht sowohl in dem neuen gegenständlichen *Gehalt*, der durch sie dem menschlichen Geiste vermittelt und zugänglich gemacht wurde, als vielmehr in der neuen *Funktion*, die sie ihm zuwies."[8]

---

2 vgl. E. Cassirer, *Substanzbegriff und Funktionsbegriff*, 11, S. 7, sowie 26, S. 20. Cassirer führt dabei den *Begriff* auf die *Funktion* der Reihenbildung zurück.
3 Denker wie z. B. Wilhelm von Ockham entdeckten diese Gefahr schon früh. Ockham entkoppelt Termini (d. h. Universalien) von der Ontologie und definiert sie als Fiktionen (Intentionen) des Menschen, die die Funktion übernehmen, das Denken zu erleichtern (vgl. Summa Logicae I 15 (9 – 15), in: W. Ockham, *Texte zur Theorie der Erkenntnis und der Wissenschaft*, S. 71 ff).
4 vgl. E. Cassirer, a.a.O., 458 f, S. 373 f.
5 vgl. zum Verhältnis von Logik (Funktionsbegriff) und Ästhetik: E. Cassirer, *Philosophie der Aufklärung*, S. 371 f.
6 E. Cassirer, *Substanzbegriff und Funktionsbegriff*, 359, S. 292.
7 a.a.O., 380, S. 308 f.
8 E. Cassirer, *Philosophie der Aufklärung*, S. 48; vgl. dazu auch H. Arendt, *Vita activa*, S. 377 f und P. Kondylis, *Die neuzeitliche Metaphysikkritik*, S. 368 ff.

Einen Anwendungsbereich der Rochade von Funktion und Substanz möchte ich exemplarisch aufgreifen: den Bereich des Psychischen. Denn dabei lässt sich leicht eine Brücke zum Funktionalismus (als historischer Position innerhalb der modernen Psychologie) bauen.

Die Betonung der psychischen Funktionen war ein Faktor, der schliesslich Ende des 19. Jahrhunderts zur Emanzipation der Psychologie von der Philosophie führte.[9] Die geänderte Sichtweise kommt aber bereits in einem Text von Voltaire zum Ausdruck:

> „Doch wer wüsste nicht, dass man dieses Wort Seele immer nur undeutlich benutzte, ohne sich darüber zu verständigen, was es meinte? Und das gilt auch heute noch, so wie wir auch z. B. die Worte Bewegung, Verstand, Einbildung, Erinnerung, Verlangen, Wollen gebrauchen. Es gibt kein reales Wesen, das Wollen, Verlangen, Erinnerung, Einbildung, […] heisst. Doch das reale Wesen Mensch versteht, bildet sich ein, […]. Das sind abstrakte Begriffe, die erfunden wurden, um die Verständigung zu ermöglichen."[10]

In Voltaires Augen nehmen wir also immer nur Phänomene, Eigenschaften, Tätigkeiten und Fähigkeiten (d. h. Funktionen) wahr, nie aber eine (psychische) Substanz.[11] Das Wort ‚Seele' ist lediglich ein Sammelbegriff für verschiedene psychische Funktionen. Gefühle, kognitive Leistungen werden unter dem Gesichtspunkt der Zweckdienlichkeit erforscht. Diese Haltung widerspiegelt die moderne, empirische Psychologie, die sich als eine Psychologie ohne Seele versteht. Rund 100 Jahre nach Voltaire beschritt Franz Brentano mit seiner Aktpsychologie einen ähnlichen Weg und begründete mit seinen Forschungen, die auf die Intentionalität des Psychischen fokussiert waren, den Funktionalismus und die Phänomenologie.[12]

So lassen sich an die kurzen Ausführungen zum Funktionsbegriff Erläuterungen zum Funktionalismus unmittelbar anschliessen. Der Funktionalismus ist eine Denkweise, die Fakten theoretisch zu erklären versucht, indem sie diese in einer Abhängigkeitsbeziehung zu den sie konstituierenden Elementen sieht. Dank dem analytischen Denken besteht auch die Möglichkeit der Mathematisierung und damit der exakten Berechnung der Funktionen, bzw. der Funktionalität. In der Psychologie bedeutet dies die Betonung der Frage nach Ursache und Wirkungen psychischer Abläufe, nach ihrem Zweck, ihrer Beziehung untereinander und ihrer Stellung im Gesamtorganismus. Die Frage nach dem Zweck der psychischen

---

9 vgl. E. Cassirer, a.a.O., S. 31.
10 Voltaire, „Wir müssen uns entscheiden ODER Das Wirkprinzip" (1792), in: *Kritische und satirische Schriften*, S. 522.
11 vgl. dazu den Kommentar von Kondylis zur Haltung von Condillac (1714-1780), einem Zeitgenossen von Voltaire, in: P. Kondylis, a.a.O., S. 301. Er schreibt: „Condillac weiss, dass die Metaphysik im neuen Sinne auf dem Primat der Funktion über der Substanz beruht."
12 vgl. H. Lück, *Illustrierte Geschichte der Psychologie*, S. 19 f.

Funktionen beantwortet die darwinistische Orientierung z. B. folgendermassen: Funktionalität heisst die gelungene Anpassung des Organismus an die Umwelt.[13]

In der Architekturgeschichte steht Funktionalität seit jeher im Zentrum. Denn beim Bauen eines Hauses geht es immer um die Gestaltung eines Gebrauchsgegenstandes, der geschaffen wird, um einen bestimmten Zweck zu erfüllen. Dementsprechend gehört beim römischen Architekturtheoretiker Vitruv die Funktionalität (utilitas) neben der Festigkeit (firmitas) und der Schönheit (venustas/decor) zu den drei zentralen Grössen der Baukunst.[14] Doch die Erwähnung der utilitas macht aus der Architekturtradition nach Vitruv noch keinen Funktionalismus oder Utilitarismus aus. Der Funktionsbegriff wird, wie im Fall der Psychologie, erst im 19. Jahrhundert – in den Vereinigten Staaten – verwendet. Der Bildhauer Horatio Greenough koppelt das Schönheitskonzept an die Funktion des Gegenstandes. Der Architekt Louis Sullivan[15] definiert daran anschliessend die berühmte Formel: „form follows function."[16] Sherman Paul zeigt, dass Sullivans Theorie eine Übersetzung von William James' funktionalistischer Psychologie in die Architektur sei.[17] Allerdings ist bei beiden Vordenkern der weltanschauliche Hintergrund entscheidend. Der Zweck der Funktionalität besteht demnach in der von Gott geschaffenen Natur. Funktional ist nur, was sich organisch in diese Natur einfügt, es darf nicht mechanisch gedeutet werden. Auf diese Weise findet auch das Ornament in der Architekturtheorie von Sullivan eine funktionale Begründung.[18]

Aus diesem Zusammenhang herausgerissen, entwickelt sich zu Beginn des 20. Jahrhunderts in Deutschland der eigentliche Funktionalismus. Er säkularisiert gewissermassen Sullivans Formel. Der österreichische Architekt Adolf Loos[19] publiziert 1908 den Aufsatz „Ornament und Verbrechen" und macht damit die Radikalisie-

---

13 vgl. L. Bourne und B. Ekstrand, *Einführung in die Psychologie*, S. 17. Die Autoren beziehen sich hier vor allem auf W. James (1842-1910).
14 vgl. die folgenden Stellen bei Vitruv, *Zehn Bücher über Architektur*: Aus dem 6. Buch, das über die Errichtung von Privatgebäuden handelt: Kapitel 3 (§ 142), S. 276; Kapitel 5 (§ 146), S. 284; Kapitel 6 (§ 148), S. 288 und Kapitel 7 (§ 151), S. 294. Es bleibt zu erwähnen, dass die drei angesprochenen Begriffe, die in der Geschichte der Architektur bedeutsam wurden, im Originaltext eher beiläufig auftauchen und andererseits Aspekte der Symmetrie, der Proportion und der Eurhythmie (anmutiges Aussehen) viel zentraler erscheinen (vgl. 1. Buch, Kapitel 2, S. 36-42).
15 Er lebte von 1856-1924.
16 Die Formel taucht in folgendem Kontext auf: „Es ist das Gesetz aller organischen und anorganischen, aller physischen und metaphysischen, aller menschlichen und übermenschlichen, aller echten Manifestationen des Kopfes, des Herzens und der Seele, dass das Leben in seinem Ausdruck erkennbar ist, dass die Form immer der Funktion folgt" (in: L. Sullivan, „Das grosse Bürogebäude, künstlerisch betrachtet" (1896), in: Sh. Paul, *Louis H. Sullivan*, S. 148). Aus diesem Zitat von Sullivan geht also keineswegs die Forderung nach einem radikalen Funktionalismus, wie er in der architektonischen Moderne erscheint, hervor. Vielmehr stellte für ihn auch der Repräsentationswert eines Hauses eine ernst zu nehmende Funktion dar. (vgl. P. Gössel und G. Leuthäuser, *Architektur des 20. Jahrhunderts*, S. 38).
17 vgl. Sh. Paul, a.a.O., S. 85 und 90. Interessant dazu ist vor allem Sullivans Aufsatz „Emotional Architecture as Compared with Intellectual: A Study in Objective and Subjective" (vgl. a.a.O., S. 135-144) von 1894.
18 vgl. a.a.O., S. 148 f.
19 Er lebte von 1870-1933.

rung deutlich, die in diesen Jahren stattgefunden hat. Der Begriff Funktionalismus wurde zum ersten Mal 1932 im Buch *Gli Elementi dell' Architettura Funzionale* von Alberto Sartoris auf Le Corbusiers Empfehlung hin konsequent verwendet und etablierte sich sehr schnell als Sammelbegriff für die fortschrittliche Architektur der damaligen Zeit.[20]

Bevor ich verschiedene Aspekte dieser Strömung (ihren Zusammenhang mit Ökonomie und Politik, mit Erkenntnistheorie und Ästhetik) beleuchte, betrachte ich kurz die prägnante, reduzierte Formel ‚form follows function' als eigentliche Grundlage des Funktionalismus. Dorschel belegt in seiner Untersuchung *Gestaltung*, dass die Formel keinen richtigen Sinn macht und darum keinen Wahrheitswert beanspruchen kann. Es ist unsinnig, sie als Naturgesetz zu fassen, da die Form nicht die kausale Folge der Funktion, bzw. Funktionen des Gegenstandes ist. Wenn dem nämlich so wäre, müsste alle menschliche Formgebung notwendig funktionell sein. Zudem müsste ein Funktionswandel sogleich Einfluss auf die Form haben.[21] Eine zweite Lesart besteht darin, das Verhältnis zwischen Funktion und Form als logisches Gesetz, als logische Notwendigkeit zu begreifen. Allerdings wendet Dorschel zu Recht ein, dass von Funktion oder Zweck nicht absolut die Rede sein kann. Zu welchem Zweck ich z. B. ein Messer gebrauche, hängt ganz von der Situation (Bratkartoffeln schneiden, einen Brief öffnen etc.) ab. Logische Notwendigkeit verlangt aber Eindeutigkeit, die in der Praxis meist nicht gegeben ist.[22] Als dritte Deutung der Formel schlägt Dorschel vor, das Verhältnis als biologische oder organische Notwendigkeit zu lesen, was wohl Sullivans Intention am ehesten entspricht. Doch auch sie befriedigt nicht. Von Menschen geschaffene Artefakte sind nie natürlichen Organismen gleichzustellen; eine Gleichsetzung kann darum nur metaphorisch gemeint sein.[23] Es bleibt noch ein Weg offen: ‚form follows function' bedeutet ‚form ought to follow function' und ist ein moralischer Imperativ. Diese Deutung war und ist richtungsweisend für das Selbstverständnis modernen Gestaltens.[24] Doch fraglich bleibt der Sinn der Formel. Um dem Imperativ gehorchen zu können, müsste klar sein, was der Zweck des Dinges sein soll. Diese Festlegung wirkt bereits sehr totalitär. Das Problem wird noch grösser, wenn ein Gegenstand bewusst multifunktional geplant wird: Ein Automobil soll nicht bloss schnell von A nach B bewegen, sondern auch die Insassen schützen, ihnen eine angenehme Reise ermöglichen oder seinem Besitzer als Prestigeobjekt oder Status-Symbol dienen. Überdies ist es ein Symbol der Freiheit und soll gleichzeitig zum Massenkauf

---

20 vgl. R. Banham, „Funktionalismus und Technologie", S. 119. Der Architekturtheoretiker de Bruyn schreibt dazu: „[A. Loos] deutete die Zivilisationsgeschichte als Prozess eines ökonomischen Handelns, bei dem es um die Minimierung der Arbeit und Konsumtion in allen Bereichen geht, die der materiellen Reproduktion des Lebens gewidmet sind. Hierzu rechnete er auch die Architektur, die er zuvor aus dem Reich der Kunst verbannt hatte." (a.a.O., S. 19) Er nennt diese Haltung „fortschrittsoptimistische Sparsamkeitsökonomie". (ebd.).
21 vgl. A. Dorschel, *Gestaltung*, § 10, S. 24 ff.
22 vgl. a.a.O., §§ 11-15, S. 26-34.
23 vgl. a.a.O., §§ 16 f, S. 34-38.
24 vgl. a.a.O., §§ 26-29, S. 50-55; vgl. dazu auch A. Dorschel, „Gestaltung und Ethik", S. 64 f.

anregen etc.[25] Wie soll die Gestaltung der Form jetzt aus all diesen Funktionen abgeleitet werden können?

Offenkundig ist die theoretische Grundlage des Funktionalismus widersinnig und damit auch die Bezeichnung dysfunktional und fragwürdig.[26] Dennoch war die Strömung, wie ich im 2. Kapitel dargelegt habe, auch im Automobil-Design ein erfolgreicher Stil. Um sein Wesen zu begreifen, ist der Einbezug des weiteren Kontextes nötig.

b) Funktionalismus und politisch-ökonomische Universalisierung

In der zeitgenössischen Kunstgeschichtsschreibung spielt der Bruch zwischen den traditionellen Stilrichtungen (Romanik, Gotik, Klassik, Historismus etc.) und der Moderne eine zentrale Rolle. Die moderne Architektur versteht sich als Gegenbewegung zu aller überflüssigen und schwülstigen Dekoration und konzentriert sich auf das Wesentliche, auf die reine Form der Konstruktion, worin die Fortschrittlichkeit zum Ausdruck kommt. Der Architekt Adolf Loos nannte, wie erwähnt, das Ornament ein Verbrechen. Es sei eine volkswirtschaftliche Kostenfalle und vergeude Material und Arbeitskraft.[27] Das ökonomische Prinzip tritt hiermit explizit in die Diskussion um Stilfragen ein und zeigt an, wie es durch die Entwicklung der Industrie im 19. Jahrhundert an Bedeutung gewonnen hat. In diese Zeit fällt ein umfassender Wandel in der Produktionsweise von Gütern, der Wechsel von der Bedürfnisorientierung zum Angebotsprinzip.[28] Während früher der Handwerker auf Wunsch des Kunden ein Produkt herstellte, bietet die Industrie nun Massenprodukte zu einem erschwinglichen Preis an, die für einen anonymen freien Markt gedacht sind und oft – wie in einer Überflussgesellschaft – erst Bedürfnisse schaffen sollen.

Dieses ökonomische Denken orientiert sich wesentlich an der Nützlichkeit, d. h. an der kalkulierbaren Bilanz von Aufwand und Ertrag, Nutzen und Schaden, Ren-

---

25 Dorschel beschreibt die verschiedenen, widersprüchlichen Funktionen wie folgt: „Das Auto, zu Beginn des Jahrhunderts das Privileg weniger und seitdem tatsächlich der Traum des kleinen Mannes, ist heute in den Industrieländern nahezu allen zugänglich." („Gestaltung und Ethik", S. 69) Den Mythos der automobilen Freiheit beschreibt di Falco so: „Die Unabhängigkeit beim Autofahren – sie ist real; allerdings ist diese Realität nicht grösser als die Fahrgastzelle. […] Diese Freiheit ist ein Produkt, hervorgebracht in einer immensen Matrix. – Mehr noch: Automobile Unabhängigkeit, einst ein Privileg gegenüber einer Mehrheit, hat mit der Massenmotorisierung ihre Wirkung verloren. Sie ist Standard geworden, Bestandteil des normalen Lebens." („Gefangen in der Fahrgastzelle", S. 3).
26 Banham bezeichnet Funktionalismus als irreführenden Begriff (vgl. R. Banham, a.a.O., S. 119). Habermas sagt, der Ausdruck lege falsche Vorstellungen nahe (vgl. J. Habermas, „Moderne und postmoderne Architektur", S. 164).
27 vgl. A. Loos, „Ornament und Verbrechen", S. 83 f.
28 vgl. A. Dorschel, „Gestaltung und Ethik", S. 77 ff.

dite und Investition. So beurteilt haben die schwülstigen Verzierungen der meisten städtischen Gebäude aus dem 19. Jh. keine Berechtigung mehr. Und wer – kapitalistisch geschult – Profit erzielen will, versucht, wo nötig, Einsparungen zu erzielen. Im Bereich der Architektur ist der Verzicht auf Dekor leicht zu verkraften. Er bezeugt zudem die ökonomische Tugend der Zweckoptimierung. Dahinter versteckt sich, wie Wellmer schreibt, ein „mechanischer Funktionalismus".[29] Nur zweckrationale Funktionen werden als Funktionen wahrgenommen, dekorativ-symbolische oder im umfassenden Sinn schöngeistig-ästhetische und mystisch-transzendent(al)e Funktionen hingegen – da nicht kalkulatorisch erfassbar – verleugnet. Und dieser simplifizierte Funktionsbegriff gehorcht oft kapitalistischen Verwertungsinteressen.[30] Bei der industriellen Serienproduktion von Gebrauchsgegenständen kann sich der „technische Geist" noch dominanter als in der Architektur auswirken. Als einziger Luxus überleben das Bequeme und der Komfort in der modernen Welt der Sparsamkeitsethik, wahrscheinlich deshalb, weil so die neuesten technischen Errungenschaften verkauft werden können.[31] Ästhetik besitzt hier nicht mehr den von Kant eingeforderten Selbstzweck, sondern wird entmündigt und zu einer sekundären oder sogar tertiären Funktion degradiert. Provokativ könnte man behaupten, dass es im modernen Design gar keine eigenständige, sondern nur noch eine instrumentelle Ästhetik gibt.

Die Berechnung des Nutzens ist allerdings nur eine Seite dieser Entwicklung. Sie hängt mit einer anderen Tugend zusammen, die tief in die mittelalterlichen, christlichen Traditionen eingewoben ist: Sparsamkeit und Askese. So beschreibt der bereits zitierte Architekturtheoretiker de Bruyn in einer rückblickenden Analyse die Kritik an der feudalen Baukultur folgendermassen:

> „Statt der Verschwendungslust der Herrschenden, die sich dem Luxus und Nichtstun hingaben, wurden Fleiss und Verzichtsfreude sowie der sparsame Einsatz von Mitteln, Material und Körperkraft in allen Tätigkeitsfeldern als die Regeln gepriesen, die allein für eine christliche Lebensführung taugten. Parallel hierzu begann die Architekturtheorie die Nützlichkeit und Wirtschaftlichkeit vernünftigen Bauens zu propagieren und den Einsatz kostbarer Materialien und Schmuckformen als unmoralisch zu denunzieren."[32]

Auffallend ist, dass dieser in der asketischen Grundhaltung angelegte moralische Imperativ, auf überflüssiges Dekor zu verzichten, erst zu Beginn des 20. Jahrhunderts architektonisch richtig greifbar wurde. Bedurfte es der Entzauberung

---

29 vgl. A. Wellmer, „Kunst und industrielle Produktion", in: *Zur Dialektik von Moderne und Postmoderne*, S. 120. Er nennt diese Strömung auch „Vulgärfunktionalismus" (ebd.).
30 vgl. a.a.O., S. 121. De Bruyn schreibt dazu: „Das funktionale Haus sollte die Kosten für Material und Verzierungen minimieren und ebenso die Arbeit, die zu seiner Errichtung aufgewendet werden muss. Und es sollte vor allem die hauswirtschaftlichen und gewerblichen Tätigkeiten erleichtern helfen, die in seinem Inneren verrichtet werden." („Plädoyer für die Ketzer und Pioniere", S. 23).
31 vgl. G. de Bruyn, a.a.O., S. 23.
32 a.a.O., S. 14 und 19; vgl. dazu auch G. Zohlen, *Auf der Suche nach der verlorenen Stadt*, S. 12.

der metaphysisch und religiös gedeuteten Welt, der Entlarvung des symbolischen Denkens? Bedurfte es der explosionsartigen Bevölkerungszunahme? Unabdingbar scheint jedenfalls die Universalisierung der Zweckrationalität gewesen zu sein, die eine allmähliche „Ökonomisierung sämtlicher Lebenssphären" bewirkte.[33]

Eine besondere Kraft im Kampf gegen metaphysische Spekulation, gekoppelt mit aristokratischer Formenschwelgerei, war der Sozialismus, der anfangs des 19. Jahrhunderts entstand und mit den Schriften von Marx und Engels weltberühmt wurde. In der Schrift *Grundsätze des Kommunismus* von 1847 fordert Engels, bezogen auf Architektur und Stadtplanung, folgende Massregeln:

> „9. Errichtung grosser Paläste auf den Nationalgütern als gemeinschaftliche Wohnungen für Gemeinden von Staatsbürgern, welche sowohl Industrie wie Ackerbau treiben und die Vorteile sowohl des städtischen wie des Landlebens in sich vereinigen, ohne die Einseitigkeiten und Nachteile beider Lebensweisen zu teilen.
> 10. Zerstörung aller ungesunden und schlecht gebauten Wohnungen und Stadtviertel."[34]

Engels spricht zwar von Palästen. Doch diese Gebäude sollen nur Wohlfahrt und Frieden des Volkes zum Ausdruck bringen und nicht anzeigen, wie viel Kunst- und Kulturansammlung sich eine Familie leisten kann, um ihre Macht zu demonstrieren. Die postulierte Gleichverteilung des Besitzes bedeutet eine Nivellierung der Wohnkultur: Wichtig ist, dass für die gesamte Bevölkerung die zentralen Bedürfnisse gedeckt sind und die Stadtplanung diese Grundfunktionen befriedigt, damit sich die Menschen frei, emanzipiert, gebildet und aufgeklärt entfalten und unter humanen Bedingungen arbeiten können. Unweigerlich wendet sich die sozialistische Interpretation der modernen Demokratie deshalb in euphorischer Stimmung an eine funktionalistische Architektur und Stadtplanung. Planwirtschaft und Planarchitektur ergänzen sich in der Festlegung der relevanten Funktionen des modernen Lebens, wie sie in der *Charta von Athen* im Jahre 1933 beschrieben wurden: wohnen, arbeiten, sich erholen, sich bewegen.[35] Der Architektur kommt also eine revolutionäre Aufgabe zu. Sachlichkeit und Verzicht auf Ornamente werden zum ästhetischen Ausdruck „für eine internationale und klassenlose Gesellschaft".[36]

Der Funktionalismus ist folglich ein Ergebnis sowohl der kapitalistischen als auch der sozialistischen Weltanschauung, eine paradigmatische und universale Er-

---

33 a.a.O., S. 14. Auf S. 20 ff geht der Autor genauer auf die Geschichte der Ökonomisierung ein und dokumentiert ihre Entwicklung seit der Renaissance, vor allem anhand des Architekten Durand. Grundlage für diese Thesen ist natürlich die Untersuchung von Max Weber mit dem Titel *Die protestantische Ethik und der „Geist" des Kapitalismus* aus dem Jahre 1904/1905.
34 F. Engels, *Grundsätze des Kommunismus*, S. 71.
35 vgl. W. Welsch, *Unsere postmoderne Moderne*, S. 95; vgl. auch Ch. Jencks, *Die Neuen Modernen*, S. 21.
36 B. Schneider, *Design – Eine Einführung*, S. 60; vgl. auch H. Hirdina, „Funktionalismus", S. 597: „Es machte den utopischen Gehalt des Funktionalismus aus, soziale Ziele mit ästhetischen Mitteln erreichen zu wollen." Folgerichtig endet die Programmschrift *Vers une architecture* von Le Corbusier: „Architecture ou révolution. /On peut éviter la révolution." (in: *Vers une architecture*, S. 243).

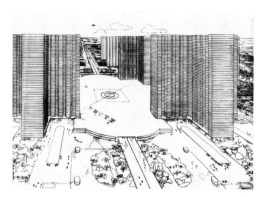

Abb. 1: Die Wohnfabrik „Unité d'habitation" (1947-1952) in Marseille von Le Corbusier.

Abb. 2: Zeichnung „Une ville contemporaine – Diorama d'une ville de 3 millions d'habitants" (1922) von Le Corbusier, in: W. Boesiger und O. Storonov, *Le Corbusier* 1910-1929, S. 63.

scheinungsform des Projekts der Moderne: Eine funktionalistische Architektur- und Designsprache globalisiert sich mit dem fortschreitenden ökonomischen Denken[37] und legitimiert sich zudem ethisch erfolgreich durch die Prinzipien einer gerechten Demokratie und durch die „Humanisierung des Bauens".[38] Kurios mag es erscheinen, dass Stalin in der Nachkriegszeit die funktionalistische Architektur als Dekadenz des kapitalistischen Systems brandmarkte und die Architekten aufforderte, im Sinne Engels' Paläste fürs Volk zu bauen.[39] So mussten z. B. in Berlin auf Weisung der Parteiführung die ursprünglich im Stil der sachlichen Moderne gezeichneten Entwürfe für die Überbauung der ehemaligen Stalin-Allee[40] über Nacht in klassizistische, repräsentative Bauten umgestaltet werden.[41] Die spätere kommunistische Wohnarchitektur, die so genannten Plattenbausiedlungen, erscheint dagegen nüchtern und funktional wie spätmodernes Bauen im Westen. Der internationale Stil ist endgültig international geworden.

Die Ursache dafür ist nach Welsch allerdings viel früher zu orten, nämlich in der Neuzeit: „Man kann insgesamt sagen, dass die Neuzeit im gleichen Mass, in dem sie radikal neu ansetzt, auch unerbittlich vereinheitlichend, universalisierend,

---

37 vgl. Kapitel 2. e).
38 G. de Bruyn, a.a.O., S. 19. Interessant ist, dass die Einheit von Ethik und Ästhetik im beginnenden 20. Jahrhundert ein wichtiger und leitender Gedanke war. Welsch verweist auf die entsprechende Stelle in Wittgensteins *Tractatus* (6.421, S. 83). Vgl. W. Welsch, a.a.O., S. 93.
39 vgl. F. Engels, a.a.O., S. 71.
40 Bauzeit 1952-1958, heute Karl-Marx-Allee genannt.
41 vgl. R. Haubrich und F. Schwere, *Unzeitgemäss – Traditionelle Architektur in Berlin*, S. 30-37.

totalisierend ist."⁴² Dabei verweist er auf Descartes' ‚Mathesis universalis', jenen Descartes, der die Auflistung der Prinzipien wissenschaftlichen Erkennens mit dem Abreissen und Neuaufbau eines Hauses vergleicht.⁴³

Die Wirkung möchte ich im Folgenden bewusst in unwissenschaftlich wertenden Worten ausdrücken: Die Umgestaltung unserer ganzen Umwelt (neben Automobilen: Häuser, Haushaltsgegenstände, Möbel, Plätze, Strassen, Strassenbeleuchtungen etc.) nach den uniformen Kriterien der Funktionalität beeinflusst auch das Wesen des Menschen (vgl. Abb. 1 und 2). Dies ist eine Tatsache, die bereits vor mehr als 2000 Jahren der chinesische Daoist Zhuang zi gesehen hat, wenn er schreibt: „Wer etwas maschinenmässig betreibt, dessen Herz wird maschinenmässig."⁴⁴ Unser Herz und Wesen gleichen sich unseren eigenen Produkten an. Wir werden maschinenähnlicher, weil wir heute an den Begriff ‚Funktionieren' vor allem die Vorstellung vom Funktionieren der Maschinen knüpfen. Die architektonische Konsequenz formuliert Wellmer mit eindrücklichen Worten:

> „Die funktionalistische Modernisierung westdeutscher Nachkriegsstädte trägt Züge einer Selbstverstümmelung; als sollte durch sie die Verwandlung des Menschen in ein bloss noch funktionierendes und gesichtsloses Wesen nach Kräften beschleunigt werden."⁴⁵

Und so verwandelt sich die ursprünglich beabsichtigte Emanzipationsbewegung ins Gegenteil, in eine totalitäre Ideologie: Funktionalistische Gestaltung diktiert und verbietet Heterogenität.⁴⁶ Aus der Modernität als fortschrittlicher Haltung wird damit ein starres Dogma. Der ‚Internationale Stil' missdeutete die ursprünglichen Prinzipien. So wurde der rationale Formalismus selbst zum Zitat oder Ornament, der Rationalismus irrational.⁴⁷

Die funktionalistische Weltanschauung suggeriert zudem, dass die Ökonomie, der nun wichtigste Bereich des gesellschaftlichen Lebens, diesen rationalen Prinzipien unterstellt ist. Wie diktatorisch sie ist, zeigt sich nicht bloss in der Produktion und Gestaltung von Gebrauchsgegenständen⁴⁸, sondern auch im Um-

---

42 W. Welsch, a.a.O., S. 72.
43 vgl. R. Descartes, *Abhandlung über die Methode des richtigen Vernunftgebrauchs*, S. 22 und 28.
44 Zhuang zi, *Das wahre Buch vom südlichen Blütenland*, XII. 11 (Der Ziehbrunnen), S. 135.
45 A. Wellmer, a.a.O., S. 121 f. Jencks spricht von Entwurzelung und Kulturvernichtung (in: *Die Neuen Modernen*, S. 37).
46 vgl. W. Welsch, a.a.O., S. 96 und G. de Bruyn, a.a.O., S. 17. Interessant ist, dass Bruno Taut, einer der Begründer der Bauhaus-Bewegung, die den Internationalen Stil prägte, ausdrücklich formuliert: „Wir hoffen und glauben, dass unsere Auffassungen als vernünftig und einleuchtend sich einmal die Welt erobern werden; wir wünschen aber nicht, dass das nun eine ebensolche Europäisierung werden möchte." (in: *Die neue Baukunst*, S. 67).
47 vgl. O. Aicher, „Gegenarchitektur", S. 145.
48 vgl. R. Sennett, *Der flexible Mensch*, S. 50 ff. Sennett beschreibt die Studien des Industriepsychologen Frederik W. Taylor, der glaubte: „Maschinen und Produktionsprozesse könnten in einem grossen Unternehmen äusserst kompliziert sein, ohne dass die Arbeiter diese Komplexität verstehen müssten; tatsächlich war er der Meinung, je weniger sie durch das Verständnis des Ganzen „abgelenkt" seien, desto effektiver würden sie ihre jeweilige Aufgabe erfüllen." (a.a.O., S. 50).

gang der Menschen mit dem eigenen Körper. In Fitness-Studios, in der Medizin (mit Prothesen und anderen Ersatzteilen), im Sport wird er auf einen – wenn auch besonderen – Gebrauchsgegenstand reduziert.[49] Um funktionell und fit, d. h. angepasst zu sein, setzen sich Menschen freiwillig Maschinen aus, die wie eine moderne Interpretation von Folterinstrumenten erscheinen. Und die totalitären Züge setzen sich schliesslich im Denken fort. Diese Entwicklung scheint mir bedenklich, weil damit das, was Kultur ausgezeichnet hat, zu verschwinden droht, und wir in ein neues postkulturelles Zeitalter hineinwandern, ohne die Revolution bewusst zu verfolgen oder zu steuern. Diese Entwicklung reduziert den Menschen auf ein rationales Wesen, das der globalisierten Vernunft folgt und sich technisch über die Natur – auch über die eigene Körperlichkeit – stellt. Hiermit stehen wir ganz in der Verwirklichung des futuristischen Manifests. Die Fortschrittsbewegung und ihre beiläufige, instrumentelle Ästhetik sind in umfassender Weise real geworden.

c) High-Tech-Ästhetik: die Faszination der Technik

Trotz meinen eben geäusserten Bedenken gegenüber einer funktionalistischen und rationalistischen Ideologie übt eine solche Gestaltung der Umwelt eine Faszination und einen kühlen ästhetischen Reiz aus. Im Manifest der „architettura futurista" schreibt Antonio Sant'Elia im Jahre 1914:

> „Das futuristische Haus muss wie eine riesige Maschine sein. Der Aufzug soll sich nicht mehr wie ein Bandwurm im Schacht des Treppenhauses verbergen; die überflüssig gewordenen Treppen müssen verschwinden, und die Aufzüge sollen sich wie Schlangen aus Eisen und Glas emporwinden." Und er fährt fort, dass „allein vom Gebrauch und einer originellen Anwendung des rohen, nackten und grellbunten Materials der dekorative Wert der futuristischen Architektur abhängt."[50]

Hinter der eben beschriebenen Strömung steckt eine tiefe Faszination der Technik und des Artifiziellen. Ich nenne sie High-Tech-Ästhetik in Anlehnung an Jencks' Beschreibung der zweiten Maschinenästhetik.[51] Einen Zusammenhang zwischen

---

Sennett schildert danach, wie Taylor mit der Stoppuhr einzelne Arbeitsprozesse mass, um die Produktion zu optimieren.
49 vgl. W. Welsch, a.a.O., S. 223 f. Er verweist darin auf die „Automatisierung der Techno-Logik" (S. 224). Vgl. auch A. Dorschel, *Gestaltung*, S. 117. Er schreibt dort pointiert: „ [D]er Bewegungsdrang, der im normalen Tun und Treiben nicht mehr auf seine Kosten kommt, trennt sich von diesem und verwirklicht sich an gesondertem Ort als Fitnesswahn, womit sich die Gesetze der Arbeitswelt, Spezialisierung und Arbeitsteilung, aufs schönste in jener Freizeit durchsetzen, die doch, wie ihr Name behauptet, von denselben befreit sein soll."
50 vgl. P. Gössel und G. Leuthäuser, *Architektur des 20. Jahrhunderts*, S. 319.
51 vgl. Ch. Jencks, *Die Neuen Modernen*, S. 92-102.

Ästhetik und Technik habe ich bereits in Kapitel 1. a) angetönt. Nun ist es an der Zeit, dieses Verhältnis genauer zu beleuchten.

Zunächst ist festzuhalten, dass Technik für jede Kunst konstitutiv ist[52], und zwar in zwei Wortbedeutungen: Erstens bedarf es technischer, d. h. künstlicher Instrumente wie Papier, Pinsel, Klavier etc. und einer bestimmten elaborierten Methode oder Verhaltenstechnik. Zweitens: Wenn, wie in der Beziehung zwischen Organischem und Mechanischem unter 2. b) analysiert, die Nachahmung der Natur als Maxime der Kunst hinfällig wird, versucht der Mensch die Natur technisch und damit künstlerisch zu überbieten und zu beherrschen.[53] So emanzipiert sich Technik als Instrument und Methode zur Kunstherstellung und wird zum Selbstzweck und damit auch zu einem eigenständigen ästhetischen Objekt.[54]

Wenn Kant das Zweckmässige als Grundlage des Schönen definiert, passt nicht bloss das Harmonische und Idyllische der gezähmten Naturlandschaft hinein, sondern wird so der Weg für die ästhetische Betrachtung technischer Gegenstände, deren Zweckmässigkeit konstitutiv ist, geebnet.[55] Ebenso wichtig wie der Zusammenhang zwischen dem Schönen, der Natur und der Technik ist zudem das Verhältnis zwischen der Technik und dem Freiheitsbegriff.[56] Diesen behandelt Kant zunächst und hauptsächlich in der Moralphilosophie. Denn die primäre Motivation für technische Erfindungen ist eine emanzipatorische und führt zu Macht über die Natur. Der Mensch möchte sich von den Zwängen der Natur befreien und sie beherrschen.[57] Doch mit Kant und Burke weitergedacht folgt daraus für die Ästhetik: Technik als Macht über die Natur muss noch erhabener und ästhetisch reizvoller sein als die Macht und Gewalt der Natur, die die beiden Philosophen bereits als Inbegriff des Erhabenen gedeutet haben.

Die Macht der Technik verkörpert insbesondere der Automat. Wir können alltägliche Verrichtungen und Kontrollen getrost automatisch funktionierenden Apparaturen überlassen. Diese Unabhängigkeit fasziniert und ermöglicht ein Ge-

---

52 vgl. Th. W. Adorno, *Ästhetische Theorie*, S. 95 und 317.
53 Nach Wilhelm Perpeet hängt diese Abkehr von der traditionell aristotelischen Mimesis-Vorstellung auch „mit der Auffassung der Natur als Kreatur eines übernatürlichen Schöpfergottes" zusammen. Der Mensch als Ebenbild Gottes kann jetzt versuchen, die Welt technisch zu perfektionieren, was im antiken Verständnis keinen Sinn gemacht hätte (vgl. W. Perpeet, „Kultur, Kulturphilosophie", Sp. 1320 f).
54 In spannendem Gegensatz zu dieser Erklärung steht die Einstellung von Horkheimer und Adorno zur Ratio, die ja Grundlage für den technischen Fortschritt darstellt. Sie schreiben: „Die Ratio, welche die Mimesis verdrängt, ist nicht bloss deren Gegenteil. Sie ist selber Mimesis: die ans Tote. Der subjektive Geist, der die Beseelung der Natur auflöst, bewältigt die entseelte nur, indem er ihre Starrheit imitiert und als animistisch sich selber auflöst." (in: *Dialektik der Aufklärung*, S. 64).
55 vgl. Th. W. Adorno, *Ästhetische Theorie*, S. 321.
56 vgl. a.a.O., S. 98. Der Freiheitsbegriff kommt bei Kant insofern auch in der ästhetischen Urteilskraft vor, als es dort um Zweckfreiheit geht.
57 vgl. a.a.O. S. 94 und 96. Diese Haltung zur Technik wird erst relativ spät sichtbar. Es fällt auf, dass in Burkes und Kants Werken zur Ästhetik der Zusammenhang von (menschlicher) Macht und Erhabenheit nur anhand architektonischer Beispiele wie den ägyptischen Pyramiden veranschaulicht, nicht jedoch mit Technik in Verbindung gebracht wird (vgl. I. Kant, *Kritik der Urteilskraft*, B87 f und E. Burke, *Vom Erhabenen und Schönen*, S. 113 f).

stalten der Zukunft in ganz waghalsiger, neuer Weise: Sciencefiction, Simulation, Virtualität. Hier sind technische Kreativität und Poesie gefragt, die sich auch im Design von kühnen, modernen Autoentwürfen und sogar Serienfahrzeugen widerspiegeln (vgl. Abb. 3 und 4).[58] Auf der anderen Seite hat der Konsum und Gebrauch solcher Produkte (Filme, technische Installationen) ebenso einen ästhetischen Reiz. Die Menschen versuchen damit ihre Sehnsüchte, Träume, kurz das Apollinische zu befriedigen. Dies zeigt sich exemplarisch an der Wirkung eines der technologischen Schlüsselereignisse des 20. Jahrhunderts. Der Wettkampf in der Eroberung des Weltraums zwischen Ost und West gipfelte in der ersten bemannten Mondlandung mit der Apollo-Raumkapsel im Jahr 1969. Damit wurde in den westlichen Gesellschaften das Sciencefiction- und High-Tech-Design der Raumfahrt zum populären Symbol für den Fortschrittsglauben.[59] Susanne Holschbach entdeckt in der Mode der 70er Jahre, die in der Innenarchitektur und Möblierung eine Raumkapsel-Ästhetik zum Ausdruck bringen möchte, zwei unterschiedliche Motive:

> „[D]ie Raumfahrt als eine radikale Deterritorialisierung, als Wunsch nach dem Aufbruch in fernste Welten, dem Angehen gegen die „Erdenschwere" […] – das ist der futuristisch/ utopistische Anteil –, und die Reterritorialisierung über den uteralen Bezug – der Wunsch nach Rückkehr in den schützenden, versorgenden Mutterleib."[60]

Beide Deutungen manifestieren sich in Verner Pantons Phantasielandschaft, die der Designer 1970 entwarf (vgl. Abb. 5). Futuristisches Autodesign der späten 70er Jahre, wie ich es in Kapitel 2. c) erwähnt habe, kann zu einem grossen Teil mit der Wirkung dieses historischen Ereignisses und dieser zwei Motive erklärt werden.

Die nach und nach um sich greifende technische Gestaltung der Umwelt (Maschinen, Schalter, Motoren, Lämpchen, metallische Abdeckungen, digitale Anzeigen, Fernbedienungen etc.) weckt aber nicht nur Traumvorstellungen und Visionen in uns, sie kann auch einen ästhetischen Rausch auslösen, welcher dazu führt, dass trotz offensichtlicher Dysfunktionalität in unserer Gesellschaft eine Obsession für elektronische, automatisierte Technik vorherrscht. So schreibt Jean Baudrillard:

> „Der Automatismus bildet einen in sich abgeschlossenen Bereich, aus dem der Mensch zu einem nicht mehr verantwortlichen Zuschauer geworden – verdrängt ist. Das ist übrigens der Traum von einer der Maschine unterworfenen Welt, einer formell vollendeten Technizität, im Dienste einer nicht mehr aktiv mitschaffenden und vor sich hindösenden Menschheit. […] Der Automatismus meldet sich als eines unserer Grundbegehren an, als die imaginäre Wahrheit des Gegenstandes, während seine Struktur und konkrete Funktion uns indifferent lässt. Denken wir bloss an unseren ständigen Wunsch, dass ‚alles bloss von selbst laufe', dass jedes Ding seine konkrete Verrichtung im Sinne des geringsten Kraftaufwandes erfülle."[61]

---

58 vgl. z. B. Fiat Tipo (1988) und Renault Espace (1996) mit digitalen, elektronischen Armaturen.
59 vgl. S. Holschbach, „Wohnen im Reich der Zeichen", S. 167.
60 a.a.O., S. 169.
61 J. Baudrillard, *Das System der Dinge*, S. 140 f.

Abb. 3 : Ford-Studie (1979)

Abb. 4 : Citroen Visa (1980)

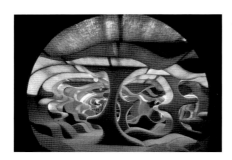

Abb. 5: Phantasielandschaft (1970)

Weiter unten merkt er an:

> „Zwar ist der Automatismus bloss eine technische Deviation, dennoch versetzt er die ganze Welt in einen funktionellen Rausch. Anders ausgedrückt, er erfasst den ganzen Bereich der Erzeugnisse, in denen die irrationale Komplizierung, die Versessenheit auf Details, die übertriebene Technizität und ein billiger Formalismus eine Rolle spielen."[62]

Hier lassen sich deutlich die ästhetischen Grundkategorien von Nietzsche wieder erkennen, obwohl es sich bei der Faszination der Technik gerade um das Gegenteil der urwüchsigen, unbewussten Natur handelt, zu der zurück der Mensch dank apollinischer und dionysischer Kunst finden solle. Ein Gedanke Adornos hilft jedoch diesen Widerspruch aufzulösen. Er beschreibt, wie sehr sich alpine, unbesänf-

---

62 a.a.O., S. 143.

tigte Natur und industrielle Abfallhaufen ähneln, und fügt lakonisch hinzu: „Wie industriell es im anorganischen Weltraum aussieht, wird einmal sich weisen."[63] Nach dem Philosophen Konrad Paul Liessmann reicht die Begründung der High-Tech-Ästhetik noch tiefer. Mit Bezug auf den Denker Vilém Flusser schreibt er:

> „Die Herrschaft der digitalisierten Welten führt zu einem Zusammenfall von Kunst und Wissenschaft, in dem die Schönheit zum einzig annehmbaren Wahrheitskriterium wird. Was zählt, sind die Eleganz, die Präzision, die ästhetische Gelungenheit einer ästhetischen Scheinwelt."[64]

Derart von der Mimesis der Natur befreit, bietet sich einer modernen Ästhetik ein schier unendliches und beliebiges Feld sowohl der Gestaltbarkeit als auch des faszinierten Genusses.[65] Nur die mit der Technik verwandten Bereiche der Rationalität und Funktionalität scheinen gesellschaftlich akzeptierte Leitplanken einer High-Tech-Ästhetik zu sein, obwohl gerade in ihr Irrationalität und Dysfunktionalität schon im Kern angelegt sind.

Diese Phänomene stehen allerdings in einem diffusen Verhältnis zu einer Ästhetik der Bewegung. Erstens besitzt das technoide Design einen Hang zum Perfektionismus, der eine rationale, starre Vollkommenheit suggeriert. Wer sich in einem hypermodernen Gefährt bewegt, vertraut auf die Kontrollen der Technik, so dass sogar das Gefühl des Bewegtseins zu verschwinden droht. Zweitens ermöglicht der technische Fortschritt, sei es in der konkreten Ortsverschiebung als auch im Bereich des gesellschaftlichen Wandels, eine Beschleunigung. Je höher die Geschwindigkeit ist, umso schwieriger wird es, die eigene Bewegtheit an realen Orientierungspunkten ästhetisch, d. h. sinnlich festzustellen oder festzumachen. Baudrillard formuliert es folgendermassen:

> „[Man kann] sich vorstellen, dass die Beschleunigung der Moderne, der Technik [...] uns in eine derartige Beschleunigungsgeschwindigkeit versetzt hat, dass wir aus dem Bezugsrahmen des Realen und der Geschichte herausgeflogen sind."[66]

Ist die Geschwindigkeit zu hoch, verliert Bewegung ihren ästhetischen Reiz, Bewegung wird als Stillstand empfunden. Der Verlust des Bezugsrahmens zeigt sich aber auch in der bewussten stilistischen Abkoppelung von der Tradition unserer Kultur, in der Ahistorizität der Moderne. So entpuppt sich die High-Tech-Ästhetik nicht als praktische Ästhetik der Bewegung, sondern der Ruhe und Starre.

---

63 Th. W. Adorno, a.a.O., S. 107.
64 K. Liessmann, *Philosophie der modernen Kunst*, S. 139.
65 Hier ist ein Verweis auf Barthes' Analyse des Plastiks nochmals erhellend (vgl. 2. d)). Er schreibt: „Zum erstenmal hat es das Artifizielle [im Falles des Plastiks] auf das Gewöhnliche und nicht auf das Seltene abgesehen. Gleichzeitig wird die alte Funktion der Natur modifiziert: sie ist nicht mehr die Idee, die reine Substanz, die wiedergefunden oder imitiert werden muss; ein künstlicher Stoff, ergiebiger als alle Lager der Welt, ersetzt sie, bestimmt sogar die Erfindung der Formen." (in: Mythen des Alltags, S. 81).
66 J. Baudrillard, *Illusion des Endes*, S. 9.

d) Eine moderne Allianz: Separatismus, Reduktionismus, Funktionalismus

Wie gezeigt, wird die praktische Ästhetik einerseits zwar durch den Funktionalismus als Ideologie entmündigt, sie erhält andererseits jedoch in der modernen Welt, wie im letzten Abschnitt erläutert, eine neue Bedeutung. In diesem Kontext müssen noch weitere wichtige Unterscheidungen getroffen werden. Die unter 3. b) beschriebenen Zusammenhänge von funktionalistischer Architektur und kapitalistischem bzw. sozialistischem Denken deuten ein Gebäude als Gebrauchsgegenstand, dessen Wert anhand der Zweckdienlichkeit gemessen wird. Diese Anschauung wird aber dem Wesen der Architektur nicht völlig gerecht. Kambartel macht in seinen kurzen Bemerkungen zur Kunst darauf aufmerksam, dass trotz funktionaler Ausrichtung immer noch ein Gestaltungsfreiraum besteht[67], und zwar praktisch bei jedem Gegenstand, der hergestellt wird. Für diesen Freiraum können keine funktionalistischen Kriterien heran gezogen werden. Dies macht deutlich, dass der Funktionalismus allein nicht ein befriedigendes ästhetisches Prinzip sein kann, bzw. dass sich hinter dem Funktionalismus andere ästhetische Leitplanken verbergen.

Der Blick auf eine Patrizier-Villa oder eine Barock-Kirche verdeutlicht, dass Gebäude nicht bloss Gebrauchs-, sondern auch Kunstgegenstände sein können. Der Wert eines Kunstgegenstandes wird nun gerade nicht über dessen Zweckdienlichkeit berechnet. Die Trennung dieser beiden Bereiche – ich nenne sie ‚Separatismus' – ist allerdings eine noch junge Entwicklung, deren Beginn Dorschel mit Kants Kriterium der Zweckfreiheit ansetzt.[68] Bezogen auf die Baukunst bedeutet sie, dass Architektur in der Moderne nicht wie bis anhin auf sakrale und repräsentative Bauten beschränkt ist, sondern profanisiert wird.[69]

Eine erste allgemeine Folge dieses Separatismus besteht darin, Ästhetik lediglich als Philosophie der Kunst zu verstehen[70]; eine zweite, dass die seit Beginn der menschlichen Zivilisation bestehende Mischform – das Kunsthandwerk – ins Abseits gedrängt wurde.[71] Die Ursache für diese zweite Folge ist im ökonomischen und wissenschaftlichen Bereich zu suchen: Die Industrialisierung und der technische Fortschritt machen die handwerkliche Arbeit einerseits teuer, andererseits überflüssig. Gleichzeitig kommt eine kunstgeschichtliche Ursache hinzu. In der modernen bildenden Kunst entstand eine Bewegung, deren Produkte sich auf den ersten Blick leicht mit solchen in funktionalistischer Absicht geplanten verwechseln lassen. Ich benütze hierfür den Begriff ‚Reduktionismus' bzw. ‚Ästhetik des

---

67 vgl. F. Kambartel, *Philosophie für eine humane Welt*, S. 104.
68 vgl. A. Dorschel, *Gestaltung*, S. 97.
69 vgl. G. de Bruyn, „Plädoyer für die Ketzer und Pioniere", S. 22 f.
70 vgl. Kapitel 1.a).
71 vgl. A. Wellmer, *Zur Dialektik von Moderne und Postmoderne*, S. 115 f.

Reduktionismus'.[72] Darunter fasse ich diejenigen Werke zusammen, in denen sich ihre Formen radikal vom aristotelischen Prinzip der Mimesis, der Nachahmung der Natur, lösen und abstrakt, bisweilen rein geometrisch sind oder analytisch zersetzt werden. In solchen künstlerischen Experimenten (z. B. von Mondrian, Newman, Rotko) verschwinden Elemente, die als dekorativ oder ornamental bezeichnet werden können. Es versteht sich, dass diese Werke nicht aus funktionalistischen Gründen so „einfach" erscheinen, sondern dass sich darin eine Ästhetik des Purismus, gleichsam als erste Realisierung einer platonischen Ästhetik der reinen Formen[73], bzw. eine Ästhetik der Leere und Negation zeigt, die die Grenzen des Darstellbaren und Ausstellbaren auslotet. Wenn aus heutiger Sicht diese reduktionistische Kunst einfach erscheint, darf dies nicht darüber hinweg täuschen, mit wie viel Engagement, Beharrlichkeit, Mut und Phantasie die Formen der Abstraktion in der künstlerischen Auseinandersetzung erkämpft werden mussten.

Die drei genannten Entwicklungsstränge: Trennung von Gebrauchs- und Kunstgegenständen (Separatismus), funktionalistische Gestaltung von Gebrauchsgegenständen (Funktionalismus) und Inszenierung einfacher, reiner Formen in der modernen Kunst (Reduktionismus) sind an sich getrennte Phänomene, vermischen sich aber unweigerlich im Spezialfall der Disziplin Architektur und bilden eine moderne „Allianz". Gebäude können immer sowohl bezüglich ihrer Alltagstauglichkeit als auch ihrer ästhetischen Ausstrahlung beurteilt werden. Dabei kann die reduktionistische Architektur funktionalistisch gedeutet werden oder umgekehrt. Die Verwendung des Begriffs ‚Funktionalismus' in der modernen Architektur ist aus diesem Grund missverständlich, denn dabei wird die grundsätzliche Ambivalenz der Architektur geleugnet und der Architekt als reiner Techniker und Ingenieur verstanden. So äusserte sich Le Corbusier im Jahre 1920 begeistert: „Die amerikanischen Ingenieure mit ihren Berechnungen überwältigen unsere sterbende Architektur" und lobte die so genannte „Ingenieurs-Ästhetik"[74] (vgl. Abb. 1). Welsch schreibt dazu, dass „diesen [mechanischen] Funktionen der ästhetische Primat zukommen solle".[75] Nicht verwunderlich ist daher, dass diese Strömung auch ‚Neue Sachlichkeit' oder ‚Rationalismus' genannt wird. In ihr weitet sich der Wille zum rationalen Beherrschen der Natur auf alle Bereiche des menschlichen Lebens aus.[76] Ein modernes Gebäude soll nützlich, muss aber nicht im traditionellen Sinne schön sein. Seine Gestaltung ist puristisch und darum ästhetisch. Die Ausdrucksmittel beschränken sich auf möglichst reine geometrische Grundformen,

---

72 Den Begriff leite ich aus einer beiläufigen Bemerkung von Dorschel ab, der schreibt: „Gewiss war die Ästhetik des Konstruktivismus eine reduzierte […]." (a.a.O., S. 139).
73 vgl. A. Dorschel, a.a.O., S. 42: „Aus diesem Grunde seien [Würfel, Kegel, Kugeln etc.] schöne Formen, die allerschönsten Formen. Mit dieser versimpelten neuplatonischen Schönheitslehre ist das wirkliche Feld der Auseinandersetzung benannt." G. de Bruyn verwendet in diesem Zusammenhang den Begriff „ästhetische Askese" (a.a.O., S. 20).
74 vgl. W. Amman, *Baustilkunde*, S. 35 und W. Welsch, a.a.O., S. 217.
75 W. Welsch, *Unsere postmoderne Moderne*, S. 94.
76 vgl. W. Ammann, a.a.O., S. 38.

in denen die technische Konstruktion, das Haus als „Wohnmaschine"[77], im Zentrum steht und jede dekorative Hülle ihre Berechtigung verliert.[78] Im modernen Zeitalter gewinnt die Konstruktion selbst einen eigenständigen, ästhetischen Reiz. Neben der High-Tech-Ästhetik ist also der Reduktionismus, bzw. Konstruktivismus eine zweite eigentümliche Form des Stils der Moderne. Dies beweist, dass trotz Funktionalismus als Ideologie die praktische Ästhetik nicht gänzlich instrumentalisiert wurde.

Mehrdeutig wird das Verhältnis von Funktionalismus und Reduktionismus zudem, weil dem Funktionalismus ein „sekundärer" Reduktionismus inhärent ist. Wie unter 3. b) aufgezeigt, werden die Funktionen, die ein modernes Gebäude erfüllen muss, in der Charta von Athen nicht bloss einheitlich festgelegt, sondern auch reduziert. Eine repräsentative Funktion wird in dieser Ideologie beispielsweise ausgeschlossen.

Die teilweise konfuse Situation in Bezug auf die drei genannten Entwicklungsstränge der Moderne gilt aber nicht für den Bereich des Designs, d. h. der Gestaltung von Gebrauchsgegenständen wie dem Automobil. Hier können wir von der eindeutigen Vorherrschaft des Funktionalismus ausgehen. Sofern allerdings, wie im vormodernen, aber auch nachmodernen Verständnis, die strikte und künstliche Trennung von Gebrauchs- und Kunstgegenstand rückgängig gemacht wird, könnte die klare, sachliche Gestaltung eines Bücherregals oder Tisches auch als eine Ästhetik der reinen Form gedeutet werden (vgl. Abb. 6 und 7).[79] Funktionalismus und Reduktionismus sind Zwillinge in der praktischen Ästhetik der Moderne, wie ich sie in Kapitel 2. e) auf das Automobil-Design bezogen angetönt habe.

e) Eine Analogie: die moderne Allianz in der Sprache

Die vorangegangene Analyse ortet den Funktionsbegriff in einem Spannungsfeld von Separatismus, Funktionalismus und Reduktionismus. Die Ausführungen in Kapitel 3. a) stellten bereits eine Beziehung zwischen Funktion und Begriff her. In heuristischer Weise möchte ich nun in diesem Abschnitt erkunden, in wieweit sich Separatismus und Reduktionismus auf das Gebiet der Sprache und der Sprachphilosophie übertragen lassen. Diese Erkundung veranschauliche ich vor allem am Werk des Philosophen Ludwig Wittgenstein.

Separatismus habe ich die strikte Unterscheidung von Zweckdienlichkeit und Funktionalität einerseits und Zweckfreiheit und Kunst andererseits genannt. Wie

---

77 vgl. als Zitat von Le Corbusier: W. Welsch, a.a.O., S. 97.
78 vgl. W. Ammann, a.a.O., S. 37.
79 Die Einfachheit der Form in den Möbeln von Mies van der Rohe (Abb. 6 und 7) suggeriert eine rein funktionale Ausrichtung der Gestaltung. Doch in der Wahl der Materialien, der Dicke des Metalls oder der Festlegung von Winkeln und Bögen zeigt sich im Detail wieder ein grosser Gestaltungsfreiraum (vgl. F. Kambartel, a.a.O., S. 104).

Funktionalistische Möbel von Mies van der Rohe:

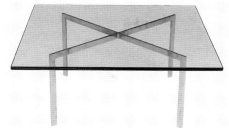

Abb. 6: Stuhl Brno (1930)   Abb. 7: Tisch Barcelona (1930)

widerspiegeln sich diese beiden Aspekte nun in der Sprache? Ich schlage diesbezüglich eine Unterscheidung von Begriff/Terminus und Metapher vor. Ein Begriff ist ein handliches, funktionelles Sprachmittel, um die Kommunikation, das Denken und Schlussfolgern vor Fehlern und Missverständnissen zu schützen. Ein Begriff ist klar definiert und eindeutig. Er ist ein sprachlicher Ausdruck einer allgemeinen Vorstellung und damit das Ergebnis eines Abstraktionsprozesses. Sein Inhalt ist die Summe der Begriffsmerkmale, die ein Gegenstand erfüllen muss, um unter den genannten Begriff zu fallen.[80] Er hat einerseits Erkenntnisfunktion und dient andererseits dazu, Probleme zu bewältigen.[81] Dies ist nicht bloss von wissenschaftstheoretischer, sondern auch von wissenspsychologischer Relevanz. Denn hier wirkt letztlich ein ökonomisches Prinzip. Begriffe helfen effizient unser Wissen über die Welt hierarchisch zu ordnen und damit die alltägliche Reizflut zu bewältigen. „Die Kategorisierung ist eine erzwungene Form kognitiver Ökonomie."[82] So machen exakt definierte Termini die Grundlage der medizinischen, technischen und überhaupt wissenschaftlichen Sprache aus und bilden die jeweilige Fachterminologie.

Davon hebt sich die künstlerische, dichterische Ausdrucksweise klar ab. Sie baut auf Sprachbilder, d. h. Metaphern, Symbole, Allegorien etc. und erdichtet damit eine fiktive und bisweilen stimmungsvolle und emotional wirkungsvolle Welt.

Den Separatismus, d. h. die Trennung der beiden Sprachsphären, initiierte exemplarisch René Descartes in seiner *Abhandlung über die Methode des richtigen Vernunftgebrauchs*. Hans Blumenberg fasst sein Projekt prägnant zusammen:

> „Versuchen wir uns einmal vorzustellen, der Fortgang der neuzeitlichen Philosophie hätte sich nach dem methodischen Programm des Descartes vollzogen und wäre zu dem endgültigen Abschluss gekommen, den Descartes durchaus für erreichbar hielt. Dieser für unsere Geschichtserfahrung nur noch hypothetische „Endzustand" der Philosophie wäre definiert durch die in den vier Regeln des cartesischen *Discours*

---
80 vgl. W. Kamlah und P. Lorenzen, *Logische Propädeutik*, S. 86 f.
81 vgl. R. Oerter und L. Montada, *Entwicklungspsychologie*, S. 605.
82 L. Bourne und B. Ekstrand, *Einführung in die Psychologie*, S. 230.

de la Méthode, insbesondere durch die in der ersten Regel geforderte Klarheit und Bestimmtheit aller in Urteilen erfassten Gegebenheiten. Diesem Ideal voller Vergegenständlichung entspräche die Vollendung der Terminologie, die die Präsenz und Präzision der Gegebenheit in definierten Begriffen auffängt. In diesem Endzustand wäre die philosophische Sprache rein „begrifflich" im strengen Sinn: alles *kann* definiert werden, also *muss* auch alles definiert werden, es gibt nichts logisch „Vorläufiges" mehr [...]. Alle Formen und Elemente *übertragener* Redeweise im weitesten Sinne erwiesen sich von hier aus als vorläufig und logisch überholbar [...]."[83]

In der weiteren Entwicklung der Philosophie und der Wissenschaften nach Descartes wurde einiges unternommen, um dessen methodisches Programm zu verwirklichen. Den Höhepunkt stellt m. E. die Wissenschaftstheorie des logischen Empirismus dar. In ihr wird ein System von Wissenschaftlichkeit entworfen, in dem eine Theorie strenge Kriterien der Definition, der Mess- und Überprüfbarkeit und der logischen Beweisführung erfüllen muss. Die Monosemie der verwendeten Begriffe und die Eliminierung persönlich-expressiver und metaphorischer Sprachelemente sind dabei selbstverständliche Voraussetzung.[84] So definiert Wittgenstein in seinem Frühwerk *Tractatus logico-philosophicus* (1921) die Bedeutung eines Namens wie folgt:

3.22   Der Name vertritt im Satz den Gegenstand.
3.221 Die Gegenstände kann ich nur *nennen*. Zeichen vertreten sie. Ich kann nur *von ihnen sprechen, sie aussprechen kann ich nicht*. Ein Satz kann nur sagen, *wie* ein Ding ist, nicht *was* es ist.
3.3   Nur der Satz hat Sinn; nur im Zusammenhang des Satzes hat ein Name eine Bedeutung.[85]

In dieser kurzen Skizzierung der Wittgensteinschen Philosophie nehmen Sätze einen Ort, bzw. eine Funktion im logischen Raum ein.[86] Namen werden nicht substantiell definiert, sondern erhalten ihre Bedeutung in Relation zum ganzen Satz. Folgerichtig sind die logischen Relationen und Funktionen grundlegend für den Aufbau einer logischen Sprache als Basis der wissenschaftlichen Sprache.[87] Ihre hervorstechenden Eigenschaften sind die Uniformität und Universalität der logisch-rationalen Grundstruktur. Deren umfassenden Gültigkeitsanspruch expliziert Wittgenstein im Vorwort des *Tractatus* mit folgenden Worten: „[Mir] scheint [...] die *Wahrheit* der hier mitgeteilten Gedanken unantastbar und definitiv. Ich bin also der Meinung, die Probleme im Wesentlichen endgültig gelöst zu haben."[88]

---

83 H. Blumenberg, *Paradigmen zu einer Metaphorologie*, S. 7; vgl. dazu auch R. Descartes, a.a.O., S. 19 (1. Regel).
84 Interessant ist die Parallele zur „Sprache" der modernen Architektur. Wellmer erwähnt die „Univalenz, die Eindimensionalität, die Ungeschichtlichkeit und den Rationalismus" ihres Zeichensystems (vgl. a.a.O., S. 124).
85 L. Wittgenstein, *Tractatus logico-philosophicus*, S. 19 und 20.
86 vgl. a.a.O., 3.41 ff, S. 24.
87 vgl. a.a.O., 4.0312, S. 29.
88 a.a.O., S. 10.

Darin wird eine erstaunliche Parallele zum architektonischen Funktionalismus sichtbar:
- Die Euphorie: Sie drückt sich darin aus, dass mit der vom historischen Ballast befreiten Philosophie endlich Wesentliches wissenschaftlich exakt geklärt werden kann. Moritz Schlick, eine der herausragenden Persönlichkeiten des Wiener Kreises, schreibt dazu:

„Wenn man sich […] über eine Frage gar nicht klar werden kann, so ist es noch gar keine Frage, und wir können uns nicht wundern, wenn man darauf nicht antworten kann. Dass wir die Antwort nicht wissen, liegt nicht in einem Defekt des menschlichen Geistes, sondern es ist Unsinn zu verlangen, dass man auf etwas antwortet, was man gar nicht zu fragen versteht."[89]

Für ihn wie für Wittgenstein gibt es daher keine prinzipiell unlösbaren Probleme. Was man bisher dafür gehalten hat, sind nach ihnen keine echten Fragen, sondern sinnlose Aneinanderreihungen von Worten.
- Die Brutalität: Sie kommt zum Vorschein, wenn mit dieser Grundlage vage, nur ungenau fassbare Phänomene entweder scheinbar exakt operationalisiert oder einer wissenschaftlichen Bearbeitung entzogen und damit wissenschaftlich als irrelevant eingestuft werden. Verheerend kommt dies im Rahmen der Psychologie zum Ausdruck, wenn Wittgenstein einen harmlosen Fragevorgang beschreibt:

„Wie kommt es nur zum philosophischen Problem der seelischen Vorgänge und des Behaviourism? – Der erste Schritt ist der ganz unauffällige. Wir reden von Vorgängen und Zuständen, und lassen ihre Natur unentschieden! Wir werden vielleicht einmal mehr über sie wissen – meinen wir. Aber eben dadurch haben wir uns auf eine bestimmte Betrachtungsweise festgelegt. Denn wir haben einen bestimmten Begriff davon, was es heisst: einen Vorgang näher kennen zu lernen. (Der entscheidende Schritt im Taschenspielerkunststück ist getan, und gerade er schien uns unschuldig.) – Und nun zerfällt der Vergleich, der uns unsere Gedanken hätte begreiflich machen sollen. Wir müssen also den noch unverstandenen Prozess im noch unerforschten Medium leugnen. Und so scheinen wir also die geistigen Vorgänge geleugnet zu haben. Und wollen sie doch natürlich nicht leugnen!"[90]

So wird aus einer gut gemeinten wissenschaftlichen Reform eine positivistische Ruine, in der wichtige Elemente der Humanität verschüttet zu werden drohen.

Damit sind wir bereits beim Reduktionismus angelangt. Der Begriffsbildung wohnt die Reduktion grundsätzlich inne, denn Wörter sind im alltäglichen Gebrauch oft mehrdeutig. Eine Eindeutigkeit kann somit nur künstlich erzwungen werden. Dies entspricht dem sekundären Reduktionismus des Funktionalismus und hat zunächst noch nichts mit einer Ästhetik des Reduktionismus zu tun. Diese äussert sich in vielen Werken der modernen Lyrik am offensichtlichsten durch den Verzicht auf Reim und Metrum, den traditionellen Dekorelementen dichterischer

---
[89] M. Schlick, *Die Probleme der Philosophie in ihrem Zusammenhang*, S. 71; vgl. auch S. 68.
[90] L. Wittgenstein, *Philosophische Untersuchungen*, § 308, S. 377 f.

Abb. 8: Das Wittgenstein-Haus an der Kundmanngasse in Wien, als Einfamilienhaus für seine Schwester geplant und in den Jahren 1926-1929 erbaut.

Sprache. Auf den Metapherngebrauch selbst hat der Reduktionismus m. E. keinen Einfluss.

Aber ähnlich wie in der Betrachtung der Architektur ergibt sich im Bereich der wissenschaftlichen Theoriebildung, insbesondere in der philosophischen, die Möglichkeit einer ästhetischen Betrachtung, bei der die Eleganz einfacher Theorieformen oder –formeln ins Auge sticht. Ein Beispiel ist wiederum Wittgensteins Tractatus. Die durchnummerierte Gestalt macht die Gedankenkonstruktion des Werks als Paradebeispiel für eine Ästhetik des Konstruktivismus transparent. Ästhetisierte Einfachheit zeigt sich im Versuch, die zur Diskussion stehende Theorie der modernen Aussagenlogik auf möglichst wenigen, einfachen Prinzipien aufzubauen. Solche theorieästhetische Neigungen sind vielleicht sogar mitverantwortlich für monistische Ansätze, die zur Zeit beispielsweise in der Gehirn-Geist-Debatte sehr prominent vertreten werden.

Die Übertragung dieser Sprachtheorie mit all ihren ästhetischen Anspielungen auf die Gestaltung der praktischen Lebenswelt veranschaulicht kaum ein Beispiel besser als Wittgensteins Planung und Baubegleitung eines Hauses für seine Schwester in Wien (vgl. Abb. 8).[91] Klarheit der Konstruktion und Einfachheit der Formen widerspiegeln die Ästhetik des *Tractatus* und legen nahe, dass tatsächlich in beiden Bereichen menschlichen Wirkens – der sprachlich gefassten Erkenntnis und der architektonischen Gestaltung – die moderne Allianz von Funktionalismus, Separatismus und Ästhetik des Reduktionismus gültig ist.

Zusammengefasst: Ein Terminus entsteht aus Gründen kognitiver Ökonomie. Seine Verwendung ist darum funktionell, seine Bedeutung wird im modernen Kontext funktional, bzw. relational festgelegt. Und er ist deutlich geschieden von

---

91 vgl. dazu die aufschlussreichen Hintergründe zur Baugeschichte in Richard Sennetts *Handwerk*. Er vergleicht darin die architektonische Arbeit von Wittgenstein mit derjenigen von Adolf Loos und gelangt zu einer interessanten Gegenüberstellung von (philosophischem) Perfektionismus und handwerklichem Pragmatismus (a.a.O., S. 335-349).

bildhaften, mehrdeutigen Ausdrücken. Bei der Terminologisierung eines alltäglichen Wortes reduziert sich zudem das Bedeutungsfeld. In dieser Reduziertheit kann eine terminologisch durchkomponierte Sprache auch eine ästhetische Lust an Einfachheit und Reinheit befriedigen. Insofern behaupte ich, dass der Begriff ‚moderne Allianz' die Entwicklungen sowohl im Bereich der wissenschaftlichen Sprache als auch in demjenigen der modernen Kunst und Architektur angemessen beschreibt.

f) Eine Quelle des ästhetischen Reduktionismus: Japonismus

Die Analyse der vermuteten Hintergründe modernen Designs möchte ich mit einem kleinen Exkurs abschliessen, in dem ich nochmals auf denjenigen Begriff der modernen Allianz eingehe, der für die Ästhetik am relevantesten ist: den Reduktionismus.

Die bisherige Darstellung suggeriert, dass die so genannte Ästhetik des Reduktionismus eine relativ späte Entwicklung in der abendländischen Kulturgeschichte ist, und dies auch sein muss, um die Ahistorizität und Globalität der Moderne zu belegen.[92] Ein Blick auf die Anfangszeit der modernen Architektur, vor allem die Bauhaus-Bewegung, bestätigt diese Vermutung zumindest für Westeuropa. Interessant ist hingegen, dass die Koryphäen der modernen Architektur sich durchaus von den Bautraditionen anderer Kulturen inspirieren liessen. So begeisterten beispielsweise einfache Teehäuser am Bosporus Le Corbusier. Insbesondere aber die japanische Architektur beeinflusste m. E. die europäische Moderne stark und in kulturgeschichtlich spannender Weise.

Auf den Weltausstellungen, die ab Mitte des 19. Jahrhunderts in den europäischen Metropolen stattfanden, hatte Japan, das nach der Meiji-Revolution (1868) an einer Öffnung interessiert war, bald einen festen Platz. Seine Pavillons faszinierten die Besucherinnen und Besucher – rund 100 Jahre nach dem Aufkommen der Chinoiserie – vor allem durch die besondere, spartanische Wohnkultur, die unter dem Begriff ‚Japonismus' in der zweiten Hälfte des 19. Jahrhunderts zu einem eigentlichen Trend wurde.[93] Namhafte Architekten wie Charles Rennie Mackintosh, Bruno Taut, Walter Gropius und Frank Lloyd Wright waren begeistert von der japanischen Baukunst, die nur darauf zu warten schien, vom Abendland kopiert zu werden. Die drei letztgenannten reisten sogar nach Japan. Taut war be-

---

92 Aicher legt allerdings dar, dass sich moderne Architekten im kleinen Rahmen durchaus auf alte Bautraditionen zurück besonnen haben. Ein Beispiel sind die Anleihen des Konstruktivismus an der gotischen Kathedralenbauweise, in der die tragenden Stützen, Säulen und Rippen innen wie aussen nicht verborgen werden (vgl. O. Aicher, „Gegenarchitektur", S. 143).
93 An dieser Stelle darf gewiss nicht vergessen werden, dass der Japonismus auch viele dekorative Elemente umfasste (wie z. B. Schnitzereien). Insofern war er auch ein wichtiger Impuls für die Jugendstilbewegung und die damit einhergehende Erneuerung des Kunsthandwerks.

Abb. 9: Die Villa Katsura bei Kyoto: erbaut 1620-1624

Abb. 10: Innenaufnahme

reits als Zwanzigjähriger mit der japanischen Holzschnittkunst in Berührung gekommen und gefesselt „durch die Eigenart von Form und Farbe und durch ihre Einfachheit".[94] Im Jahre 1933, kurz nachdem er auf die „schwarze Liste" der NSDAP gesetzt worden war, verliess er Berlin und sein Heimatland und reiste zum ersten Mal nach Japan. Als er an seinem zweiten Besuchstag seinen 53. Geburtstag feierte, hatte sein japanischer Freund Isaburo Ueno eine Besichtigung der kaiserlichen Villa Katsura organisiert (Abb. 9 und 10). Diese Anlage bezeichnete Taut später als ein „in der Welt völlig alleinstehende[s] architektonische[s] Weltwunder".[95] Es war für ihn ein Ideal architektonischer Baukunst überhaupt. So schrieb er im gleichen Jahr in sein Tagebuch:

> „Reine, nackte Architektur. […] Der moderne Architekt wird mit Erstaunen feststellen, dass dieses Gebäude absolut modern ist, insofern natürlich, als es seine Anforderungen auf dem kürzesten und einfachsten Wege erfüllt".[96]

Gropius erging es rund 20 Jahre später ähnlich. Seine Bewunderung der Villa löste teilweise sogar Unverständnis japanischer Architekturstudenten aus, die sich vor allem für die innovative moderne europäische Baukunst interessierten und sich nicht mit ihrer eigenen feudalistischen Geschichte auseinander setzen wollten.[97]
Wright kam 1893 beim Besuch der Weltausstellung in Chicago mit einem japanischen Pavillon in Berührung, dessen Konstruktionsweise auf sein späteres Bauen nachweislich Einfluss ausübte. Zwischen 1915 und 1922 lebte er in Japan und errichtete dort unter anderem das Imperial Hotel in Tokio.[98]
Entscheidend ist nun, die ästhetische Haltung zu verstehen, die diesem japanischen Bau- und Gestaltungsstil zugrunde liegt. Ich möchte sie als eine Ästhetik der Leere und Einfachheit bezeichnen. In ihr spiegeln sich in besonderem Masse zen-

---

94 vgl. K. Junghanns, *Bruno Taut*, S. 145.
95 vgl. M. Speidel, „Bruno Taut in Japan", S. 21.
96 Y. Dohi, „Bruno Taut, sein Weg zur Katsura-Villa", S. 119.
97 vgl. R. Isaacs, *Walter Gropius, der Mensch und sein Werk*, Bd. 2, S. 1017.
98 vgl. H. Kief-Niederwöhrmeier, *Frank Lloyd Wright und Europa*, S. 29 und 65.

buddhistische Lehren.⁹⁹ Die sieben Eigenschaften, die nach Shin'ichi Hisamatsu, einem zeitgenössischen japanischen Philosophen, ein Zen-Kunstwerk in besonderer Weise auszeichnen, lauten: Asymmetrie, Schlichtheit, schmucklose Erhabenheit, Natürlichkeit, abgründige Tiefe, Unweltlichkeit und Stille.¹⁰⁰ Die traditionelle japanische Architektur, die ihren Ursprung in Tempeln und Klöstern hat, verzichtet darum fast gänzlich auf Dekorationen, welche die Menschen bei der Kontemplation von der Besinnung auf das Wesentliche (empirisch jedoch Unfassbare) ablenken könnten. Sie holt mit grossflächigen Schiebetüren, die mit Reispapier bespannt sind, Licht, Luft und Aussicht auf den still komponierten Zen-Garten in den Innenraum herein (vgl. Abb. 10). Und so entschwindet die Architektur beinah unmerklich in der Wahrnehmung: Eine Ästhetik des Verschwindens, der Stille, des Nichts könnte sie auch genannt werden. Diese hat durchaus ihren Reiz, indem das Gestaltende in eine schlichte Einfachheit und Leere zurücktritt. Den Unterschied zum modernen Funktionalismus formuliert der Fotograf Michael Paul folgendermassen:

> „Das vom Zen beseelte Ambiente [verbindet] im Gegensatz zu vielen kühlen minimalistischen Interieurs Funktionalität mit Behaglichkeit. Auf eine frische, ungekünstelte Art bringt es Ästhetik und praktischen Nutzen auf einen Nenner. Es will nicht als Meisterwerk eines Designers imponieren, sondern Raum zum Leben bieten."¹⁰¹

Hier findet die moderne Ästhetik des Reduktionismus eine tiefere, ja sogar metaphysische Begründung und vor allem auch einen historischen Hintergrund. Unschwer ist zu erkennen, dass sie für uns den Inbegriff einer Ästhetik der Ruhe repräsentiert. Allerdings dürfen Ruhe, Stille und Leere nicht vor unserem traditionellen, ontologischen Hintergrund gedeutet werden. Die buddhistische Philosophie versucht dem Substanzdenken zu entsagen. Damit verfliesst das für die westliche Weltanschauung so zentrale, in sich ruhende Subjekt:

> „Auf der Ebene der Leere verharrt der Berg nicht substanzhaft in sich. Er verfliesst vielmehr in den Fluss."¹⁰²

Bewegung und Ruhe werden indifferent. Gleichwohl konnte in der modernen Welt, in der Bewegung, Fortschritt und Entwicklung so dominant sind (vgl. Kapitel 1. e)), gerade diese paradoxe Ästhetik der Stille zur Anwendung gelangen. Es ist fraglich, ob eine Kultur solche Widersprüche bewusst aushalten kann.

Die vom Zen-Buddhismus übernommene Idee der meditativen Leere ist faszinierend, aber anspruchsvoll. Wer im modernen Zeitalter Wohnräume nach diesen ästhetischen Prinzipien gestaltet, verlangt von den zukünftigen Bewohnern eine Geisteshaltung der Stille und die bewusste Überwindung des historischen Ballasts,

---

99 Erwähnenswert ist hier Paul Klee, der als Künstler der Bauhaus-Bewegung sehr nahe stand und sich in den Jahren nach dem ersten Weltkrieg durch daoistische Literatur inspirieren liess, die einige Verwandtschaft mit dem Zen-Buddhismus aufweist.
100 vgl. H. Brinker, „Ästhetik und Kunstauffassung des Zen", S. 37.
101 M. Paul, *zen – Wohnen und Leben in Harmonie*, S. 84.
102 B.-Ch. Han, *Philosophie des Zen-Buddhismus*, S. 46.

was beides einer langen individuellen, gleichsam klösterlichen Vorarbeit und Einübung bedarf. Menschen in moderne reduktionistische Quader zu stellen bedeutet also, von ihnen zu erwarten, dass sie eine rationale, ja meditative Aufklärung bereits durchgemacht und erreicht haben.[103] Da dies meist nicht der Fall sein dürfte, erscheint es bedenklich, diese Modernität aus Kostengründen breiten Bevölkerungsschichten in Grossstädten vorzusetzen. Die möglichen sozialen Folgen kommen nicht zuletzt den Staat teuer zu stehen. In diesem Sinne vergleicht Wellmer die moderne Architektur mit der traditionellen:

> „Wenn die ornamentalen Fassaden der Jahrhundertwende verlogen und ideologisch waren, so enthielten sie doch noch eine Erinnerung an urbane Lebensformen und ein Versprechen ihrer Fortsetzung, während die blosse Zerstörung eines zum Ornament gewordenen Überbaus, hier wie überall, nur die Trostlosigkeit dessen, was als „Basis" darunter liegt, zutage fördert und zugleich die Erinnerungsspuren auszulöschen droht, an denen allein verändernde Impulse sich entzünden können."[104]

Nach den z. T. labyrinthischen Gedankengängen dieses Kapitels komme ich zu folgendem Schluss:
— Die Strömung des Funktionalismus, des prägenden Stils der Moderne, wertet die Gestaltungsarbeit eines Gebrauchsgegenstandes ab. Es kann zunächst höchstens von einer instrumentellen Ästhetik gesprochen werden.
— Die Technik als Selbstzweck kann sich jedoch insofern in einer neuen, eigenständigen Ästhetik äussern, als sie das traditionelle mimetische Ästhetikverständnis verwirft. Im Perfektionismus der Gestaltung einer artifiziellen, rationalen Welt widerspiegelt sich eine sonderbare Ästhetik der Starre und Ruhe.
— Andererseits kann sich der moderne Funktionalismus auf eine Ästhetik des Reduktionismus mit einem eigentümlichen historischen Hintergrund stützen. Die dieser ästhetischen Legitimierung innewohnenden, anspruchsvollen Verpflichtungen werden in der architektonischen Praxis jedoch meist ignoriert. Fraglich bleibt, ob sie im modernen Gestaltungsprozess von industriell gefertigten Massenprodukten wie Automobilen überhaupt geahnt werden.
— Zudem verbirgt sich in den verdrängten Traditionen der Moderne eine Ästhetik der Stille, die mit dem Fortschrittsdogma kaum kompatibel erscheint.

---

103 Immerhin stellte der Architekt Loos genau solche Ansprüche an die Bewohner moderner Wohnungen (vgl. J. Rykwert, „Ornament ist kein Verbrechen", S. 266 f).
104 A. Wellmer, a.a.O., S. 121. De Bruyn nennt diese Variante der modernen Architektur „elende Heterogenität" und schreibt: „Das elende Heterogene ist *das Andere*, das sich den Vereinnahmungen der von der zweckrationalen Vernunft beherrschten „realen Ordnung" entzieht. Die Kraft, aus der sich solche Verweigerungshaltung speist, potenziert sich in der Gewalt, mit der sie aus der homogenisierten Welt ausgeschlossen wird. Das Andere ist das unbegriffene Heterogene, das den Menschen an die ihm entfremdete äussere und innere Natur kettet. Es ist wie eine offene Wunde, die im Prozess der Zivilisation vernarbt: die hässlich pulsierende Narbe auf dem zu steriler Schönheit mortifizierten Antlitz einer homogenisierten Kultur." (a.a.O., S. 17).

In diesem Chiasmus verliert der Funktionalismus seinen ästhetischen Wert. Seine Wertlosigkeit hat sogar gefährliche Züge, wie ich unter 3. b) aufzuzeigen versucht habe. Diese Mängel des an sich gut gemeinten Projekts der Moderne und der Fortschrittsbewegung zu beseitigen war Ausgangspunkt und Ziel der Postmoderne.

Wie sich diese Gegenbewegung im Automobil-Design ausgewirkt hat, zeigt das folgende Kapitel.

4. Postmoderne Ästhetik einer inszenierten Identität

Der Wandel von der Moderne zur Postmoderne zeigte sich deutlich in den 80er Jahren, als postmoderne Architektur massentauglich geworden war.[1] In der Geschichte des Autodesigns machte sich dieser Stil – eine Ästhetik der Gegenbewegung – spätestens zu Beginn der 90er Jahre bemerkbar und begann, ausgehend von Concept-Cars, das Design von Serienfahrzeugen zu prägen: Die so genannte Retrowelle war geboren. Retro, d. h. zurück/rückwärts, deutet auf eine Rückwärtsbewegung, auf eine Gegenbewegung hin, wie ich sie unter 1. e) skizziert habe. Die Aufgabe im vorliegenden Kapitel ist es zu untersuchen, welche ästhetischen Motive diesem Stil zugrunde liegen und ob es sich dabei um eine Ästhetik der Gegenbewegung im Sinne eines Genitivus obiectivus handeln könnte.

Der plakative, oft belächelte Begriff ‚Retro' ist designgeschichtlich zu kurz gegriffen.[2] Gewiss handelt es sich um eine Rückbesinnung auf alte Elemente der Formensprache. „Die Postmoderne lässt Tradition undogmatisch wieder zu", schreibt Welsch.[3] Dieses Zurück ist eine Rückkehr von der ahistorischen Moderne ins Historische der kunst- und firmengeschichtlichen Entwicklung, die ergänzt und weiter geformt werden kann, so dass sich eine stilistische Kontinuität ergibt: Chrysler und Mazda nehmen klassische alte Automobilformen auf – Chrysler interpretiert den Bugatti T57S Atlantic neu (vgl. Abb. 1)[4], Mazda adaptiert und zitiert Formen der Jaguar-Limousinen aus dem Ende der 50er Jahren (vgl. Abb. 2).[5] Mini und VW greifen auf ihre klassischen Verkaufsschlager aus der Nachkriegszeit zurück und feiern ‚Remakes' (vgl. Abb. 3 und 4).[6] Die postmoderne Bewegung führt keineswegs nur zu Traditionalismus zurück. Dies wäre eine falsch verstandene Tradition, denn sie selbst ist durchaus lebendig und vielfältig wandelbar[7] und vermag gerade darum – überspitzt ausgedrückt – aus der Sackgasse des modernen funktionalen

---

1 Der Architekturtheoretiker Jencks weist in seiner Monographie *Was ist Postmoderne?* darauf hin, dass der Begriff schon 1934 das erste Mal verwendet worden sei (vgl. a.a.O., S. 8). In der Soziologie taucht er als Epochenschema zuerst bei A. Toynbee 1947 auf (vgl. W. Essbach, *Studium Soziologie*, S. 94 f). Von einer richtigen Bewegung der Postmoderne kann ab Ende der 60er Jahre, in der Philosophie ab Ende der 70er Jahre gesprochen werden, z. B. in Lyotards *La condition postmoderne* (1979).
2 vgl. P. Tumminelli, *Car Design*, S. 78: „Die Zukunft bezog ihre Inspiration oft aus einer imaginären Vergangenheit."
3 W. Welsch, *Unsere postmoderne Moderne*, S. 103.
4 vgl. Kapitel 2, Abb. 10.
5 vgl. Kapitel 2, Abb. 15.
6 vgl. Kapitel 2, Abb. 5, 26 und 27.
7 vgl. W. Benjamin, *Das Kunstwerk im Zeitalter seiner technischen Reproduzierbarkeit*, S. 16.

Abb. 1: Chrysler Atlantic (Studie 1995)

Abb. 2: Mazda Xedos 6 (1992): eines der ersten „postmodern" gestylten Fahrzeuge

Abb. 3: Mini Cooper (2001)

Abb. 4: VW New Beetle (1998)

Reduktionismus zurück zum organischen Entwicklungsprozess der Formensprache zu führen.[8] Dennoch ist nicht von der Hand zu weisen, dass die Postmoderne auch einen konservativen Charakterzug besitzt.[9]

---

8 Dazu eine wichtige begriffsklärende Notiz: Während die Paradebeispiele postmoderner Architektur auf die Tradition verschiedener kunstgeschichtlicher Epochen Bezug nehmen und gekonnt ineinander konstruieren (vgl. W. Welsch, a.a.O. S. 103 ff, 117 f), sieht der Traditionsbezug im Design eines massenproduzierten Alltagsgegenstandes wie dem Automobil ziemlich anders aus: Hier bedeutet Tradition die Geschichte der eigenen (rund 100-jährigen) Marke oder den landestypischen Stil oder den Bezug auf berühmte Formen und Detaillösungen aus der Automobilgeschichte.

9 vgl. M. Collins, *Design und Postmoderne*, S. 69 und J. Habermas, *Die neue Unübersichtlichkeit*, S. 11. Befürworter der Postmoderne deuten sie hingegen progressiv als „Fortsetzung der Moderne und ihre Transzendenz" (Ch. Jencks, *Was ist Postmoderne?*, S. 16).

Die Entwicklung des Frontdesigns beim Seat Toledo:

Abb. 5: Modell 1991 Abb. 6: Modell 1998 Abb. 7: Modell 2004

Abb. 8: modernes Logo bis 1999   Abb. 9: modernes Logo bis 1999   Abb. 10: Logo ab 1999   Abb. 11: modernes Logo   Abb. 12: Logo ab 2000

Ich möchte ergänzen, dass hier der Begriff ‚postmodern' im weiten Sinne verwendet wird und auch die Strömungen in der Reaktion auf die Postmoderne wie z. B. die Neomoderne umfasst. Ich benenne mit dem Begriff all jenes Design, das sich von einem dogmatischen Funktionalismus und Rationalismus abwendet. Der im Titel dieses Kapitels mitgeführte Begriff der Inszenierung deutet darauf hin, dass theatralische und dramatische Aspekte wichtig sind und dass zugleich das Spiel um Identitäten eine zentrale Rolle spielt. Dies äussert sich vor allem in der Gestaltung des Markengesichts, des wohnlichen Interieurs und der spannungsvollen Silhouette.

a) Das Markengesicht: Grill, Logo und Scheinwerfer

Die Formensprachen der verschiedenen Marken unterscheiden sich traditionell in mancherlei Hinsicht. Jede Marke versucht darin ihren eigenen, oft in die eigene Landeskultur eingebetteten Charakter zu definieren und ihm Ausdruck zu verschaffen. Dieser Individualität entgegengesetzt ist die Designsprache der funktionalen und universellen Rationalität. Auf dem Weg der Postmoderne zurück zu den markenspezifischen Wurzeln spielen der Grill und das Markenlogo eine grosse Rolle. Interessant ist beispielsweise, wie das Logo von Seat Ende der 90er Jahre bis jetzt mit jeder neuen Modelleinführung an Grösse und Selbstbewusstsein zu wachsen scheint (Abb. 5 bis 7).

Abb. 13: Rover P5 (1967)

Abb. 14: Rover 3500 (1970)

Abb. 15: Rover 3500 (1978)

Abb. 16: Rover 820 (1986)

Abb. 17: Rover 820 (1992)

Zudem gibt es Marken wie Fiat und Chrysler, die sich bewusst auf ihr ursprüngliches, verspieltes Logo zurückbesonnen haben (Abb. 8 bis 12). Die Bedeutung des Logos ist nicht zu unterschätzen. Schliesslich sind die Markenzeichen (engl. ‚brand') die auffälligsten Zeichen, mit dem sich Marken „nach innen und aussen Identität kenntlich [machen], indem sie sich einprägen."[10]

Die Präsentation des Grills ist ebenfalls von besonderer Bedeutung. In den meisten Fällen ist dies mit dem in der modernen Ästhetik als antiquiert erscheinenden Material Chrom verbunden. Seit den 90er Jahren feiert es jedoch eine eigentliche Renaissance. Mehrere Marken haben über zahlreiche Schritte die alte Grillform wieder auferstehen lassen.[11] Ich möchte dies am Beispiel der britischen Marke Rover aufzeigen[12] (Abb. 13 bis 19).

Die Entwicklung zeigt, wie der traditionelle Grill in den 70er Jahren verschwand, in den 90er Jahren wieder auftauchte und 2004 fast wieder zur alten Grösse fand.[13] Zudem fällt auf, dass ungefähr ab 1987 ein Trend einsetzt, zwischen Scheinwerfern und Chromgrill eine Metallleiste in Wagenfarbe einzufügen.[14] Heute zeichnet sich ab, dass der Grill sogar die Stossstange teilweise integriert, entweder horizontal (z. B. beim Peugeot 407 (2005), Mini Cooper (2001), Mazda MX-5 (2005)), oder vertikal (z. B. beim VW Passat (2005), Volvo S40 (2004), vgl. auch Abb. 19). Unweigerlich führt diese Entwicklung wieder in die Nähe der klassischen Karosserieform aus den 40er und 50er Jahren, die den vertikalen Grill betonte. Akzentuiert wird dies durch

---

10 B. Schneider, *Design – Eine Einführung*, S. 215.
11 vgl. dazu die empirische Untersuchung im Anhang des Buches.
12 Andere passende Beispiele sind die Marken Lancia und Audi (mit Bezug auf den Grill der in die eigene Geschichte integrierten Marke ‚Auto Union'). Die Marke Rover wurde übrigens 2005 liquidiert. Die Technik wurde von der 2006 neu gegründeten chinesischen Marke ‚Roewe' (荣威) übernommen.
13 vgl. zur Entwicklung des Interieurs Kapitel 2, Abb. 30 und 31, sowie Kapitel 4, Abb. 33.
14 sichtbar z. B. am Opel Senator (1987) oder Audi V8 (1988).

verstärkte Kotflügelausbuchtungen und Falten in der Motorhaube. So wird die moderne Gleichförmigkeit aufgehoben. Die neuen Modelle der Marke Škoda liefern ein gutes Beispiel für den Trend, die Motorhaube zu konturieren. Diese Marke hat zudem bewusst eine neue repräsentative Grillform erfunden, um sich eine stärkere Identität zu verleihen (vgl. Abb. 20 bis 22).

Abb. 18: Rover 75 (1998)

Weiter fällt auf, dass sich seit der zweiten Hälfte der 90er Jahre in der Scheinwerfergestaltung eine Revolution vollzogen hat, die einerseits technisch bedingt ist, andererseits aber auch die Rückorientierung an

Abb. 19: Rover 75 V8 (2004)

klassische „Automobil-Gesichter" aufzeigt. Gemeint ist das Aufkommen der Klarglas-Scheinwerfer. Die neuen Beleuchtungsinstrumente eröffnen eine ungewohnte Transparenz und zeigen die Lampe wieder als Birne, meist in runder Form, wie die Scheinwerfer bis in die 60er Jahre traditionell gestaltet waren. Aber auch die technische Konstruktion wird sichtbar und transparent[15], so dass man dem Autogesicht gleichsam in die Augen schauen kann. In dieselbe Entwicklung mischen sich also moderne und traditionelle (bzw. postmoderne) Motive. Drei Beispiele sollen diese Entwicklung belegen (vgl. Abb. 23 bis 25).

Auf den ersten Blick mag die Inszenierung der Markenidentität, wie eben geschildert, in der Epoche der Postmoderne, die die Flüchtigkeit des Subjekts predigt[16], paradox scheinen. Doch dahinter versteckt sich eine tiefere Logik: Wenn im Anschluss an die Moderne festgestellt wird, dass die aufgeklärte Lebensanschauung jenseits aller Metaphysik die Substanz der eigenen Identität untergräbt, bleibt nur noch der Weg, sich seine Identität als Fassade zu erfinden oder zu (re)konstruieren. Aus der beängstigenden Tatsache der Identitätslosigkeit folgt die Flucht in eine Maske der Identität.[17]

Abb. 20: Škoda Felicia (1987)

Abb. 21: Škoda Octavia (1997)

Abb. 22: Škoda Octavia (2004)

---

15 vgl. A. Wellmer, *Zur Dialektik von Moderne und Postmoderne*, S. 129; Wellmer zeigt auf, dass in der Sichtbarkeit der Konstruktion ein besonderer Ausdruck des Gegenstandes resultiert, weil sich damit die Schönheit einer (vollkommenen) Konstruktion zeigen kann.
16 vgl. J.-F. Lyotard, *Das postmoderne Wissen*, S. 54 f und W. Welsch, a.a.O., S. 315 f.
17 vgl. C. Meier-Seethaler, *Gefühl und Urteilskraft*, S. 137-139.

Abb. 23: VW Golf IV (1997)   Abb. 24: Jaguar X-Type (2001)   Abb. 25: Nissan Altima (Heck) (2002)

Und dazu gehört der Aspekt, dass wir beim Kauf eines Automobils unsere eigene Identität durch die „Fassade" des Autos weiterbilden, bis zum Extremfall, wo man sich mit dem Automobil eine neue Identität erschafft.

Dasselbe gilt auch für die Bildung und Pflege einer Markenidentität. Sie (re-)konstruiert eine attraktive Fassade. So hat die Marke Jaguar etwas unternommen, das beispielhaft in die Architektur- und Design-Landschaft der letzten Jahre passt. Ich möchte es mit dem aus der Berliner Stadtplanung um 1990 entstandenen Begriff der ‚kritischen Rekonstruktion', der durch den Architekten Josef P. Kleihues geprägt wurde, bezeichnen.[18] Diese bedeutet den behutsamen Wiederaufbau der vor allem durch den 2. Weltkrieg entstandenen Lücken in städtischen Häuserzeilen. Die Blockrandbebauung und einheitliche Traufhöhe sind dabei zentral. Die kritische Rekonstruktion wendet sich bewusst gegen die moderne Dekonstruktion bestehender traditioneller Quartierstrukturen. Nach Kleihues soll Architektur wieder etwas mit Geschichte zu tun haben, sensibel mit vorhandenen Strukturen umgehen und Identität verleihen.

Jaguar stellte 1998 ein neues Modell mit dem alten Namen „S-Type" vor und versuchte damit bewusst, das alte Modell in der neuen Designlinie kritisch und modern zu rekonstruieren (Abb. 26). Die Relikte einer verschütteten oder vergessenen Tradition wurden wieder ausgegraben, kopiert, zitiert und neu kultiviert.

Der Vergleich der beiden Modelle zeigt auf, wie stark sich das neue Modell in der Gestaltung des Kühlergrills, der Scheinwerfer, des hinteren Dachbogens und des Hecks (mit leicht abfallender Form) an das klassische Vorbild aus den frühen 60er Jahren anlehnt. Ein weiteres Beispiel ist der Mercedes SLR (2003), der die Tradition der SL-Modelle aus den 50er Jahren (inkl. Flügeltüren) fortsetzt (vgl. Abb. 27). Andere Beispiele aus jüngster Zeit sind u.a.: Ford Thunderbird (2002), Ford Mustang (2005), Rolls-Royce Phantom (2003, vgl. Abb. 28), Bentley Continental GT (2003), Mini Cooper (2001) und VW Beetle/Käfer (1998) (dazu Abb. 3 und 4). Jedes dieser Fahrzeuge trägt (wieder) den alten Namen und lehnt sich in der Regel auch an dessen klassischer Urform an. Durch diese Bezüge versuchen die Marken ihre Aura wieder zu beleben, ganz im Sinne Walter Benjamins:

---

18 vgl. M. Imhof und L. Krempel, *Berlin Architektur 2000*, S. 12, sowie G. Zohlen, *Auf der Suche nach der verlorenen Stadt*, S. 67-70 und 136 f. Die Bewegung der ‚Kritischen Rekonstruktion' ist innerhalb der Architektengilde allerdings immer noch umstritten. P. Tumminelli verwendet in diesem Zusammenhang den Begriff ‚Remake' (vgl. a.a.O., S. 78).

Abb. 26: Jaguar S-Type (1998) und (1963)

Abb. 27: Mercedes SLR (1955) und (2003)

Abb. 28: Zwei Generationen von Rolls-Royce Phantom (2003 und 1968)

„Die Einzigkeit des Kunstwerks ist identisch mit seinem Eingebettetsein in den Zusammenhang der Tradition."[19]

b) Wohnliches Interieur

Ein zweiter Bereich, in dem der Wandel zur Postmoderne sichtbar wird und die Marke ihren persönlichen Stil inszenieren kann, ist die Gestaltung des Interieurs. Hier fällt vor allem die bewusste Wahl der verwendeten Materialien auf: Holz, Leder, Metall, aufeinander abgestimmte Farbkombinationen. Einige Beispiele sollen dies illustrieren:
- Holzeinlagen im Cockpit und in den Türen; selbst Intarsien kommen bei einzelnen Luxusausstattungen wie im traditionellen Möbelhandwerk wieder vor (Abb. 29 im Vergleich zu 30). Indem diese Einlagen durch Metallleisten eingerahmt werden, erhöht sich ihr Wertigkeitseindruck noch zusätzlich (vgl. Abb. 34).
- Lederpolster (auch in unteren Modellklassen) (vgl. Abb. 31).
- Metalltürgriffe (innen und aussen) und -schalter (vgl. Abb. 32): Die Verwendung von Kunststoff erweist sich nämlich an diesen gut sichtbaren Stellen, die oft benutzt und damit abgenutzt werden, als unvorteilhaft. Plastik altert schnell.[20]
- Hell unterlegte Instrumentenanzeige (Abb. 33).
- Metallapplikationen im Cockpit und in der Mittelkonsole (vgl. Abb. 35 im Vergleich zu 36). Metallteile an Lüftungen und Schaltern steigern den Qualitätseindruck. Sehr auffällig erscheint dies in der neuesten S-Klasse von Mercedes (2005).
- Metall umrandete Instrumentenanzeige und farbiges Markenlogo auf dem Steuerrad (Abb. 37 im Vergleich zu 38): Hierfür ist der technische Fortschritt verantwortlich. In den 90er Jahren erlaubte es der Forschungsstand noch nicht, den Airbagdeckel im Lenkrad mit metallenem Markenlogo zu verzieren.
- Die farbliche Abstimmung: zwei passende Farbtöne (Abb. 39 im Vergleich zu 40).
- Feine Details: Die analoge Uhr als Symbol für Zeitlosigkeit (Abb. 41 und 42) im Vergleich zu modernen Digitalanzeigen (Abb. 43), sowie handverarbeitete Nähte auf dem Armaturenbrett (Abb. 42).

Dort, wo diese Materialien zu teuer sind, werden sie durch billigere Plastikimitate ersetzt.[21] Ziel ist eine wertige und edle, elegante Anmutung. Wenn man den Golf

---

19 W. Benjamin, a.a.O., S. 16.
20 vgl. A. Dorschel, *Gestaltung*, S. 44. Allerdings tauchen in dieser Entwicklung bereits Plastikgriffe auf, die lediglich mit Chrom besprizt sind, also bloss so scheinen, als ob sie aus edlem Metall wären.
21 Wichtig ist die schöne Fassade: Es soll nach echten Materialien aussehen und wohnlich wirken. Der ökonomische Kostendruck produziert folglich Pseudo-Authentizität des Holzes oder Me-

POSTMODERNE ÄSTHETIK EINER INSZENIERTEN IDENTITÄT 97

Abb. 29: Renault Vel Satis (1998)

Abb. 30: Renault Safrane (1992)

Abb. 31: Lancia Ypsilon (2003)

Abb. 32: Fiat 500 (2007)

Abb. 33: Rover 75 (1998)

Abb. 34: Audi A6 (2004)

Abb. 35: Alfa Romeo 156 (1997)

Abb. 36: Alfa Romeo 155 (1992)

Abb. 37: Cadillac STS (2007)

Abb. 38: Cadillac Seville STS (1998)

Abb. 39: Audi A4 (2002)

Abb. 40: Audi A4 (1995)

Abb. 41: VW Phaeton (2002)

Abb. 42: Cadillac CTS (2007)

Abb. 43: Renault Twingo (1993)

II aus den 80er Jahren (Abb. 45) mit dem Golf V (Abb. 44) vergleicht, ist der Unterschied verblüffend.

Der Unterschied in der Erscheinung zeigt sich nicht nur in der Zeit, sondern auch im (Kultur-)Raum. Die amerikanische Marke ‚Buick' genoss bis 1949 grosse Bekanntheit in China. Seit 1999 engagiert sich die GM-Tochter wieder im Reich der Mitte. Bei der Lancierung des Modells 君越 (Lacrosse) hat sie bewusst auf den chinesischen Geschmack reagiert und ein luxuriöseres, bzw. repräsentativeres Exterieur und Interieur (Abb. 46) als im amerikanischen Original (Abb. 47) gestaltet.[22]

Hinter der bewussteren Verwendung von angenehmen Materialien steckt das Ziel, die reine Funktionalität eines technisch orientierten Cockpits zu überwinden und das Autointerieur wie einen Wohnraum einzurichten und geniessen zu können.

Postmodernes Design besinnt sich in diesem intimeren Bereich des Fahrzeugs auf die Tradition der Innenraumgestaltung, der Innendekoration zurück. Der Komfort umfasst nur mehr unauffällig all die (selbstverständlichen) technischen und elektronischen Accessoires wie Fensterheber, Musikanlage, Bildschirm mit Touchscreen, Bordcomputer, Klimaanlage, automatische Sitzeinstellungen, Heizungen etc. Im sinnfälligen Vordergrund stehen die traditionellen „wohnlichen" Elemente wie Le-

---

talls, wie dies früher bei Stuckmarmor oder Tapeten der Fall war (vgl. A. Dorschel, „Gestaltung und Ethik", S. 64).

22 Weitere solche Produkte für den chinesischen Markt sind die speziellen Varianten des VW Passat: 大众领驭 (2005) oder des Cadillac STS: 凯迪拉克 SLS (2006). Auch eigenständige chinesische Produkte der Mittelklasse wie der FAW Besturn 第一汽车奔腾 (2006) oder Brilliance BS4 中华骏捷 (2005) fallen durch ein luxuriös wirkendes Dekor auf.

Abb. 44: VW Golf V (2003)

Abb. 45: VW Golf II (1983)

Abb. 46: Buick Lacrosse (China 2006)

Abb. 47: Buick Lacrosse (USA 2005)

der, Holz, Metall und die passende farbliche Abstimmung. Echtheit und Stil sind gefragt. So fliessen Elemente der Natur und Kultur wieder in das in der Moderne meist auf das Technisch-Funktionelle reduzierte Konstrukt ein. Natürlich gab es in dieser Entwicklung auch Ausnahmen. Die Marke Jaguar zum Beispiel führte ihren typisch britischen Stil mit einem grossen, alles dominierenden „Holz-Armaturenbrett" durch die ganze Moderne fort (vgl. Abb. 48 und 49).

Das Modewort ‚Wellness' äussert sich im beabsichtigten Wohlfühlklima durch die Farben, Stoffe und Materialien. Dies ist eine höchst ästhetische Angelegenheit im eigentlichen Sinne des Wortes: Die Sinne und die Wahrnehmung werden angesprochen – es geht um das Sehen, Tasten und Fühlen, um das Riechen. Dahinter steckt eine neue Dimension der Mobilität, die nicht bloss eine zweckrationale Bewegung von A nach B umfasst, sondern das Unterwegs-Sein als Lebensweise und sogar Lebenskunst interpretiert, wie angebracht dies auch immer sein mag. Die daoistische Weisheit ‚Der Weg ist das Ziel' äussert sich im Bedürfnis, möglichst geruhsam und angenehm reisen zu können. Dieses Bedürfnis steigt umso mehr, als Stauhäufigkeit und -länge zunehmen und Autofahrende immer öfter gezwungen sind, sich länger als geplant in ihrer Karosse aufzuhalten. Der Stau bringt das Fahrzeug zum Stillstand und bewirkt so dessen völlige Zweckentfremdung.[23] Er ist

---
23 vgl. A. Dorschel, a.a.O., S. 66. Er schreibt dort: „Im Stau wird die private Realisierung des allen gemeinsamen Wunsches nach Mobilität paradox."

Abb. 48: Jaguar S-Type (2001)   Abb. 49: Jaguar Mk II (1963)

der Gegensatz zur Bewegung. In ihm zeigt sich die Dialektik der Entwicklung, so dass der Gebrauchsgegenstand ‚Auto', dessen Funktion das Fahren ist, zur Ruhe kommt. Und gerade in diesem Augenblick der objektiven Funktionslosigkeit kann aus dem Automobil ein zweckfreies Luxusobjekt oder Kunstwerk entstehen.[24] So wird es frei zur ästhetischen Betrachtung.[25] Dieser Aspekt der Gegen-Bewegung lässt sich noch weiter führen: Die Reise in einem so angenehm, beinahe kunst- und stilvoll eingerichteten Mobil kultiviert die Privatheit in abgeschiedenster Form.[26] Hier kann das Subjekt ganz Ich sein, seine Identität inszenieren. Doch dabei ist es so weit entfernt von allen echten, zwischenmenschlichen Kontakten[27], dass es vielleicht gerade diesen Mangel an Lebens-Authentizität mit echten, wohnlichen Materialien in der künstlichen automobilen Umgebung kompensieren muss.

c) Spannung: dynamische Linie und Dekonstruktion

Reflektieren wir nochmals die strukturelle Widersprüchlichkeit anhand des Phänomens des Staus. Wenn die basale Funktion eines Autos darin besteht, Menschen und ihr Gepäck fortzubewegen, spielt das Äussere keine wesentliche Rolle. Es muss lediglich funktional sein. Wenn sich jedoch das Fahrzeug mehr und mehr von die-

---

24 Dazu sagt Sloterdijk in einem Interview zum Start der Sendung „Das philosophische Quartett" aus der Gläsernen Manufaktur von VW in Dresden: „Der Stau ist ein Angriff auf die Menschenwürde. Die einzig mögliche Gegenwehr ist, im Luxusauto im Stau zu sitzen und Überlegenheit durch ein Fahrzeug mit hohem Eigenwert zu demonstrieren." (in: „Autofahren ist kinetischer Luxus", S. 34).
25 vgl. die Gedanken über die Besonderheit der ästhetischen Wahrnehmung bei M. Seel, *Ästhetik des Erscheinens*, S. 20 und 56: „[I]m Vollzug ästhetischer Wahrnehmung [sind wir] auf eine besondere Weise frei – frei von den Kalkülen instrumentellen Handelns."
26 Baudrillard zieht eine Parallele zwischen der Privatheit des Heims mit derjenigen des Wagens, was es als sinnvoll erscheinen lässt, Architektur und Automobildesign eng miteinander zu betrachten (vgl. *Das System der Dinge*, S. 89).
27 vgl. M. Horkheimer und Th. W. Adorno, *Dialektik der Aufklärung*, S. 233.

Abb. 50: VW Passat (1995): Facelift 1998, in dem die Kuppellinie mit Chrom unterstrichen wird

Abb. 51: Audi A6 (2004)   Abb. 52: Toyota Corolla Verso (2003)

ser Bestimmung entfremdet und im Stau oder als Prestigeobjekt auf dem Parkplatz herumsteht, beginnen die Designer, die verlorene Zweckbestimmung der Mobilität durch dynamisches Design zu kompensieren. Hier lässt sich ein drittes entscheidendes Kriterium des postmodernen Designs feststellen: die elegante Linie. So zeigen in der Postmoderne auffällig viele Fahrzeuge ein dynamisch-schwungvolles Design. Mit architektonischen Spannungsbögen zwischen Motorhaube und Heck weisen sie teilweise Ähnlichkeiten mit Modellen aus den 40er bis 60er Jahren mit ihren Stromlinienformen auf. So entstand z. B. das Kuppeldach, das VW in Anlehnung an seinen Käfer 1994 in der Studie für den ‚New Beetle' auferstehen liess und gleich anschliessend 1995 erstmals im überarbeiteten Serienmodell Passat präsentierte (vgl. Abb. 50).

Seitdem haben viele Marken die geschwungene Dachlinie imitiert, um dem Design auf einfache Weise mehr Dynamik zu verleihen. Der von Tumminelli hierbei verwendete Begriff ‚carved body'[28] deutet auf die allgemeine Renaissance des Bogens (vgl. Abb. 51), wie sie z. B. auch in der aktuellen Formgebung von alpinen Skiern zu sehen ist. Abbildung 52 verdeutlicht, dass die Bogenlinie ebenso im Segment der Kompaktwagen und Minivans eingesetzt werden kann. Als weitere Veranschaulichung möchte ich Zitate bekannter Designer anführen. Peter Pfeiffer, Verantwortlicher bei Mercedes, kommentiert die dynamische Linie in den Kon-

---

28 vgl. P. Tumminelli, a.a.O., S. 94.

Abb. 53: Mercedes CLS (2004): Bemerkenswert ist der Schwung, der aus dem vorderen Radbogen heraus in die ganze Karosserie fliesst.

Abb. 54: Rover 75 (1998): Die sanft gebogene Chromlinie bezieht die chromfarbenen Türgriffe subtil ein.

zepten der B- und R-Klasse (2004), für die er verantwortlich zeichnet, wie folgt: „[W]e went for dynamism" und „the very smooth, elegant transitions from flanks to roof and tail, with a distinctive shoulder line along the sides [are] projecting the car dynamically forward."[29] Walter de Silva beschreibt die Form seines Werks, Audi Q7 (2006), so: "The styling is bold and dynamic."[30]

So wird der in Kapitel 2. c) erwähnte stilistische Gegensatz zwischen rund und eckig auf eine andere Ebene gehoben. Das Organische elegant fliessender Linien und dynamisch klarer Formen oder der Wechsel von konkaven und konvexen Flächen ergänzen, ja ersetzen das Statisch-Funktionale, Rationale und Aerodynamisch-Keilförmige. Das Fahrzeug wird nicht mit verschiedenen Anhängseln dekoriert, sondern erscheint selbst mehr und mehr als Skulptur der Bewegung, wird Ornament der Bewegung. Der Fluss in den Linien bezeugt die Leichtigkeit und Natürlichkeit des Gleitens. Die Fahrkunst wird beinahe zu kunstvollem Schweben. Fahrende Personen und Automobil vereinigen sich auf der Überlandstrasse zu einem Gesamtkunstwerk: Bewegung um ihrer selbst willen, ohne Anstrengung und willentliche Impulse wie in der Kalligraphie, begleitet vom leisen Rauschen des Fahrtwindes und dem Säuseln des Motors: dionysisches Glück in sublimster Form. Auch Baudrillard gerät ob solchen Gedanken ins Schwärmen: „[D]ie technische Euphorie der Geschwindigkeit [...] ist das imaginäre Wunder der Raumüberwindung. Die mühelose Fortbewegung begründet eine irreale Glückseligkeit."[31] Wenn der Soziologe Baudrillard diese Zusammenhänge bereits 1968 gesehen hat, steht dies nicht im Widerspruch mit der bisherigen Analyse. Es weist lediglich darauf hin, dass postmodernes Denken und Wahrnehmen, wie eingangs dieses Kapitels erwähnt, schon weit vor der so genannt automobilen Postmoderne wirksam war sowie Kunst und Philosophie beeinflusste.

In diesem Kontext fällt auf, wie jedes Fahrzeug, auf dessen elegante Erscheinung seine Designer wert legen, Individualität verkörpert. Die Marken suchen ihren ei-

---

29 P. Pfeiffer, zitiert in: F. Galvano, „Concept Balances", S. 46.
30 W. de Silva, zitiert in: S. Baruffaldi, „The different face of the SUV", S. 20.
31 J. Baudrillard, a.a.O., S. 87.

Abb. 55: Citroën C6 (2005)

Abb. 56: Seat Altea (2003)

Abb. 57: Mazda 2 (2007)

Abb. 58: Audi A5 (2007)

genen Stil, um sich zu inszenieren. Ein paar Beispiele sollen dies veranschaulichen. Die ersten unternehmen eine neue Deutung der althergebrachten Limousinenform (vgl. Abb. 53 und 54). Diesen neo-klassischen Stil, eine Weiterentwicklung des Retro-Stils, beschreibt Tumminelli folgendermassen:

„Bei diesem Trend werden klassische Elemente neu interpretiert, so dass sie einerseits unverkennbar traditionell wirken, sich andererseits aber durch völlig neue Proportionen und innovative Details als sehr aktuell erweisen."[32]

Dynamische Designlinien und -sicken finden sich aber auch in andern Segmenten wie demjenigen der Schräghecklimousine (vgl. Abb. 55), der Vans (vgl. Abb. 56), oder der Kleinwagen (vgl. Abb. 57). Der Designerjargon kennt dafür unterschiedliche Bezeichnungen: Bei Seat wird die besondere Seitenlinie stolz ‚Dynamic Line' genannt[33], bei Ford lautet der entsprechende Fachbegriff ‚kinetisches Design'.[34] Mazda tauft die aktuelle Formensprache ‚Nagare'. Der japanische Ausdruck bedeutet ‚Fluss, Bewegung' und soll verdeutlichen, dass sein Design natürliche Formen und Fliessmuster adaptiert.[35]

---

32 P. Tumminelli, a.a.O, S. 98.
33 vgl. Seat, „Unkonventionelles Design", in: http://www.seat.de.
34 vgl. die Aussage des Chefdesigners Martin Smith in: J. Pander, „Verführung ohne Folgen" (http://www.spiegel.de), und des Designers Stefan Lamm, zitiert in: Th. Imhof, „Neues Energie Konzept", S. 126.
35 vgl. Mazda, „Die Zukunft hat begonnen", in: http://www.mazda.de.

Abb. 59: Lancia Thesis (2001)

Abb. 60: VW Phaeton (2002)

Abb. 61: Mercedes E-Klasse (2002)

Folgerichtig umfasst diese Designphilosophie einen weiteren Schritt: die Skulpturierung. Ich verstehe darunter nicht bloss das eben erwähnte Zeichnen von geschwungenen Lichtkanten in die Seitenlinie, sondern die bewusst dreidimensionale, gleichsam muskulöse Gestaltung der Seitenflächen. So betonen der Mazda 2 (2007, Abb. 57) oder die Mercedes S-Klasse (2005) den vorderen Kotflügelbogen beinahe so wie die Klassiker Citroën 2CV oder VW Käfer. Dieser Bogen prägt die gesamte seitliche Gestaltung der Frontpartie und integriert die Scheinwerfer als Teil der Bogenskulptur. Oft geht damit eine kleine Einbuchtung im unteren Teil der Türen einher (siehe nochmals Abb. 57), wodurch der unterste Teil als Anspielung des vormodernen Trittbretts interpretiert werden kann. Weitere Beispiele dafür sind der Audi TT (2006) oder BMW 1er (2004). Andererseits taucht ein Bestandteil des klassischen Designs, der Hüftschwung, wieder auf, der den hinteren Kotflügelbogen dezent andeutet, z. B. beim Bentley GT (2002), Alfa 8c (2007), Dodge Charger (2005) oder Audi A5 (2007, Abb. 58). Dieser skizzenhafte Überblick macht deutlich, wie mannigfaltig sich die Formen der Dynamisierung des Aussendesigns, auch mit Rückgriff auf ältere Formgebungen, in den letzten 15 Jahren entwickelt haben.

Um die elegante Illusion der Bewegtheit, ausgelöst durch die dynamischen Kurven und Bögen im stehenden Blechkleid, perfekt zu machen, haben sich mehrere Hersteller entschlossen, die geschwungenen Linien im Innern des Autos zu wiederholen. Lancia zeichnet z. B. im Modell ‚Thesis' einen sanften Bogen in die Armlehnen und Holzeinlagen der Vorder- und Hintertüren (Abb. 59). VW zieht

Abb. 62: Ford Ka (1997)　　　　　　Abb. 63: Ford Ka (1997)

Abb. 64: Mercedes A-Klasse (1997)　　Abb. 65: Ford Focus (1998)

eine Parallele zwischen dem Holz der Armlehne und der Mittelkonsole (Abb. 60). Mercedes lässt eine mehrfach gebogene Linie aus Holz über die Vordertüren ins Cockpit fliessen (Abb. 61). All dies sind kleine Anzeichen dafür, dass das Interieur bewusst elegant und kunstvoll gezeichnet wurde. Das Beispiel des Ford Ka zeigt, wie die dynamische Linie als Ornament im Grossen wie im Kleinen, aussen wie innen, vielfach eingesetzt und zitiert wird (Abb. 62 und 63). Eine solche Formenwahl ist mutig. Die frechen Kurven könnten unsere gewohnten Wahrnehmungsmuster irritieren. Dies ist Kennzeichen einer letzten Variante der Postmoderne: der Dekonstruktion.[36] Säulen und Linien werden absichtlich schief gezeichnet, um unser Rationalitätsdogma zu relativieren. Dies hinterlässt einen leicht irrationalen Eindruck, der die Gewohnheiten enttäuscht und deshalb spannend und interessant wirkt. So gestaltete Mercedes eine schiefe C-Säule (Abb. 64). Citroën XM (1989) und Toyota Starlet (1995)/Corolla Verso (2001) haben eine gebrochene Seitenlinie. Der Lancia Delta (2008) hat eine gewagte, bogenförmig gespannte ‚Flying Bridge'-Dachkontur, welche die D-Säule nur in einem Punkt berührt. Schliesslich benutzte Ford bei der Gestaltung des Focus-Interieurs (1998) provokative, schräge Linien (Abb. 65).

36　vgl. P. Tumminelli, a.a.O., S. 82: „Wie die Seite der Mercedes A-Klasse von 1998 beweist, wurde die Verglasung neuartig geteilt, woraus oft ein recht aussergewöhnliches, dekonstruktivistisches Erscheinungsbild resultierte."

Abb. 66: Cadillac Evoq (Studie 1999)

Abb. 67: Cadillac XLR (Serie 2003)

Abb. 68: Renault Avantime (1999) mit besonders aussagekräftiger Modellbezeichnung

Abb. 69: Renault Mégane (2002)

d) Neomoderne

Es mag scheinen, als ob sich die postmoderne Ästhetik der inszenierten Identität stark über Tradition und Vergangenheit definiert. Dies ist in vielen Beispielen der Fall, muss aber nicht notwendigerweise so sein. Cadillac z. B. sucht seit der Präsentation der Studie ‚Evoq' (Abb. 66) einen ganz eigenen, futuristisch-kantigen Stil, den die Marke stolz und etwas übertrieben ‚Art & Science' nennt. Nach Jencks könnte dieser Stil auch ‚elegante Geometrie' genannt werden.[37] Aber auch hier finden sich historische Zitate wie der V-förmige Kühlergrill oder die typischen senkrechten Heckleuchten, in Reminiszenz an die legendären Heckflossen der späten 50er Jahren (vgl. Kapitel 2, Abb. 12). Renault setzt mit seinem Produktionsverständnis ‚Créateur d'Automobiles' Akzente in avantgardistischem Design (Abb. 68 und 69), wie man es früher nur von Citroën gewohnt war. Die Marke Audi ziert sich mit dem Slogan ‚Vorsprung durch Technik' und orientiert demgemäss die Designsprache konsequent an technischer Strenge und Finesse. Doch bei der Renovierung des Kühlergrills greift sie auf dessen Urform der Vorgängermarke ‚Auto Union' zurück. Citroën seinerseits besinnt sich auch allmählich auf die Wurzeln der eigenen avantgardistischer Tradition, was sich so widersprüchlich wie „rückwärts in die Zukunft" anhört und Retrofuturismus genannt werden kann.[38] Ein aktuelles

---
37 vgl. Ch. Jencks, *Die Neuen Modernen*, S. 14; vgl. auch seine Zusammenfassung, a.a.O., S. 27.
38 vgl. K. Gustmann, *Top Design des 20. Jahrhundets*, S. 164.

Beispiel dazu ist der Citroën C4 (Abb. 70).[39] Wie in der Architekturtheorie möchte ich diese Entwicklungen unter den Begriff ‚Neomoderne' subsumieren. Gemäss Jencks kennzeichnet diese Strömung ein ästhetisches Spiel mit modernen, bzw. avantgardistischen Elementen ohne utopische Visionen. Sie beinhalte „Spuren der Erinnerung", „extreme Abstraktion" und „Leere".[40]

Abb. 70: Citroën C4 (2004)

In diesem Zusammenhang möchte ich auf ein weiteres Beispiel hinweisen, in dem sich neomodernes Design eigenwillig inszeniert. Unter Kapitel 3. f) habe ich erläutert, dass die „Neue Sachlichkeit" nicht traditionslos ist, sondern gewisse Wurzeln in der japanischen Ästhetik und Architektur, vor allem in der Geisteshaltung und Gestaltungskraft des Zen, besitzt. Nicht verwunderlich ist daher, dass gerade in der post- oder neomodernen Gegenwart (endlich) eine japanische Automarke einen expliziten Bezug zur japanischen Ästhetik herstellt. Es handelt sich um Lexus, die Luxus-Tochterfirma des erfolgreichen Toyota-Konzerns. Auf der deutschsprachigen Homepage von Lexus ist Folgendes zu lesen: „Wir haben uns bei Lexus für eine neue, kühne Richtung im Design entschieden, die sich an lange bestehende japanische Werte der Ästhetik anlehnt." Dies wird noch auf derselben Seite mit speziellen Begriffen verdeutlicht:

‚muda', d. h. „unnötige Verschwendung vermeiden", sowie „präzise Schlichtheit".[41] Im ganzen Text ist die Betonung von Tradition und Ästhetik, bzw. traditioneller Ästhetik auffällig. Aber nicht nur japanische Autos rekurrieren auf die fernöstliche Tradition. Auch die Werber des oben erwähnten Citroën C4 (Abb. 70) verwenden bewusst den Begriff ‚Zen'; beispielsweise sei das Design des Cockpits ganz *rein*, für eine *heitere* Fahrt konzipiert.[42] Dies legt dar, dass die durchaus modernen Tugenden, die angesprochen sind, auch postmodern verstanden werden können. Das neomoderne Design nimmt Zitate und Bezüge aus der Tradition auf und inszeniert sie gekonnt. Reine abstrakte Gestaltungsformen werden zelebriert. Nur unscheinbar sind subtile Dekorelemente zu entdecken (vgl. nochmals VW New Beetle, Abb. 4).

---

39 Eine ausführliche, exemplarische Analyse des Designs dieses Modells befindet sich im Anhang des Buches.
40 Ch. Jencks, a.a.O., S. 27, vgl. auch a.a.O., S. 17.
41 vgl. Lexus, „Das Streben nach Perfektion", in: http://de.lexus.ch. Vgl. auch M. Gandini, „Wahei Hirai – Toyota's J-factor", S. 29.
42 vgl. Citroën: Conduite zen, in: http://www.c4.citroen.fr; vgl. auch Th. Imhof, „Das Comeback", S. 111 f. Siehe auch die Analyse im Anhang.

e) Ästhetik des Traditionsbezugs und der Mehrsprachigkeit

Abb. 71: Vespa (1951)

Abb. 72: Honda Spacy (1984)

Abb. 73: Aprilia Habana (1999)

Den drei genannten Aspekten eines postmodernen Designs, einschliesslich der Neomoderne, ist der Traditionsbezug gemein. Bekannte Formen und berühmte Markenzeichen werden in den neuen Modellen adaptiert oder zitiert, sei es die Form des Kühlergrills, das Logo, die Form der C-Säule, die Silhouette, die Scheinwerferanordnung etc. Dieses Spiel mit dem reichen Fundus der Vergangenheit ist ein wesentliches Element einer postmodernen Ästhetik, wie sie Welsch anhand seiner Analyse der postmodernen Architektur zu definieren versucht.[43] Ohne weiteres lässt sie sich also auf das Design übertragen.

Aus dem Rekurs auf Vergangenes resultiert historische Vertrautheit, und nur dank diesem Vertrauen überlebt eine Kultur, indem sie die wertvollen Dinge pflegt, weiterentwickelt und so tradiert. Zu diesen Werten gesellen sich unweigerlich das Schöne, das ästhetisch Reizvolle sowie die Kunst hinzu. Solange zu Erziehung und Bildung auch diese Bereiche gehören, baut ein geraumer Teil des so genannt Schönen auf gesellschaftlicher Konvention, auf Geschmack und Gewohnheit auf. Dabei bleiben natürlich die grundsätzlichen Motive, weshalb ein Objekt einen ästhetischen Wert besitzt, noch im Unklaren. Aber dennoch kann auf diesem Fundament eine kulturelle Kontinuität und Grundorientierung wachsen, die in Zeiten von Beliebigkeit und Haltlosigkeit umso lieber herangezogen wird. Einen vertrauten, traditionellen Kühlergrill (wie bei Mercedes oder Alfa-Romeo) zu sehen, eine elegante, harmonische Karosserieform zu erblicken, befriedigt unseren traditionellen Geschmack. Dies gilt auch für andere Fahrzeugkategorien wie z. B. das Fahrrad oder den Roller. Die Marke

---

43 vgl. W. Welsch, a.a.O., S. 103-106.

Abb. 74: Nachkriegslogo

Aprilia lancierte 1999 die Habana, welche sich im Design stark an das Original der Vespa aus dem Jahre 1951 mit ihrer Stromlinienform anlehnt (vgl. Abb. 71 und 73), während in der Zwischenzeit technisch modernes, kantiges Design Standard war (vgl. Abb. 72). So ist in vielen Bereichen eine regelrechte Renaissance vertrauter Formen festzustellen. Doch Burke behauptet zu Recht, dass Gewohnheit und Vertrautheit allein abstumpfen und indifferent machen.[44] Traditionen dürfen nicht einfach kopiert werden, sonst werden sie morbid und museal. Mit den vielen Beispielen aus diesem Kapitel habe ich zu belegen versucht, dass im aktuellen Design alte Traditionen durchaus frisch und neu interpretiert werden. Gerade eine neue Deutung oder originelle Anspielung macht den ästhetischen Reiz aus.

Im Traditionsbezug versteckt sich nach Welsch noch ein zweiter Aspekt der postmodernen Ästhetik: die Doppelkodierung.[45] Wer nochmals die Rückleuchten des Cadillac XLR (Abb. 67) betrachtet, kann darin eine Anspielung auf die legendären Heckflossen entdecken, die die letzten 40 Jahre der amerikanischen Luxusmarke stilistisch mitprägten. Im modernen Zitat stecken hinter dem roten Abdeckglas jedoch High-Tech-LED-Leuchten. Vergangenheit und Gegenwart, Traditionalität und Modernität schillern und funkeln gleichzeitig in diesen Rücklichtern. So ist zitierte und adaptierte Tradition oft doppelkodiert und mehrdeutig. Dies bestätigt sich auch am Logo der Marke. In der Nachkriegszeit bis 1964 bestand es aus dem Cadillac-Wappen über einem grossen, breiten V (Abb. 74). Neu interpretiert zeigt sich dieses Markenzeichen verdichtet im V-förmigen Kühlergrill, in dessen Mitte das Wappen prangt (vgl. Abb. 66). Dahinter befindet sich ein moderner Abstandsradar. Wie in der Nachkriegszeit findet sich dieses Zeichen auch hinten in der Mitte der Heckklappe: Die dritte Bremsleuchte, seit einigen Jahren obligatorisch, ist beim XLR wiederum V-förmig geschnitten und trägt in der Mitte ebenfalls das Wappen (vgl. Abb. 67). Schliesslich steht dieses auch stolz auf dem Lenkrad, natürlich auf einer V-förmigen Airbag-Abdeckung (vgl. Abb. 37). Somit ist jedes dieser Details doppelkodiert und wird gerade dadurch reizvoll und interessant.

Welsch thematisiert in Anlehnung an Jencks zwei weitere Eigenschaften der Postmoderne: die Mehrsprachigkeit und die Betonung des Narrativen.[46] Mehrsprachigkeit bedeutet, dass über die Doppelkodierung hinaus verschiedene stilistische Sprachen in ein Gebäude integriert werden, ohne dass ein heterogenes Potpourri entsteht. An diese Pluralität der Sprachen, gekoppelt mit Zitaten, lässt sich

---

44 vgl. E. Burke, a.a.O., S. 140.
45 vgl. W. Welsch, a.a.O., S. 104/117 und Ch. Jencks, *Was ist Postmoderne?*, S. 14 ff.
46 vgl. W. Welsch, a.a.O., S. 111-114, sowie 117 f.

das Narrative und Fiktionale anschliessen. Mehrdeutigkeit eröffnet Spielraum für Geschichten und Poesie. Gelungenes Design kann so eine angenehme Verwirrung und eine oszillierende Spannung erzeugen, wie sie zum Beispiel der Chef-Designer des Toyota-Konzerns, W. Hirai, in der Design-Sprache L-finesse von Lexus beabsichtigt:

> „A lot of our work focuses on the contrast between opposites and the value of a slight imperfection to emphasise the general aesthetic effect. These are very Japanese concepts: a teacup that is not perfectly symmetrical or the slightly skew cut of a kimono are deliberate elements of disturbance that only add to the individuality of an object. The front overhang of the LF Sh [seriennahe Studie 2005], which is very pronounced when seen side on, but which is perfectly harmonious when seen from three quarters, is an example of this."[47]

Gewiss ist der Anspruch des Automobildesigns nicht unbedingt auf gelungene epische Mehrsprachigkeit ausgerichtet, im Gegenteil. Erstens sind Fahrzeuge im Gegensatz zu Gebäuden relativ klein, kompakt und prägnant. Sie haben kaum Nischenräume und sind stark auf Funktionalität und Übersichtlichkeit ausgerichtet. Auch die Käuferinnen und Käufer bevorzugen in der Regel eine stimmige Formgebung, ihnen missfällt ein wildes Durcheinander an Stilen. Zweitens gibt es nur eine geringe Auswahl an repräsentativen Stilen, da das Automobil erst vor knapp mehr als 100 Jahren erfunden wurde. Bei genauerer Betrachtung lassen sich gleichwohl Spuren verschiedener Stilsprachen in ein und demselben Fahrzeug finden: Als Beispiel soll die Kombination von dynamischer Bogenspannung (Carving) und geometrischer Geradlinigkeit (Edge/Graph) im Toyota Corolla Verso (2003) genügen (vgl. Abb. 52).[48] Die Gürtellinie ist gerade durchgezogen und spiegelt die technische Schlichtheit, die in den Scheinwerfern und in der klaren, kühl-metallischen Cockpitgestaltung mit ihren reinen, eckigen Formen auftaucht. Davon hebt sich der fast durchgezogene Dachbogen ab, der innen in der farblich akzentuierten, gewölbten Form der Türarmlehnen und aussen im ovalen Markenzeichen über dem Grill eine Entsprechung findet. So mischen sich in der Gestaltung dieses Vans zwei verschiedene Designsprachen auf unauffällige und gekonnte Art und Weise.

Von diesen Ansätzen zur Mehrsprachigkeit auf Narratives zu schliessen bedarf gewiss einer starken Phantasie oder besonderer, eigenwilliger Modelle. Jedoch kann es gelingen, bei sorgfältiger Betrachtung verschiedene Zitate und Anspielungen zu entdecken, so dass es plötzlich lohnend wird, an automobile Formen als Hermeneutikerin oder Hermeneutiker heranzutreten und Anspielungen zu entdecken. Die Front eines Autos z. B. kann umso mehr an ein Gesicht eines Lebewesens erinnern, je akzentuierter die Formen von Scheinwerfer und Grill sind, wie beim Seat Toledo (2004) mit seinem kätzischen Blick (vgl. Abb. 7). Ein exotisches Beispiel für stilistische Metaphern bietet wiederum die Marke Lexus, die – wie im obigen Abschnitt erwähnt – sich seit 2004 ausdrücklich der ostasia-

---

47 W. Hirai, zitiert in: M. Gandini, a.a.O., S. 29.
48 Ein ähnliches Beispiel ist der Renault Mégane (2003) (vgl. Abb. 69).

Abb. 75: Front des Lexus IS (2005)
Abb. 76: Türverkleidung

Abb. 77: Silhouette mit augenförmigen Fenstern

tischen Kunstauffassung verpflichtet fühlt. Die Frontpartie des Modells IS (2005) soll der Pfeilspitze japanischer Bogenschützen nachempfunden sein (vgl. Abb. 75). Der Schwung in der Türverkleidung symbolisiert „kirikaeshi", „was so viel bedeutet wie ‚blitzschneller und doch eleganter Richtungswechsel'" (vgl. Abb. 76).[49] Die chromumrandeten Fensterscheiben zwischen der A- und C-Säule gleichen einem Auge (Abb. 77). Allerdings entspricht es dem postmodernen Habitus, wenn hier absolute Interpretationen unmöglich sind. Das Narrative liegt im Auge des Betrachters.[50] Die Metapher ist somit nicht allein ein sprachliches, sondern auch ein visuelles Phänomen.[51]

f) Die Frage nach der Ästhetik

Soweit hoffe ich deutlich gemacht zu haben, dass das postmoderne Design für deutendes Betrachten weit geeigneter und damit kulturästhetisch interessanter erscheint als die moderne Formgebung.
– Insofern die Marken an einer stärkeren Differenzierung interessiert sind und einen eigenen, auffälligen Stil und eine Persönlichkeit auszudrücken versuchen, ist ein Kriterium einer Ästhetik der Gegenbewegung erfüllt.

---

49 vgl. „Der Lexus IS", S. 6 sowie „Über die Kunst, eine ganz eigene Form zu finden. Der neue Lexus IS", S. 10 (deutschsprachige Broschüren).
50 vgl. W. Welsch, a.a.O., S. 111 ff.
51 vgl. V. Aldrich, „Visuelle Metapher", S. 158. Er beschreibt dort die visuelle Metapher als einen Stoff, den man als irgendetwas anderes sehen kann. Eigentümlich ist die Doppelgerichtetheit (a.a.O., S. 144 f). So kann ich gemäss obigem Beispiel folgende zwei Aussagen formulieren: Der Gegenstand ist ein Auto, dessen Front man als Pfeilspitze sehen kann. Oder: Dies ist ein Pfeil, deren Spitze ich als Scheinwerfer und Chromgrill sehe.

- Die Analyse der Interieurgestaltung ergab eine stärkere Betonung der Wohnlichkeit und eines angenehmen Ambientes. Dies deutet daraufhin, dass hier eine Ästhetik der Beschaulichkeit und Ruhe im Zentrum steht.
- Die Wahl dynamischer Linien, Lichtkanten und Sicken in der Karosseriegestaltung entpuppt sich als reine Ästhetik der Bewegung. Wie eine Skulptur versucht ein solches Design Kraft und Geschwindigkeit bereits im Stillstand auszudrücken.
- Im neomodernen Design ist die instrumentelle Ästhetik der Moderne verschwunden. High-Tech-Stil und Reduktionismus oder Purismus werden förmlich inszeniert und tragen eine Ästhetik der erhabenen Stille zur Schau.
- Das Moment der Mehrsprachigkeit und der Doppelkodierung weist hingegen wieder auf Beweglichkeit und Flexibilität hin. Das mimetische Kunstverständnis tritt dort wieder hervor, wo beispielsweise die Frontgestaltung des Fahrzeugs einen Gesichtsausdruck nachahmt.

Die folgende Tabelle baut auf der Zusammenstellung am Ende des 2. Kapitels auf und soll die Stilvielfalt, die sich in der Auseinandersetzung zwischen Moderne und Postmoderne entwickelt hat, resümieren (vgl. Tab. 1).[52]

Der Stil der Postmoderne oder die Ästhetik der Gegenbewegung besitzt also ein reiches Repertoire an künstlerischen Mitteln, die eine Ästhetik der Gegenbewegung im engeren Sinn bei weitem übersteigen. Zu klären bleibt nun, welche philosophischen und ökonomischen Hintergründe die Position der Postmoderne bestimmen.

---

52 Ich orientiere mich dabei an der Publikation von Tumminelli, a.a.O., S. 17 f, nehme aber eigene Grobkategorisierungen vor; vgl. auch die architekturtheoretischen Einteilungen von Jencks in: *Was ist Postmoderne?*, S. 23 und *Die Neuen Modernen*, S. 18 f und 27.

Stile im Automobildesign	Bezug zu Architekturstilen	siehe
- mechanisch-konstruktivistisch (heute sehr selten)	Konstruktivismus/Brutalismus, Erste Maschinenästhetik	2. a); 2. b)
- organisch: ○ *Stromlinie* ○ „*Klassisch*" (Kotflügelschwung, abfallendes Heck) ○ „*Barock*" (manieristisches Dekor) ○ *Neo-klassisch* und *Retro*	Historismus, Jugendstil, Expressionismus, Art déco, New Deal, Dynamismus, Symbolismus, New Liberty, Italianità Eklektizismus, Postmoderne	2. b) 2. a) 2. b), 4. a) 2. b) 4. a), 4. c)
- rational/technoid: ○ *Edge* (Kiste) ○ *Wedge* (Keilform) ○ *Graph* (Horizontale zusätzlich betont) ○ *Flow/Smooth* (rund/oval geschliffen) ○ *Puristisch* (reine, leere Flächen)	Bauhaus, Internationaler Stil, Funktionalismus, Sachlichkeit, Purismus, Rationalismus, High-Tech (Silberne Abstraktion), Minimalismus, Zweite Maschinen-Ästhetik Neomoderne	2. c), 3. b), c) 2. c) 2. c) 2. e) 4. d)
- emotional: ○ *Carving* (Spannungsbogen) ○ *Dekonstruktivistisch* (schiefe Linien)	Postmoderne, Dekonstruktion Metaphorische Metaphysik, Surrationalismus, organischer Expressionismus	5. a), 5. c) 4. c) 4. c)

Tab. 1: Übersicht über die Designstile im Automobilbau

5. Philosophische und ökonomische Hintergründe zur Postmoderne

Hinter der eben beschriebenen Entwicklung steckt die Einsicht, dass die in der Moderne vorherrschende instrumentelle Vernunft den Menschen zu enthumanisieren droht und darum eine Wende zur Individualität und eine Stärkung der Identität als Gegenentwicklung zur Massengesellschaft und Globalisierung Not tun. Um die Entwicklung vom modernen Funktionalismus zur postmodern inszenierten Identität besser zu begreifen, ist es angebracht, einen allgemeinen, philosophischen Blick auf unsere Geistesgeschichte zu werfen.

a) Ein begrifflicher Zusammenhang: Identität und Inszenierung

Bereits in 3. b) habe ich kritische Gedanken zum funktionalistischen Denken geäussert. Peter Sloterdijk führt diese Kritik fort und macht für das moderne Weltbild sinnbildlich Kopernikus' Entdeckung verantwortlich, wonach die Sonne im Mittelpunkt der Welt stehe und nicht die Erde. Er formuliert die Entwicklungen im 20. Jahrhundert mit ausdrucksstarken Worten:

> „Die kopernikanische Revolution bedeutet die Mobilmachung der Welt und der Weltbilder, bis an den Punkt, auf dem alles möglich wird. Man kann diesen Punkt nicht anders benennen als den des totalen Schwindels. […] Wem nicht schwindlig ist, der ist nicht informiert. Je mehr man von kopernikanischen »Wahrheiten« weiß, desto schwindliger wird einem."[1]

Diesem bodenlosen Kopernikanismus der modernen Flut wissenschaftlicher Erkenntnisse, Fortschritte und wirtschaftlicher Erfindungen stellt Sloterdijk das alte Weltbild als heimeligen Hort gegenüber:

> „Wem vom modernen Vorstellen der Welt restlos schwindlig geworden ist, könnte mit einem Mal bemerken, dass in dem kopernikanischen Zeitgenossen der ewige Ptolemäer noch am Leben ist; für diesen hat die Welt des alten Scheins nie aufgehört, eine Heimat zu sein – ein sinnliches Zuhause. Sie ist für ihn die langsamere Ordnung aus dem Miteinander von Leib und Erde geblieben. Der Ptolemäer bewegt sich im zuverlässigen Betrug der alten Schemata, so wie sie uns über die Beschaffenheit der

---

1 P. Sloterdijk, *Kopernikanische Mobilmachung und ptolemäische Abrüstung*, S. 63.

Welt vor der kopernikanischen Verwirbelung informiert hatten. […] Den bewussten Rückgang aus dem kopernikanischen Vorstellungswirbel in die alt-neue Wahrnehmungseinstellung nenne ich die »ptolemäische Abrüstung«. […] Ich reklamiere den Begriff der Abrüstung für eine alternative Kulturtheorie, nachdem sich gezeigt hat, dass die kopernikanischen Bestimmungen von Kultur bis in ihr grundbegriffliches Gewebe von Aufrüstungskategorien durchschossen sind."[2]

Anhand dieser Interpretation der Geschichte der westlichen Zivilisation ist deutlich zu erkennen, was die Hintergründe für den oben beschriebenen Wandel sind: die Sehnsucht der Menschen in der modernen Orientierungslosigkeit nach Sicherheit und Übersichtlichkeit und die Stillung dieser Sehnsucht durch Dekonstruktion der Dogmen der modernen Weltanschauung. Der Blick auf den Ursprung der Postmoderne zeigt, dass es sich wie meistens in der Kulturgeschichte um keinen abrupten Wandel, sondern um eine kontinuierliche Entwicklung handelt. Wie schon in Kapitel 2. b) erwähnt, etabliert sich in der Zwischenkriegszeit die Fortsetzung des Jugendstils in Form des Art déco und des New Deal neben der klassischen Moderne je nach Land und Kultur stärker oder schwächer. In der Nachkriegszeit kann der nüchterne, internationale Stil die oft traumatisierte Bevölkerung nicht befriedigen. „Die Moral des ‚Zurück zur einfachen Form' [verwandelte sich] in glättende Freundlichkeit", schreibt Hermann Klotz dazu.[3] Neo-Liberty und die Fortsetzung des Surrealismus[4] stellen eine klare Kritik am ahistorischen Rationalismus der damaligen Zeit dar. Diesen gegenläufigen Tendenzen gesellt sich in den 60er Jahren eine Rückbesinnung auf Gaudì hinzu. Von hier ist es nicht mehr weit bis zu den ersten postmodernen Bauwerken von Venturi, Moore, Portoghesi, Rossi etc. zum Ende des gleichen Jahrzehnts. Mit Lyotards Schrift *La condition postmoderne* (1979) beginnt die Postmoderne auch explizit in der Philosophie, und m. E. um das Jahr 1990 im Automobildesign.

Die Eigenschaften, mit denen ich das postmoderne oder nach-moderne Design kennzeichnete, erscheinen insofern als logische Konsequenz auf die oben genannten Herleitungen:

– Die Inszenierung der Marke mittels Grill und Firmenlogo schafft Identität, bzw. ‚corporate identity' und damit Identifikationsmöglichkeiten in der weiten Welt der Produktepalette.
– Die Gestaltung eines wohnlichen Interieurs stillt die Sehnsucht nach einem sicheren und gemütlichen Zuhause, nach dem Privaten. Der Einbezug natürlicher oder naturnaher Produkte bekämpft die Künstlichkeit einer technischen Zivilisation und bewirkt eine warme Atmosphäre.
– Die dynamisch-elegante Linienführung der Karosserie soll emotional ansprechen. Sie verströmt Individualität und gleichzeitig einen Hauch von organischer Natürlichkeit.

---

2 a.a.O., S. 67.
3 H. Klotz, *Moderne und Postmoderne*, S. 27.
4 Als Vertreter ist z. B. Salvador Dalì zu nennen.

Hier ist von Identifikation, Privatheit, Echtheit und Individualität die Rede. Die vier Begriffe kreisen um das Konzept der Identität. Ähnlich wie der Substanzbegriff, auf den ich in 3. a) einging, steht der Identitätsbegriff in einer gewissen Spannung zum Funktionsbegriff. Zwar kann Identität als Erfüllung einer bestimmten Funktion, bzw. einer speziellen Kombination von Funktionen gedacht werden, doch in der Regel transzendiert der Begriff eine funktionalistische Grundhaltung. Allerdings verbietet ein aufgeklärtes Weltbild, Identität und Authentizität ontologisch zu deuten und sie auf ein metaphysisches Konzept der Person oder der Seele zurückzuführen. Diese Haltung lässt sich durch mehrere nicht bloss moderne Argumente belegen. Zunächst ist bezeichnend, dass der Begriff Person vom lateinischen Wort ‚persona' abstammt, welches ursprünglich Maske bedeutete. Person und Persönlichkeit werden demnach wie eine Rolle aufgesetzt und gespielt. Denker wie Hume, Nietzsche und Foucault kommen in ihren Analysen des Ich und des Subjekts zu ähnlichen Schlüssen. Identität besitzt keine metaphysische, höchstens eine knappe, transzendentale Basis.[5] Nach Kants Kopernikanischer Wende bleibt für die Wissenschaften nur noch der Bereich der Erscheinung und der Phänomene übrig. Über das Wesen, das Ding an sich, kann lediglich spekuliert werden. Mit diesem kritischen Ansatz zerfällt der Beweis für eine feste Identität.[6] Sie wird zu einem Konstrukt, das sich stetig wandeln kann. Zudem täuscht uns auch gelegentlich das Gedächtnis, das unsere subjektiven Erfahrungswerte sammelt. Übrig bleibt in den Worten Lyotards höchstens eine „anima minima", die notwendige Grundlage für ästhetische Phänomene ist.[7] Dass moderne Psychologinnen und Psychologen wie Mead, Erikson oder Marcia von Identitätsentwicklung sprechen, also von der Veränderung von etwas, das per definitionem gleich bleibt, passt hierzu. Die Entwicklungspsychologie definiert Identität im engeren Sinne als „die einzigartige Persönlichkeitsstruktur, verbunden mit dem Bild, das andere von dieser Persönlichkeitsstruktur haben."[8] Identität darf hier nicht als logischer Begriff ver-

---

5 vgl. D. Hume, *Traktat über die menschliche Natur*, Buch 1, S. 327: „Es findet sich in ihm [d. h. im Geist] in Wahrheit weder in einem einzelnen Zeitpunkt Einfachheit noch in verschiedenen Zeitpunkten Identität; sosehr wir auch von Natur geneigt sein mögen, uns eine solche Einfachheit und Identität einzubilden."; F. Nietzsche, *Jenseits von Gut und Böse* § 16, S. 29 f: „[W]enn ich den Vorgang zerlege, der in dem Satz ‚ich denke' ausgedrückt ist, so bekomme ich eine Reihe von verwegenen Behauptungen, deren Begründung schwer, vielleicht unmöglich ist, - zum Beispiel, dass ich es bin, der denkt, dass überhaupt ein Etwas es sein muss, das denkt [...]."; M. Foucault, *Von der Freundschaft*, S. 34 f: „Um aus der Subjektphilosophie herauszukommen, habe ich eine Genealogie des modernen Subjekts als einer historischen und kulturellen Realität versucht, d. h. als etwas, was sich eventuell ändern kann [...]."
6 Kant analysiert den Denkfehler der rationalen Psychologie, der im Beweis der ontologischen Identität steckt, innerhalb des Abschnitts über die Paralogismen der reinen Vernunft: „Ich denke mich selbst zum Behuf einer möglichen Erfahrung, indem ich noch von aller wirklichen Erfahrung abstrahire, und schliesse daraus, dass ich mir meiner Existenz auch ausser der Erfahrung und den empirischen Bedingungen derselben bewusst werden könne. Folglich verwechsele ich die mögliche Abstraktion von meiner empirisch bestimmten Existenz mit dem vermeinten Bewusstsein einer abgesondert möglichen Existenz meines denkenden Selbst [...]." (*Kritik der reinen Vernunft* B 426 f, S. 443).
7 vgl. J.-F. Lyotard, „Anima minima", S. 422 ff.
8 L. Oerter und R. Montada, *Entwicklungspsychologie*, S. 346.

Abb. 1: Mario Botta: Kapelle in Mogno (1996)

standen werden, sondern ist ein Desiderat einer praktischen Vernunft sowie einer praktischen Ästhetik. Ebenso problematisch steht es um die Authentizität. Woran lässt sich Echtheit überhaupt messen? Sie kann höchstens auf Erfahrungswerten beruhen, die Feststellungen mit einer gewissen Wahrscheinlichkeit, jedoch nicht mit Sicherheit zum Ausdruck bringen können. Also vereint sich die Betonung der empirischen Identität mit der Toleranz gegenüber den anderen Individuen zu einer Kultur der Pluralität – Kernbegriff der Postmoderne. Plural erscheint für Welsch die Welt, bestehend aus einer Vielzahl einzigartiger Personen, die weder beliebig noch oberflächlich, sondern intensiv ihre Differenzen akzeptieren. Und er argumentiert, dass Pluralität eigentlich ein Grundmotiv der liberalen Moderne sei, welches jetzt – nach Überwindung der funktionalistischen Doktrin – endlich radikalisiert ihren Ausdruck finde.[9] Identität und Pluralität werden zu einem ästhetischen Schein und müssen eigens dramaturgisch präsentiert werden. Insofern folgt die Verbindung von Identität und Inszenierung konsequent aus den obigen Prämissen. Unter „Inszenierung" verstehe ich dabei ein bewusstes ‚So-tun-als-ob', ‚absichtlich eine Illusion aufrecht erhalten'. Identität ist eine Inszenierung, eine Illusion, aber eine, die überlebenswichtig, besser und emotional wärmer als die Realität eines durchrationalisierten Systems erscheint, so wie Sloterdijk es behauptet.[10] Es ist gleichsam eine pragmatische Tugend, an der Illusion oder dem Selbstbetrug einer eigenständigen Identität festzuhalten, sich im Schein metaphysischer Stabilität auszuruhen und zu erholen. Architektonisch äussert sich dies z. B. in einer kleinen Kapelle im Tessin, wo Mario Botta den Altar in harmonischer Formen- und vertrauter Farben- und Materialienwahl gestaltete (vgl. Abb. 1).[11]

Der Psychiatrieprofessor Daniel Hell deutet die Identitätsinszenierung aber auch kritisch als Folge unseres Erlebnishungers, der sich bereits zu einer Erlebniskultur entwickelt hat.

> „[Sie stellt] eine Gegenreaktion auf die Technisierung und Rationalisierung in unserer Gesellschaft dar und kann als verzweifelter Versuch gedeutet werden, sich leibhaft zu spüren und nicht nur als eine Maschine oder als Informationsverarbeitungseinheit zu verstehen. […] So wird nicht nur im Kino Spannung gesucht, sondern das eigene Leben als Selbstexperiment inszeniert."[12]

---

9 vgl. W. Welsch, *Unsere postmoderne Moderne*, S. 320 f; vgl. auch die Analyse des Soziologen Zygmunt Bauman in *Unbehagen in der Postmoderne*, S. 58 ff. Er nennt dort die postmoderne Gesellschaft eine heterophile, die das Differierende, das Fremdartige und Eigenartige betont.
10 siehe oben.
11 vgl. zur Einschätzung der Architektur von Botta: H. Klotz, *Moderne und Postmoderne*, S. 271-278.
12 D. Hell, *Seelenhunger*, S. 26 f.

Ähnliche Aspekte formuliert Baudrillard mit folgenden kritischen Worten:

„[D]ieses Identitätsindividuum lebt vom Lobgesang und von der Halluzination des Unterschieds, wofür es alle Simulationsvorrichtungen des Anderen benutzt. Es ist das erste Opfer jener psychologischen und philosophischen Theorie der Differenz, die in allen Bereichen in eine Indifferenz sich selbst und anderen gegenüber mündet."[13]

Abb. 2: Hans Kollhoff: Leibniz-Kollonaden in Berlin (2000)

Inszenierung und Simulation sind Formen des Scheins und gehören damit auch zur Konnotation der Ästhetik. Inszenierung der Identität heisst also Ästhetisierung der Individualität. So schreibt Welsch:

„Bei den Individuen scheint die gegenwärtige Ästhetisierung geradezu ihre Vollendung zu erreichen. Allenthalben erleben wir ein Styling von Körper, Seele und Geist. […] In solchen Prozessen wird der *homo aestheticus* zur neuen Leitfigur."[14]

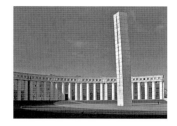

Abb. 3: Ricardo Bofill: Überbauung Cergy-Pontoise (1986)

So beschreiben denn universale Funktionalität und inszenierte Identität einen klaren Gegensatz, in dem sich modern-rationales und postmodern-ästhetisches Denken heraus kristallisieren.

Dieser Standpunkt äussert sich auch in den Theorien der postmodernen Architektur. Das Eigene und Private zu inszenieren heisst erstens nicht ein internationales, universales Bauen zu propagieren, sondern auf regionale und historische Begebenheiten Rücksicht zu nehmen und ein neues Bauwerk darin einzubetten.[15] Der Architekt Hans Kollhoff zeigt dies u. a. an den Leibniz-Kolonnaden, die als

Abb. 4: Santiago Calatrava: Bibliothek in Zürich (2004)

neue Bauten mit nahtlosen Übergängen eine historische Berliner Baulücke füllen (vgl. Abb. 2).[16] Die Inszenierung suggeriert zweitens, dass nichts zeitlos und perfekt gestaltet werden kann: Architektur soll improvisieren und spontan sein. Ein dritter Punkt betrifft das Fiktionale. Wenn Identität nicht a priori vorgegeben ist, muss sie neu erfunden, weiter entwickelt und konstruiert, bzw. komponiert werden. Erst so

---

13 J. Baudrillard, *Die Illusion des Endes*, S. 168.
14 W. Welsch, *Grenzgänge der Ästhetik*, S. 18.
15 vgl. H. Klotz, *Moderne und Postmoderne*, S. 422 f.
16 vgl. zur Einschätzung der Architektur von Kollhoff: G. Zohlen, *Auf der Suche nach der verlorenen Stadt*, S. 136 ff; vgl. auch H. Klotz, a.a.O., S. 289.

ist eine Inszenierung möglich. Unterstützung findet diese These in einem Gedanken von Foucault, der sich gegen die traditionelle Position wendet, dass ein verantwortungsvolles, ethisches aber auch kreatives Verhalten aus einer authentischen Selbstbeziehung abgeleitet wird. Nach ihm geht es darum, den Versuch zu wagen, diese Denkform umzudrehen: Vielleicht sollte man „die Art von Beziehungen, die man zu sich selbst hat, als kreative Aktivität auffassen, die den Kern der ethischen Aktivität ausmacht." Er nimmt damit Bezug auf Nietzsche, der vorschlägt, Dichter unseres Lebens zu sein.[17]

Übertragen auf die Baukunst bedeutet dies, dass Architektur durchaus poetisch sein kann, sowie mit Zitaten Anspielungen machen und mit verschiedenen Stilen spielerisch umgehen soll. Der Architekt Ricardo Bofill demonstriert dies in der Überbauung von Cergy-Pontoise, einem Vorort von Paris, wo barocke Elemente ebenso wie der schiefe Turm von Pisa modern interpretiert werden (vgl. Abb. 3).[18] Bereits in 4. e) habe ich die Doppelkodierung und Mehrsprachigkeit als ein wesentliches Element postmoderner Gestaltung erwähnt. Zum Ausdruck kommt sie u. a. in der expressionistischen Baukunst von Santiago Calatrava, z. B. in seinem Bibliotheksbau in Zürich, der diverse Assoziationen (beispielsweise zu Fischgräten oder einem Auge) auslösen kann (vgl. Abb. 4).[19] Jencks gibt dazu eine sinnvolle Erklärung:

> „Architektur wird häufig unbeteiligt oder mit den grössten Vorurteilen je nach Stimmung und Wunsch erlebt – genau entgegengesetzt dazu, wie man gewöhnlich eine Sinfonie oder ein Kunstwerk geniesst. Eine Folgerung daraus für die Architektur ist, unter anderem, dass der Architekt seine Bauten überkodieren muss, indem er ein Übermass an populären Zeichen und Metaphern verwendet, wenn sein Werk sich, wie beabsichtigt, mitteilen und die Transformation schnell verständlicher Kodes überstehen soll. Erstaunlicherweise leugnen viele moderne Architekten diese wichtigste metaphorische Stufe der Bedeutung."[20]

In 3. e) habe ich dargelegt, dass die Missbilligung des Metaphorischen nicht bloss ein Kennzeichen der modernen Architektur darstellt, sondern tief im Bewusstsein des modernen, fortschrittlichen Denkens eingekerbt ist. Dies macht es nötig, die Vernetzung der praktischen Ästhetik und der Sprachphilosophie vor diesem Hintergrund eingehender zu betrachten.

---

17 M. Foucault, *Von der Freundschaft*, S. 81; vgl. auch F. Nietzsche, *Die fröhliche Wissenschaft* § 299, S. 538.
18 vgl. zur Einschätzung der Architektur von Bofill: Ch. Jencks, *Die Neuen Modernen*, S. 62/64 (unter der Überschrift ‚Postmoderne').
19 vgl. zur Einschätzung der Architektur von Calatrava: J. Tietz, *Geschichte der Architektur des 20. Jahrhunderts*, S. 103 f.
20 Ch. Jencks, „Die Sprache der postmodernen Architektur", S. 92 f.

b) Eine Übertragung: die postmoderne Deutung der Sprache

Ähnlich wie sich die Postmoderne gegen die moderne asketische Gestaltung wendet, so sieht auch ihre Sprachkritik aus. Ich möchte diese Kritik am Beispiel von Wittgenstein zusammenfassen. Die bekannte These des späten Wittgenstein, die er in den *Philosophischen Untersuchungen* (1945) formuliert hat, lautet:

> „Die Bedeutung eines Wortes ist sein Gebrauch in der Sprache."[21]

Ein Wort kann in verschiedenen Kontexten oder Sprachspielen verwendet werden. Entsprechend ändert sich seine Bedeutung. So kann eine Zeigehandlung je nach Zusammenhang unterschiedlich gedeutet werden: Wenn ich auf einen Stuhl zeige, könnte das auch auf Konzepte wie ‚unten', ‚Holz', ‚braun' oder ‚Westen' hinweisen. Das hängt von der Situation oder dem Sprachspiel ab, in dem ich diese Geste benutze. Es gibt also nicht nur ein einziges, eindeutiges Sprachspiel, sondern verschiedene Sprachspiele des Fragens, Singens, Witzelns, Befehlens, Erdichtens, Bittens, Fluchens etc. Eine Definition darf sich nicht allein auf das deskriptive Sprachspiel stützen. Wittgenstein weist darauf hin, dass die Frage nach dem Wesen eines Gegenstandes nicht eindeutig und situationsinvariant beantwortet werden kann. Er erläutert dies am Beispiel des Spiels:[22]

> „Schau z. B. die Brettspiele an, mit ihren mannigfachen Verwandtschaften. Nun geh zu den Kartenspielen über: hier findest du viele Entsprechungen mit jener ersten Klasse, aber viele gemeinsame Züge verschwinden, andere treten auf. Wenn wir nun zu den Ballspielen übergehen, so bleibt manches Gemeinsame erhalten, aber vieles geht verloren [...]."[23]

Das Wesen der Spiele kann man somit nicht mit einer Definition bestimmen. Sie machen eher eine Art Familie aus und bestätigen damit die postmoderne Praxis der Pluralität. Die einzelnen Spiele besitzen untereinander so etwas wie Familienähnlichkeiten. Ich kann also nicht einfach einen Namen verwenden und sagen, er sei klar und eindeutig bestimmt, wenn ich auf den Träger des Namens, also den Gegenstand in der Welt verweise. Eine solche Bestimmung bleibt in gewissem Masse immer unscharf. Im alltäglichen Leben stört diese Unschärfe selten, in den meisten Situationen genügen ungefähre und vage Erklärungen.[24] Die Exaktheit des sprachlichen Ausdrucks ist folglich eine relative. Die von der Wissenschaft geforderte Ex-

---

21 L. Wittgenstein, *Philosophische Untersuchungen*, § 43, S. 262; vgl. zur Verbindung von Postmoderne und der Philosophie des späten Wittgenstein: W. Welsch, *Unsere postmoderne Moderne*, S. 177 f.
22 vgl. a.a.O., § 64-71, S. 276-281.
23 a.a.O., § 66, S. 277.
24 vgl. a.a.O., § 88, S. 290 f.

aktheit ist darum je nach Fall eine unnötige, bzw. illusorische, entspringt lediglich einem falschen Trieb nach Genauigkeit, einer Verhexung gleich.[25]

Was bedeutet dieses Sprachverständnis nun für den Bereich des Seelischen und Geistigen? Hier argumentiert Wittgenstein ausgehend vom Beispiel der Kopfschmerzen. Er schreibt sinngemäss: Es ist zwar sinnvoll zu sagen: ‚Ich weiss, dass Kollegin A Kopfschmerzen hat.' Aber es ist nicht sinnvoll, wenn ich sage: ‚Ich weiss, dass ich Kopfschmerzen habe.' An der ersten Aussage nämlich kann ich Zweifel anmelden. Hingegen ist nicht sinnvoll, daran zu zweifeln, dass ich Kopfschmerzen habe. Oder auch: Ich weiss, was ich denke. Das Wort ‚Wissen' verwende ich nur dort sinnvoll, wo ich auch zweifeln kann. Die Grammatik des Ausdrucks ‚Wissen' verlangt als Objekt eine (äusserliche) Tatsache, die von andern überprüft werden kann: z. B. die Tatsache, dass es jetzt (nicht) regnet.[26]

Gefühls-, bzw. Schmerzensbekundungen oder Äusserungen über das seelische Befinden sind darum keine Tatsachen. Wenn ich sie äussere, stelle ich keine Behauptung auf, sondern mache eine expressive Äusserung. Dieses expressive Sprachspiel darf nicht mit dem deskriptiv-behauptenden verwechselt und nicht direkt in ein wissenschaftliches Sprachspiel überführt werden; es kann nicht terminologisiert werden, sondern hat symbolischen Charakter. Wer das ausser Acht lässt, besitzt nach Wittgenstein eine besondere „Krankheit", die Aspektblindheit.[27] Sie bedeutet die Einengung des weiten Blickwinkels auf einen Aspekt, wodurch dieser nicht mehr Aspekt ist, sondern zur eingebildeten Wirklichkeit wird.[28]

Der Glaube, eine exakte Terminologie für die seelischen Vorgänge zu besitzen, ist, wie wir aus den vorangegangenen Erklärungen ersehen können, eher ein Aberglaube. Das Entscheidende im sprachlichen Umgang mit dem Psychischen ist nach Wittgenstein, dass es immer nur expressive Bilder und Metaphern sind, die wir in diesem Kontext verwenden. Mit der Berücksichtigung der Grammatik der Sprache, d. h. mit der Erkenntnis, dass die expressiven, symbolischen Formen nicht ein Abbild der Wirklichkeit sind, gewinnen wir das „richtige" Verhältnis zum psychischen „Gegenstand", dem Bewusstsein oder der Seele, zurück. Er liegt zwar nicht in aller Schärfe vor uns, aber es eröffnet eine neue Freiheit des Ausdrucks und der Sprachbilder, wenn wir mit diesen Ungenauigkeiten leben lernen. Die Akzeptanz der Pluralität von Sprachspielen ebnet schliesslich den Weg für die Pluralität von Denkweisen und Gestaltungsformen.

In dieser natürlichen sprachlichen Vagheit nimmt die Metapher, die sinnbildliche Ausdrucksweise, einen wichtigen Platz ein. Allerdings ist ihr historischer

---

25 vgl. a.a.O., § 109, S. 299.
26 vgl. a.a.O., § 243 ff, S. 356 ff.
27 vgl. a.a.O., S. 551 f.
28 Mit dieser Argumentation gelingt es Wittgenstein z. B. den Descartes'schen Grundsatz ‚cogito ergo sum' und damit dessen Philosophie der Selbstgewissheit, sowie das Fundament, auf dem ein grosser Teil des neuzeitlichen Denkens aufgebaut wurde, in Frage zu stellen. Die Selbstgewissheit wird zu einem sinnlosen Wissen. Die Wissenschaft muss von Letztbegründungen Abschied nehmen, denn: „Am Grunde des begründeten Glaubens liegt der unbegründete Glaube." (*Über Gewissheit* § 253, S. 170).

Platz innerhalb der Wissenschaften ein verschwommener. Die Disziplin, der sie hauptsächlich angehörte, die Rhetorik, existiert nicht mehr. Die Poetik, einstmals Schwester der Rhetorik, löste sich in Linguistik und Literaturwissenschaft auf. Spürbar bleibt aber, dass hinter ihr mehr als nur eine Sprachfigur und ein literarisches Stilmittel steckt. Im modernen Kontext musste der Begriff ‚Metapher' erst wieder entdeckt werden und Substitute wie Bild oder Symbol verdrängen. Anselm Haverkamp formuliert diesen Wechsel in seiner Einleitung zur Anthologie zentraler Texte über die Metapher folgendermassen:

> „An die Stelle des im Bild transportierten ‚Gehalts' tritt die Technik des sprachlichen Transports; die Metapher als Terminus des Transports ersetzt das Bild als Metapher der ‚Gestalt' (‚Figur'). Das entspricht der allmählichen Verlagerung des literaturwissenschaftlichen Interesses vom ontologischen Status des ‚literarischen Kunstwerks' zur kommunikativen Funktion literarischer Texte und zur Dynamik literarischer Kommunikation."[29]

Insofern passt die Umdeutung der Metapher, die sich ab Beginn des 20. Jahrhunderts vollzogen hat und seit 1950 auch innerhalb der Philosophie zu wichtigen Debatten führte, zum ‚linguistic turn', den ich in 3. e) kurz angetönt habe, und zum Wechsel vom Substanz- zum Funktionsbegriff (3. a).

Blicken wir aber zunächst auf den Anfang der Metapherntheorie zurück. Schon die griechische Bezeichnung weist auf einen wichtigen Wesenszug der Metapher hin: μεταφορά (von μεταφέρειν = ‚hinübertragen') zeigt ein Moment der Bewegung an. Sie ist in gewisser Weise sprachliche, bzw. geistige Bewegung schlechthin, eine ἐπιφορά,[30] wie Aristoteles sie nennt. Dank ihr gelingt es, eine Idee aus einem ersten Bereich unverzüglich und ohne Umwege in einen zweiten hinüber zu tragen, hinüber zu bewegen.[31] Insofern ist Metaphorik unweigerlich ein zentrales Phänomen einer Ästhetik der (sprachlichen und geistigen) Bewegung. Die folgende Verszeile von Pablo Neruda veranschaulicht dies:

> „Der Mond bringt sein Räderwerk der Träume nun in Gang."[32]

Die Bereiche Mond, Traum und Maschine werden in einem Satz miteinander verbunden, ohne dass das Beziehungsgeflecht explizit thematisiert würde.

In seinem Aufsatz ‚Die Metapher' von 1954, der für die moderne Metapherntheorie wegweisend ist, unterscheidet Max Black drei Arten von Ansätzen zur Erklärung dieser Figur. Zwei der drei Ansätze finden sich bereits bei Aristoteles,

---

29 A. Haverkamp, *Theorie der Metapher*, S. 2.
30 vgl. Aristoteles, *Poetik* 1457b 7; vgl. auch P. Ricoeur, *Die lebendige Metapher*, S. 22.
31 vgl. P. Ricoeur, a.a.O., S. 22, 44. Er schreibt: „[D]ie Metapher wird durch Bewegung definiert." (S. 22). Denken mit Metaphern wird so zu einer wichtigen Ergänzung zu den übrigen Formen geistiger Bewegung wie Dialektik und Aufklärung (vgl. Kapitel 1. d) und e)).
32 P. Neruda, „Gedicht XVIII", aus: „Die 20 Gedichte", in: *Liebesgedichte*, S. 173.

auf dessen Werke *Rhetorik* und *Poetik* die Überlegungen zur Metapher historisch gründen:[33]

- Substitutionstheorie:[34] Sie geht davon aus, dass die Metapher einen gewöhnlichen Begriff ersetzt. Statt des Bildes könnte auch – ohne Informationsverlust – das ursprüngliche Wort stehen. Bezogen auf das Beispiel können wir den Mond durch die Nacht und das Räderwerk durch den Beginn ersetzen. Sinngemäss lautet also Nerudas Zeile: Es ist Nacht. Die Menschen beginnen zu träumen.
- Vergleichstheorie:[35] Sie deutet die Metapher als einen verkürzten (elliptischen) Vergleich, in dem das ‚wie' und allenfalls ein Teil des Vergleichs fehlt. Diese Theorie ist ein Sonderfall der Substitutionstheorie.[36] Sinngemäss lautet Nerudas Zeile: Wenn es Nacht ist, und die Menschen im Schlaf zu träumen beginnen, ist es, wie wenn der Mond das Räderwerk der Traumfabrik für die Menschen in Gang setzt.
- Interaktionstheorie:[37] Laut ihr besteht eine Wechselwirkung in der Bedeutung und Deutung zwischen dem ersten, eigentlichen Aussagebereich (Nacht, Traum, Schlaf) und dem zweiten bildlichen (Mond, Räderwerk). Diese Wechselwirkung beeinflusst die Bedeutung der beiden Bereiche, so dass durch die metaphorische Ausdrucksweise etwas Neues entsteht, welches nicht durch die Paraphrasierungen im Sinne der ersten beiden Metapherntheorien kognitiv erschöpfend dargelegt werden könnte.

An dieser Interaktionstheorie arbeitet Black weiter.[38] Nur diese Auffassung über die Funktionsweise von Metaphern kann so überhaupt für die Philosophie interessant sein, sie ist aber auch die komplexeste. Hier also liegt der springende Punkt der Metapher, bzw. des metaphorischen Denkens, das neue Perspektiven ermöglicht. Somit wird das Phänomen der Metapher grundsätzlich, philosophisch und anthropologisch, spannend. Es verwundert daher nicht, dass Denker wie Jean Paul und Nietzsche deren Bedeutung hochschätzen, ja sogar universalisieren, wenn sie wie folgt schreiben:

„Daher ist jede Sprache in Rücksicht geistiger Beziehungen ein Wörterbuch erblasster Metaphern."[39]

und

---

33 Hauptsächlich finden sich diese Stellen im dritten Buch der *Rhetorik* und im 21. Kapitel der *Poetik*.
34 vgl. M. Black, „Die Metapher", S. 60 ff; vgl. P. Ricoeur, a.a.O., S. 24 f: „Die aristotelische Idee des *allotrios* [der Metapher] bringt also tendenziell drei verschiedene Ideen zusammen: die der *Abweichung* im Verhältnis zum gewöhnlichen Sprachgebrauch; die der *Entlehnung* aus einem Ursprungsbereich; und die der *Substitution* im Verhältnis zu einem abwesenden, doch zur Verfügung stehenden gewöhnlichen Wort."
35 vgl. M. Black, a.a.O., S. 65ff; vgl. P. Ricoeur, ebd.
36 vgl. M. Black, „Mehr über die Metapher", S. 391.
37 vgl. M. Black, „Die Metapher", S. 68 ff.
38 So revidiert er im Aufsatz „Mehr über die Metapher" (1977) seine Interaktionstheorie (vgl. insbesondere S. 391-393).
39 Jean Paul, *Vorschule der Ästhetik*, S. 184.

„Was ist also Wahrheit? Ein bewegliches Heer von Metaphern, von Sinnbildern, kurz eine Summe von menschlichen Relationen, die, poetisch und rhetorisch gesteigert übertragen, geschmückt wurden, und die nach langem Gebrauch einem Volke fest, canonisch und verbindlich dünken: die Wahrheiten sind Illusionen, von denen man vergessen hat, dass sie welche sind, Metaphern, die abgenutzt und sinnlich kraftlos geworden sind, Münzen, die ihr Bild verloren haben und nun als Metall, nicht mehr als Münzen in Betracht kommen."[40]

Susanne K. Langer schliesslich deutet die Metaphorik als das lebenswichtige Prinzip der Sprache.[41] Wer sich dieser Bedeutung bewusst wird, muss – so glaube ich – das Metaphorische, sei es im Bereich des Sprachlichen und Erkenntnistheoretischen oder des Ästhetisch-Künstlerischen, ernst nehmen. Insofern ist die Wiederentdeckung der Metapher in der Postmoderne zu begrüssen.[42] In Bezug auf die Veranschaulichungen im postmodernen Design möchte ich noch einen besonderen Aspekt der Metaphorik oder Übertragung hervorheben: das Zitat. Obwohl das Zitieren im gestalterischen Bereich von Vordenkern der Postmoderne oft kritisiert wird, ist es ein Paradebeispiel des Metaphorischen.[43] Ein Detail, eine Formspielerei wird aus dem traditionellen Zusammenhang herausgelöst und in einen neuen, zeitgemässen Kontext kopiert. Die Kunstfertigkeit besteht darin, das Zitat möglichst sorgfältig und unauffällig mit den restlichen Bestandteilen zu verbinden und so Neues und Altes zu einem Gesamtwerk zu vereinen. Weniger explizite Variationen des Zitats sind Anspielungen, Reminiszenzen etc.[44]

In diesem Zusammenhang ist ein weiterer Aspekt der Metapher von Relevanz. Im Gegensatz zur exakten Begrifflichkeit scheint sie eine stärkere Verbindung zur Emotionalität als zur Rationalität zu besitzen. Dies ist wohl ein Hauptgrund für ihre lange Missbilligung und Ächtung.[45] Diese Verbindung lege ich anhand exemplarischer Zitate nahe. Bereits bei Aristoteles finden sich Stellen, in denen er Metaphern und Emotionen in Zusammenhang setzt. So schreibt er im dritten Buch der Rhetorik, dass die gelungene Metapher „in grösstem Umfang Deutlichkeit, An-

---

40 F. Nietzsche, *Wahrheit und Lüge im aussermoralischen Sinn*, S. 880.
41 vgl. S. Langer, *Philosophie auf neuem Wege*, S. 140/143.
42 vgl. dazu den tabellarischen Vergleich von stilistischem Inventar zwischen Moderne, Spätmoderne und Postmoderne, in: Ch. Jencks, *Die Neuen Modernen*, S. 67.
43 vgl. W. Welsch, a.a.O., S. 105 und 120. Er spricht z. B. vom Zitate-Salat.
44 Davidson führt in seinem Aufsatz „Zitieren" (1979) (in: *Wahrheit und Interpretation*, S. 123-140) aus, dass in der Vergangenheit die sprachanalytische Philosophie oft mit einem gewissen Unbehagen dieses sprachliche Phänomen behandelt habe. Das Zitieren sei irreführend, unklar und konfus (a.a.O., S. 124) und ähnle damit den Eigenschaften metaphorischer Ausdrücke. Was beide zudem verbindet, ist der „reflexive Dreh", wie es Davidson nennt (a.a.O., S. 123), vgl. dazu Kapitel 6. e). Allerdings scheint mir die Auffassung, die Funktion des Zitierens bestehe lediglich im Zeigen auf etwas anderes (demonstrative Theorie; a.a.O., S. 138 f) als Alternative zu einer Theorie des Abbildens (a.a.O., S. 129 ff) zu kurz gegriffen. Wenn bewusst wird, dass das Zitierte mit dem neuen Kontext, in dem es Platz findet, interagiert, verdeutlicht sich die Analogie zur Metapher, bzw. zu Blacks Interaktionstheorie.
45 vgl. 3. e). Im Projekt des sprachlichen Separatismus erscheint die Metapher als etwas Vages, Vorläufiges, zu Eliminierendes.

nehmlichkeit und Fremdartigkeit" besitze.[46] Das Annehmliche oder nach Ricoeur Warme ist das Gegenteil des Frostigen, das durch eine übertriebene und lächerliche Metapher ausgelöst wird.[47] Zudem hängt Metaphorik mit dem Emotionalen zusammen, da sie „Unbeseeltes […] zu Beseeltem" macht und dadurch beim Publikum eine Wirkung zu entfalten vermag.[48] Auch für (Pseudo-)Longinus besteht der erwähnte Zusammenhang. In seiner Untersuchung über das Erhabene widmet er der Metapher ein einzelnes Kapitel und fasst dort Demosthenes' Gedanken wie folgt zusammen: „[W]o die Leidenschaften wie ein Sturzbach dahinjagen, führen sie notwendig auch eine Flut von Bildern [d. h. Metaphern] mit sich."[49] Und er fährt fort, dass starke Affekte „starke Bilder sogar als unerlässlich" fordern.[50]

Hier bestätigt sich das Vorurteil, dass jemand, der durch starke Gefühle bewegt wird, nicht in exakten Begriffen denken kann, sondern sich mit vagen und suggestiven Sprachbildern behilft, die Kraft und Wärme zu vermitteln vermögen. Allerdings führt das Gegenteil, d. h. rationales, funktionalistisches Denken, leicht zu begrifflicher Sterilität und Kälte, wie ich in 3. b) dargelegt habe.

Noch in einem weiteren Sinne hängt das Metaphorische mit dem Seelenleben zusammen. Nach Freud und seinem spekulativen tiefenpsychologischen Ansatz besteht die Traumarbeit darin, unbewusste Wunschvorstellungen in einen Traum zu verdichten, um sie vor der Zensur des Bewusstseins zu schützen. Eine wesentliche Technik der Traumarbeit ist dabei die Verschiebung, die Freud folgendermassen beschreibt:

„Der Traum ist gleichsam anders zentriert, sein Inhalt um andere Elemente als Mittelpunkt geordnet als die Traumgedanken. […] Solche Träume machen dann mit gutem Recht einen „verschobenen" Eindruck. […] Es liegt nun der Einfall nahe, dass bei der Traumarbeit eine psychische Macht sich äussert, die einerseits die psychisch hochwertigen Elemente ihrer Intensität entkleidet, und anderseits auf dem Wege der Überdeterminierung aus minderwertigen neue Wertigkeiten schafft, die dann in den Trauminhalt gelangen. Wenn das so zugeht, so hat bei der Traumbildung eine Übertragung und Verschiebung der psychischen Intensitäten der einzelnen Elemente stattgefunden, als deren Folge die Textverschiedenheit von Trauminhalt und Traumgedanken erscheint. […] Ich denke, wir haben es auch leicht, die psychische Macht, die sich in den Tatsachen der Traumverschiebung äussert, zu erkennen. Der Erfolg der Verschiebung ist, […] dass der Traum nur eine Entstellung des Traumwunsches im Unbewussten wiedergibt."[51]

Aus dieser Beschreibung sind leicht die Parallelen zwischen der Funktion der Metapher und dem unbewussten Seelenleben zu erkennen. Die Bilder eines Traumes können laut Psychoanalyse wie ein Gedicht gedeutet werden. Und umgekehrt erscheinen poetische Texte oft wie Traumbilder. So schreibt D. Davidson: „Meta-

---

46 Aristoteles, *Rhetorik*, III. Buch, 2. 8. (1405a).
47 vgl. a.a.O., III. Buch, 3. 4. (1406b); vgl. P. Ricoeur, a.a.O., S. 42.
48 a.a.O., III. Buch, 11. 2. (1411b). Die Funktion der Beseelung des Körpers – neben derjenigen der Verkörperung des Geistes – betont auch Jean Paul (vgl. a.a.O., S. 184 f).
49 Longinus, *Vom Erhabenen*, 32 (1), S. 77.
50 a.a.O, 32 (4), S. 77.
51 S. Freud, *Die Traumdeutung*, S. 255/256/257 f.

phern sind die Traumarbeit der Sprache […]."[52] Metaphern scheinen auch geeignet zu sein, emotional heikle Themen anzusprechen. Entsprechend macht sie das für die Kunst interessant. Aber auch eine psychotherapeutische Arbeit kann sich der Metaphern bedienen, um Erfahrungen und Gefühle besser beschreiben und verarbeiten zu können.[53]

c) Emotionalität und Erotik nach aussen: in der Verkaufsstrategie

Die verstärkte Bedeutung des Metaphorischen in Philosophie, Architektur und Design bewirkt, wie oben skizziert, eine Neubewertung der Emotionen im Vergleich zu rationalen Argumenten und Kriterien. Dies lässt sich exemplarisch im Design und in der Verkaufspolitik von Automobilen illustrieren. Im Vergleich zu den ökonomischen Hintergründen der so genannten Moderne, in der sich zwei Ideologien gegenüber standen (siehe 3. b)), herrscht – spätestens seit 1989 – in der Postmoderne nur noch ein wirtschaftliches System vor: das liberale kapitalistische. Der Bereich der Ökonomie, auf den ich hier zu sprechen komme, ist deshalb so wichtig, da es sich beim Automobil – im Gegensatz zu den meisten architektonischen Werken – um ein Massenprodukt mit Rentabilitätsberechnungen handelt. Folgende Feststellung von Kambartel scheint mir dabei zentral zu sein:

„Der ökonomische Gesichtspunkt geht nicht in der Erwägung funktionaler Zweckmässigkeit auf. Daher können jenseits des Funktionalen *ökonomische* Orientierungen mit *ästhetischen* Gesichtspunkten (solchen einer (ästhetisch) guten Gestalt) *konkurrieren*."[54]

Welche Rolle haben hier die eben angesprochenen Metaphern und Emotionen? Wenn ich den Designwandel von der Moderne zur Postmoderne aus dem wirtschaftlichen Blickwinkel betrachte, stelle ich – in stark verallgemeinerter Form – fest, dass das funktionale Design der Moderne vorwiegend den Kopf, d. h. den Verstand und die Kalkulierbarkeit anspricht. So lautet eine Designdiagnose aus dem Jahre 1977:

„Der Ruf nach praktischeren Autos, der nach dem Ende der Hochkonjunktur so laut ertönte, ist nicht ungehört verhallt. Besonders die Wagen der Mittelklasse sind geräumiger und zweckmässiger geworden."[55]

Und noch zehn Jahre später konzentriert sich die Diagnose des Journalisten Martin Wyler auf die Technologie und nicht auf das Design:

---

52 D. Davidson, „Was Metaphern bedeuten", in: *Wahrheit und Interpretation*, S. 343.
53 vgl. z. B. D. Gordon, *Therapeutische Metaphern*, S. 20-32.
54 F. Kambartel, *Philosophie der humanen Welt*, S. 105.
55 R. Braunschweig, „Die nächsten Schritte", S. 73.

„Der in jüngster Zeit im Automobilbau zu beobachtende Technologieschub scheint bei weitem noch nicht abgeschlossen zu sein. Im Gegenteil, immer neue Ideen machen von sich reden. [...] Dieses Vorpreschen in die nähere und auch weitere Automobil-Zukunft wurde bereits in den fünfziger Jahren mit viel Akribie und Engagement betrieben, doch konzentrierte sich damals das Interesse zur Hauptsache auf Stil- und Designstudien [...]."[56]

Die Betonung des technologischen Fortschritts hat unter anderem mit dem Jahr 1974 und der Ölkrise zu tun. Mit dem steigenden Ölpreis wird der Kauf eines Automobils in starkem Ausmass zum Vernunftakt: Platz-, Leistungs-, Komfort- und Preisangebote diverser Marken und Modelle werden vor dem Kauf berechnet und mit den eigenen Bedürfnissen verglichen. Ich bezeichne diese Haltung als rationale Funktionalisierung. In der klassischen Moderne wurden Kopf und Herz, Verstand und Gefühl auseinander gehalten. Diese Trennung prägte auch den logischen Positivismus in Wissenschaft und Technik, der auf Descartes' Dualismus beruht.[57] Analog wird in der den rationalen Prinzipien einer Wissenschaft verpflichteten Ökonomie das „Herz" ausgespart und den Bereichen des Sozialen, Kulturellen und Künstlerischen zugewiesen.

Dem gegenüber erscheint die postmoderne Sichtweise unverdächtig als emotionale Ästhetisierung. Entsprechend analysiert die Marktforscherin Helene Karmasin die Entwicklung in den Verpackungen von Konsumgütern:

„Der historische Stil des Durchrationalisierten, wie ihn das Bauhaus exemplarisch zeigte, [...] ist [heute] nur noch in einigen Produktfeldern möglich und keineswegs bei allen Gruppen gleich beliebt. Der Stil, der den Mythos der vorindustriellen Natur transportiert, ist hingegen sehr beliebt – und er ist vor allem bei Nahrungsmitteln wesentlich. Hier gibt es in fast allen Produktfeldern diese Position des grossmütterlich Produzierten, des Liebevollen, Persönlichen, des Nostalgischen, den Versuch, den Zauber der guten alten Zeit zu zitieren."[58]

Was Karmasin in Bezug auf das Design von Nahrungsmittelprodukten feststellt, lässt sich teilweise auch auf das Automobildesign übertragen. Produkte sollen Lust und Amüsement bereiten. Welsch ergänzt:

„Zudem lassen sich Produkte, die aus moralischen oder gesundheitlichen Gründen zunehmend unverkäuflich werden, durch ästhetische Nobilitierung neu salon- und verkaufsfähig machen. Der Konsument erwirbt dann primär die ästhetische Aura und nur nebenbei den Artikel."[59]

Das Automobil wird zum ästhetischen Accessoire der eigenen Persönlichkeit. Als wichtiges Status- und Prestigesymbol unserer Lifestyle-Gesellschaft vermag es die

---

56 M. Wyler, „Hohe Anforderungen", S. 6.
57 vgl. die Analyse von Meier-Seethaler, in: *Gefühl und Urteilskraft*, S. 20-23.
58 H. Karmasin, *Produkte als Botschaften*, S. 335. Als Emotionen, mit denen Werbung häufig arbeitet, nennt Karmasin den Wunsch nach einem emotionalen Partner, Erotik und Angst (vgl. a.a.O., S. 68-79).
59 W. Welsch, *Grenzgänge der Ästhetik*, S. 13.

eigenen ökologischen Schattenseiten zu verstecken. Dementsprechend entwickeln die Unternehmen ihre ‚corporate identity'. Sie verknüpfen Name und Image der Marke bewusst mit positiven Werten der Zielgruppe. Die Unterscheidung von ‚Unique Selling Proposition' (USP) und ‚Unique Advertising Proposition' (UAP), die im Marketing vorgenommen wird, kann dabei folgendermassen einbezogen werden:[60] In der globalen Situation des Automobilmarktes besitzt kaum ein Produkt mehr eine hervorstechende Einzigartigkeit, d. h. es besitzt kaum eine USP.[61] Die Grundfunktionen (motorisierte Fortbewegung, Sitze, Heizung, Radio etc.) erfüllen praktisch alle Modelle. Umso wichtiger wird die kommunikative Profilierung des Produkts. Durch Design und Werbung soll es als einzigartig präsentiert werden und eine hohe UAP erlangen. Der Designtheoretiker Beat Schneider macht die Bedeutung der Einzigartigkeit der Markenidentität im globalisierten Markt bewusst:

> „In einer Wahrnehmungswelt, die so komplex geworden ist, dass es immer schwerer wird, sich in ihr zu orientieren und Relevantes von Irrelevantem zu unterscheiden, wird dem menschlichen Grundbedürfnis nach Orientierung mit visuellen Botschaften entsprochen, mit denen die Käuferinnen und Käufer sich identifizieren, herausheben und persönlich auszeichnen können."[62]

Am Beispiel des Autos äussert sich dies in den in 4. f) genannten Punkten: der Inszenierung einer Markenidentität mit Hilfe eines stolzen Kühlergrills aus Chrom, der bewussten Gestaltung eines gemütlichen Interieurs mit natürlichen Materialien, der Wiederentdeckung organischer Linien und mehrdeutiger oder metaphorischer Details in der Karosserieformung. Selbstverständlich finden sich auch in den Werbetexten oft metaphorische Elemente, wenn z. B. Mazda im Jahr 1991 für das Modell Xedos 6 (vgl. Kapitel 4, Abb. 2) mit dem Spruch: „Wie Sie sich auf elegante Art vom Üblichen entfernen" warb.[63] All diese Eigenschaften sprechen das Gemüt an.

Die Bedeutung der Emotionen zeigt sich aber auch, wenn bekannte zeitgenössische Designer ihre Werke erläutern. So schreibt Jean-Pierre Ploué, Chef-Designer der Marke Citroën, zum Modell C6 (2005; vgl. Kap. 4, Abb. 55): „The result is a return to the emotive, almost lyrical styling, which defined our marque's past."[64] Der ehemalige Designchef von Volkswagen, Murat Günak, nennt seine Strategie, die in den Modellen Eos (2006) und Passat (2005) zum Ausdruck kommt: „to create more warmth",[65] und fügt hinzu: „[J]etzt aber geht es um etwas Auflockerung, um mehr Emotionalität."[66] Für Chris Bangle, Designchef der

---

[60] vgl. dazu R. Kühn, *Marketing*, S. 38 ff.
[61] Eindrücklich ist, dass Horkheimer und Adorno bereits 1944 in der kritischen Analyse der Kulturindustrie den Unterschied zwischen Chrysler- und General-Motors-Modellen als illusionär hinstellen: „Was die Kenner als Vorzüge und Nachteile besprechen, dient nur dazu, den Schein von Konkurrenz und Auswahlmöglichkeiten zu verewigen." (*Dialektik der Aufklärung*, S. 131).
[62] B. Schneider, *Design – Eine Einführung*, S. 216.
[63] Eine ausführliche Analyse zur Autowerbung am Beispiel der Lancierung der A-Klasse von Mercedes 1997 findet sich bei H. Karmasin (vgl. a.a.O., S. 537-560).
[64] J.-P. Ploué, zitiert in: M. Gandini, „Cultural Lyricism", S. 17.
[65] M. Günak, zitiert in: F. Galvano, „When Elegance is Pure Form", S. 55.
[66] M. Günak, zitiert in: H. Reil, „Spiel mit dem Licht", S. 16.

Abb. 5: Mazda Demio (1998)   Abb. 6: Mazda 2 (2002)   Abb. 7: Mazda 2 (2007)

Abb. 8: Mazda 626 (1997)   Abb. 9: Mazda 6 (2002)   Abb. 10: Mazda 6 (2007)

BMW Group, liegen „die Emotionen in den Flächen". Er verweist dabei auf das irritierende Spiel von konvexen und konkaven Flächen der aktuellen BMW-Modelle, denn seiner Meinung nach benötigt man „kleine Überraschungen".[67] Diese emotionalen Qualitäten bewirken, dass das Objekt primär ästhetisch und erst sekundär funktional wahrgenommen wird. Das bedeutet eine radikale Umkehrung des von Marx definierten Verhältnisses von Unterbau und Überbau. Der Unterbau, wörtlich wie übertragen, interessiert nicht mehr. Es kommt vor allem auf die Verpackung und Etikette, bzw. den ersten (optischen) Eindruck an, der entsteht, wenn man ein Auto sieht und die Front betrachtet. Im Gegensatz zu 4. a) interessiert jetzt aber das subjektive Moment des Betrachters, der einem Wagen ins Gesicht blickt. Es erstaunt nicht, dass hier die Wahrnehmungspsychologie entscheidende Hinweise liefern kann. Unser Gehirn besitzt Neuronen, die auf die Wahrnehmung und Verarbeitung von Gesichtern spezialisiert sind.[68] Daher macht es Sinn, die Front eines Autos gesichtähnlich zu gestalten. Der sensorische Eindruck, den ein so geformter Wagen hinterlässt, lässt sich schneller verarbeiten und prägt sich leichter ins Gedächtnis ein. Dies kann schliesslich auch für das öffentliche Markenbewusstsein einen positiven Effekt haben.[69] So ist es vernünftig, dass eine Marke sich ein Markengesicht gibt und die Modelle als verschiedene Mitglieder ein und derselben

---

67 Ch. Bangle, zitiert in: J. Riegsinger, „Auto-Architekt", S. 144.
68 vgl. E. B. Goldstein, *Wahrnehmungspsychologie*, S. 123 ff. Der Befund ist auch deshalb aufschlussreich, weil die menschliche Wahrnehmung grundsätzlich selektiv ist und damit meist nur solche Reize wahrgenommen werden, auf die entsprechende Neuronen positiv ansprechen (vgl. a.a.O., S. 129 f).
69 vgl. dazu die Ausführungen des bereits erwähnten Designers Murat Günak zu verschiedenen Autogesichtern, in: „Spiegelbilder", S. 105.

Abb. 11: Škoda Superb (2008)   Abb. 12: Fiat 500 (1957 und 2007)

Familie zeichnet, mit feinen individuellen Unterschieden und gleichzeitig starken gemeinsamen Charakterzügen. Aus dieser Logik heraus lässt sich die Produktionsgeschichte einer Marke auch genealogisch betrachten, veranschaulicht am Beispiel von Mazda. Die Modelle ‚Demio/2' und ‚6' erscheinen wie Geschwister, die sich innerhalb der letzten zehn Jahre weiter entwickelt haben (Abb. 5-10).

An die Gesichtserkennung ist die Fähigkeit gekoppelt, die Emotionen des Antlitzes abzulesen.[70] Ein freundlicher Ausdruck wirkt auf die Betrachter in der Regel sympathischer als ein neutraler oder verdriesslicher Blick. Auch diese Feststellung lässt sich ohne weiteres auf das Automobildesign übertragen. Škoda achtete bei der Lancierung des Superb (2008) darauf, dass die Front die scharfen Konturen des Fahrzeugs mit einer nach oben gebogenen, verchromten Leiste besänftigt (vgl. Abb. 11), und verspricht im Prospekt: „[D]er Superb begrüsst Sie mit einem zweifachen Lächeln."[71] Der neue Fiat 500 (2007) versucht wie sein Vorgänger, die Kundschaft mit einem sympathisch kindlichen „Gesichtsausdruck" und fröhlichen Kulleraugen zu gewinnen (vgl. Abb. 12). Er löst damit bei vielen unweigerlich ein positives Gefühl aus und vermag mit seinem „Charme" ein Lächeln auf das Gesicht des Strassenpublikums zu zaubern. Wenn also der Designer Günak den metaphorischen Ausdruck verwendet, „dass Autos in diesem Sinne letztlich eine Seele haben – technisch und vor allem gestalterisch"[72], lässt sich dies gut nachvollziehen.

Zum Bereich der Emotionalisierung eines Produkts gehört auch der aktuelle Marketing-Begriff ‚emotional selling'.[73] Die moderne Emotionsforschung, die Entdeckung der Wichtigkeit des limbischen Systems[74] oder die Popularisierung des Begriffs EQ bzw. der emotionalen Intelligenz[75] haben ab Ende der 80er Jahre wesentlich dazu beigetragen, dass Emotionen auch im ökonomischen Denken an

---

70 vgl. P. Zimbardo und R. Gerrig, *Psychologie*, S. 549.
71 vgl. Škoda Superb, „Der neue Škoda Superb", S. 9.
72 M. Günak, „Spiegelbilder", S. 105.
73 vgl. z. B. die Publikation von H. Holzheu, *Emotional Selling – Wer nicht lächeln kann, macht kein Geschäft*.
74 vgl. z. B. die Publikation von H.-G. Häusel, *Think Limbic! – Die Macht des Unterbewussten verstehen und nutzen für Motivation, Marketing, Management*.
75 vgl. z. B. die Publikation von D. Goleman, *Emotionale Intelligenz*.

Abb. 13: Die Präsentation der Studie Seat Leon am Automobilsalon 2005 in Genf

Bedeutung gewannen. Der moderne „Kopf" wird durch das postmoderne „Herz" ergänzt. ‚Emotional selling' bedeutet z. B. eine emotionale Kundenbindung oder die Strategie des ‚Kaufen Machens': „Es ist kein ‚Verkaufen', sondern ‚Kaufen machen' – mit andern Worten: nicht offensives oder gar aufdringliches Verkaufen, sondern herzlich-freundliche Veranlassung zum Kauf", schreibt der Verkaufs- und Kommunikationstrainer Harry Holzheu.[76] In der Epoche der Globalisierung nach 1989 setzt sich die ökonomische Globalisierung also im Innern des Menschen fort: Das Herz wird verkäuflich. Sicherlich ist diese Formulierung, die an Dr. Faustus' Wette erinnern könnte, übertrieben und suggeriert eine Verschwörungstheorie. Schwerwiegend dabei ist jedoch, dass das Herz kein „echtes" Herz ist.

Auf der Seite der Marktstrategen ist es eine inszenierte und suggestive Herzlichkeit, um neue Kundinnen und Kunden anzuwerben. Herzlichkeit gehört zum Inventar ökonomischer Strategie und ist am Gängelband der instrumentellen Vernunft. Sie wird bewusst trainiert, damit sie kaum von der naiven, natürlichen Herzlichkeit unterschieden werden kann. Auf der Seite der Kundschaft stellt Holzheu folgenden Befund fest:

> „[Der Kunde] wird nach aussen hin immer rationale Gründe anführen, warum er einen bestimmten Autotyp fährt. Die eigentlichen Kaufmotive sind jedoch praktisch immer emotional. Oft kennt der Kunde die wahren Gründe, warum er ein bestimmtes Auto führt, nicht einmal selbst."[77]

Die Gefühle erscheinen oft irrational und leicht manipulierbar. So läuft die Kundschaft Gefahr, sich bewusst oder unbewusst entmündigen zu lassen. Wenn wir einen Bogen zurück zur Abbildung 2 des ersten Kapitels schlagen, wird die Manipulation unserer Gefühle sichtbar. Attraktive Automobile, die vor allem heterosexuelle Männer besitzen und fahren sollen, werden von aufreizenden Models begleitet. Damit benutzt der Marktstratege eine ganz elementare Form des Lernens: das klassische Konditionieren, das kaum von unseren höheren kognitiven

---

76 H. Holzheu, a.a.O., S. 166 und 171.
77 a.a.O., S. 183 f.

Fähigkeiten abhängig ist.[78] Das Objekt zu besitzen wird mit dem erfolgreichen Umwerben einer attraktiven Frau gleichgesetzt. Baudrillard spricht in diesem Zusammenhang von der „Feminisierung" der Gegenstände: „[D]as Frau-Objekt ist das Muster der Überredung durch die Werbestrategie."[79] Allerdings werden hier zwei Objekte kombiniert, die ziemlich wenig miteinander zu tun haben. In der Regel ist das Auto eher eine an sich geschlechtslose Erweiterung der fahrenden Person mit vielen männlichen Eigenschaften. Baudrillard nennt es einen Phallus, ein Ding zum Manipulieren, so dass der erotische Wert des Wagens eher in der Masturbation liegt.[80]

Die automobile Verkaufshalle oder der Automobilsalon entpuppen sich als Theaterinszenierung, in der Emotionalität und Erotik nur vorgegaukelt werden. Dazu passt der Werbeslogan der Marke, die sich in Abbildung 13 präsentiert: SEAT – auto emoción![81] Hier ist ein weites Feld sophistischer Tricks und Illusionen. Und wir sind weit weg von den Wünschen und Zielen, die die Prediger der Aufklärung der modernen Nachwelt einzuprägen versuchten. Kants kritische Philosophie versucht den mündigen Menschen gerade darauf aufmerksam zu machen, dass ein Wesen, ein Ding an sich, nicht durch unser beschränktes Erkenntnisvermögen einsehbar ist, „sondern nur so fern es Objekt der sinnlichen Anschauung ist, d. i. als Erscheinung".[82] Deshalb können allein unter Erscheinungen und Phänomenen keine notwendigen Zusammenhänge untereinander behauptet werden, geschweige denn, dass von einer Erscheinung auf das Wesen eines Objektes geschlossen werden kann, wie dies bei der Vorurteilsbildung gang und gäbe ist. Doch genau mit diesen trügerischen und vorurteilsbeladenen Kombinationen von Technik und Emotionalität oder Erotik versucht die Werbung, die Errungenschaften der Aufklärung zu unterminieren. Die mehr oder minder zweckfreie Ästhetik – als Grundlage der Analysen in den vorangegangenen Kapiteln – wird hier durch manipulative Erotik ersetzt:[83] Darin zeigt sich die Dialektik der Aufklärung in fortgeschrittenem Stadium. Horkheimer und Adorno schrieben vor mehr als 60 Jahren dazu:

> „Was dem Mass von Berechenbarkeit und Nützlichkeit sich nicht fügen will, gilt der Aufklärung für verdächtig. […] Aufklärung ist totalitär."[84] Und weiter: „Angesichts solcher Möglichkeiten aber wandelt im Dienst der Gegenwart Aufklärung sich zum totalen Betrug der Massen um."[85]

---

78 vgl. P. Zimbardo (2004), *Psychologie*, S. 258.
79 J. Baudrillard, *Das System der Dinge*, S. 90.
80 vgl. a.a.O., S. 90 f.
81 vgl. Kapitel 1, Abb. 2
82 I. Kant, *Kritik der reinen Vernunft*, B XXVI, S. 34.
83 vgl. dazu: H. Karmasin, a.a.O., S. 70 ff.
84 M. Horkheimer und Th. W. Adorno, *Dialektik der Aufklärung*, S. 12.
85 a.a.O., S. 49. Vgl. dazu auch die Aussage, die vor dem Hintergrund des Holocausts zu lesen ist: „Dass der hygienische Fabrikraum und alles, was dazu gehört, Volkswagen und Sportpalast, die Metaphysik stumpfsinnig liquidiert, wäre noch gleichgültig, aber dass sie im gesellschaftlichen Ganzen selbst zur Metaphysik werden, zum ideologischen Vorhang, hinter dem sich das reale Unheil zusammenzieht, ist nicht gleichgültig." (a.a.O., S. 5).

d) Geklonte Plattformen nach innen: in der Produktionsweise

Lassen wir die Autosalonhallen hinter uns und suchen – mit dem von Nietzsche übernommenen, aber abgewandelten Motto – nach der Wahrheit des Automobils. Was steckt hinter der äusseren Erscheinung postmoderner Wagen? Machen wir uns auf die Suche nach einer kritischen Rekonstruktion des zeitgenössischen automobilen Wesens. Die innere Beschaffenheit der Fahrzeuge hat sich in den vergangenen 15 Jahren stark verändert. Zahlreiche Marken haben sich frei- oder unfreiwillig zusammengeschlossen. Die nachfolgende Liste beinhaltet die zwölf grössten Automobilkonzerne, die 91.3 % aller im Jahr 2006 produzierten Personenwagen hergestellt haben (vgl. Tab. 1).[86]

Grosskonzerne und Allianzen in der Automobilindustrie (Produktion 2006)	Fahrzeuge
Toyota: Toyota, Lexus, Daihatsu, Scion.	7.8 Mio
General Motors: Opel (Vauxhall), Saab, Chevrolet, Pontiac, Cadillac, Buick, Daewoo (neu: Chevrolet), Holden, Hummer, GMC, Saturn, Isuzu, (neu: ohne Suzuki).	6.9 Mio
Ford: Ford, Volvo, Mazda, Lincoln, Mercury; Land Rover, Jaguar (2008 an Tata verkauft), Aston Martin (bereits verkauft).	5.8 Mio
VW-Konzern: VW, Audi, Škoda, Seat, Lamborghini, Bentley, Bugatti.	5.3 Mio
Renault: Renault, Nissan, Dacia, Infiniti, Samsung.	4.2 Mio
Hyundai: Hyundai, Kia.	3.9 Mio
Honda: Honda, Acura.	3.4 Mio
Daimler-Chrysler: Mercedes, Smart, Maybach; Chrysler, Jeep, Dodge (2007 haben sich Daimler-Benz und Chrysler USA wieder getrennt).	3.3 Mio
PSA: Peugeot, Citroën.	3.0 Mio
Suzuki.	2.1 Mio
Fiat: Fiat, Alfa Romeo, Lancia, Ferrari, Maserati.	1.9 Mio
BMW: BMW, Mini, Rolls-Royce.	1.3 Mio
Total	48.9 Mio

Tab. 1: Übersicht über die Grosskonzerne in der Automobilindustrie (Stand: 2006)

---

86 vgl. R. Gloor, „Toyota nun vor GM", S. 23.

Die Übersicht veranschaulicht die Konzentration im Automobilmarkt[87] und lässt erahnen, dass hinter den verschiedenen, eigenständig erscheinenden Marken und Modellen eine gemeinsame Plattform und zum Teil identische Motorisierungen stecken: z. B. im VW Golf, Jetta, Touran, Škoda Octavia, Seat Toledo, Seat Leon, Audi A3, Audi TT; oder im Ford Mondeo, Volvo S60, Jaguar X-Type, Mazda 6, Lincoln MKZ. Nach aussen wird eine landes- und kulturtypische Attrappe übergestülpt: deutsche Sachlichkeit, skandinavische Solidität und Sicherheit, englisches Stilbewusstsein, südländische Sportlichkeit und Bellezza, japanische Dynamik (vgl. Abb. 14 und 15).[88] Damit werden althergebrachte Kulturtraditionen ausgehöhlt und zu fast toter Musealität veräusserlicht, um ökonomischer Rationalität zu dienen. Hinter der reizvollen Hülle steckt die Leere der profitorientierten Massenproduktion. Einige Grosskonzerne rühmen sich sogar, einen hohen Prozentsatz an identischen Bauteilen in zwei ganz verschiedenen Produkten zu verbauen (z. B. 60 % beim Smart Forfour und Mitsubishi Colt 2004; vgl. Abb. 16 und 17).[89] Dahinter stecken einfache Rentabilitätsberechnungen. Je öfter ein Bestandteil hergestellt werden kann, umso tiefer werden die Herstellungskosten, umso mehr Profit kann aus dem Verkauf gezogen werden.

Kosten zu senken ist aber auch deshalb notwendig, weil die Entwicklung immer komplizierterer Technik riesiger Investitionssummen bedarf, welche kleine Hersteller kaum aufzubringen imstande sind. Doch hinter diesem ökonomischen Zwang versteckt sich ein tiefer liegendes Problem: Das Automobil ist und bleibt bezogen auf die existentiellen Bedürfnisse des Menschen zu einem grossen Teil ein Luxusprodukt. Nach der Sättigung des Marktes in der westlichen Welt sind zu viele verschiedene Hersteller übrig geblieben, die zu viele Fahrzeuge herstellen und sich in einem Konkurrenzkampf darum streiten, wer besser künstlich stimulierte Bedürfnisse befriedigen kann. Dies macht den Einsatz von heftigen und emotionalisierten Werbestrategien nötig, wie ich sie im vorhergegangenen Abschnitt beschrieben habe. Automobile Individualität ist folglich grösstenteils Fiktion und Fassade. Die Realität sieht anders aus: Die technischen Innereien sind massenproduzierte Klone aus Retortenfabriken. Dies ist ein weiteres Resultat des Prozesses „der kulturellen Modernisierung, der – in Max Webers Begriff – zur ‚Entzauberung' der Welt" geführt hat, wie Wellmer schreibt.[90] Obwohl Welsch in seiner Einschätzung der postmodernen Bewegung diese als plural und demokratisch postulieren möch-

---

87 Nur sehr wenige bedeutende Hersteller sind unabhängig, z. B. Porsche, Honda.
88 vgl. P. Tumminelli, a.a.O., S. 19.
89 vgl. A. Bloch, „Four-Schuss", S. 29.
90 A. Wellmer, *Zur Dialektik von Moderne und Postmoderne*, S. 115.

Inszenierte Tradition: deutsche Sachlichkeit und britische Eleganz:
Abb. 14: Ford Mondeo (2000)   Abb. 15: Jaguar X-type (2001)

Abb. 16: Mitsubishi Colt (2004)   Abb. 17: Smart Forfour (2004)

te,[91] entpuppt sie sich als genauso totalitarisierend und vereinheitlichend wie die Auswüchse der Moderne.[92]

e) Die rhetorische Metapher

Im postmodernen Design wird bildhaft Dekoratives nicht aus Überzeugung, sondern aus utilitaristischem Kalkül dem rational Funktionellen zur Seite gestellt, bzw. übergestülpt. Die folgende Analyse soll verdeutlichen, dass sich dieser Prozess mit der rhetorischen Strategie vergleichen lässt, zur Überredung metaphorische Stil-

---

91 vgl. W. Welsch, *Unsere postmoderne Moderne*, S. 84 und 219. Auf S. 28 f befasst er sich mit dem Soziologen Daniel Bell, dessen Einschätzung der aktuellen Entwicklung schon eher mit dem obigen Ergebnis übereinstimmt. Bell geht von unterschiedlichen Bereichen unserer Gesellschaft aus: der technisch-ökonomischen, der kulturellen und der politischen. Es fragt sich aber, in wieweit sich der kulturelle und politische Bereich wirklich unabhängig von der technisch-ökonomischen Sphäre bewegen können.
92 vgl. dazu Richard Sennets Analyse der flexiblen Spezialisierung, welche die Produktion von Nischenmodellen ab Fliessband ermöglicht (*Der flexible Mensch*, S. 63 f).

mittel zu benutzen.⁹³ Damit versuche ich, die bisherigen Gedankenstränge miteinander zu verweben.

Ricoeur weist in seiner Studie zur Metapher darauf hin, dass diese seit Aristoteles einen Forschungsgegenstand sowohl der Rhetorik als auch der Poetik darstellt und darum je nach Gebiet unterschiedlich interpretiert wird. Nach Ricoeur war von den drei aristotelischen Metaphern-Interpretationen die Substitutionsthese die folgenreichste:

„[I]st nämlich der metaphorische Begriff ein substituierter, so ist der Informationsgehalt der Metapher gleich Null, da der abwesende Begriff […] an seine Stelle gesetzt werden kann; und wenn der Informationsgehalt gleich Null ist, dann hat die Metapher nur einen schmückenden, verzierenden Wert. Diese beiden Konsequenzen kennzeichnen dann die Behandlung der Metapher in der klassischen Rhetorik."⁹⁴

Bereits im Abschnitt 5. b) habe ich gezeigt, dass diese Deutung der Metapher zu kurz greift und wesentliche Wirkungsweisen übersieht. In ihr findet keine grundsätzliche Bewegung statt, die Veränderung und geistigen Wandel initiiert. Damit kann die rhetorische Metapher auch kein Element einer weit gefassten Ästhetik der Bewegung sein. Dass rhetorische Metaphern im modernen Zeitalter immer noch wirken, erklärt Langer so:

„Das intellektuelle Vokabular wächst mit dem Fortschritt begrifflichen Denkens und zivilisierter Lebensweise. Technische Errungenschaften stellen Anforderungen an unsere Sprache […]. Sprache wird in steigendem Masse diskursiv, praktisch, prosaisch, bis der Mensch tatsächlich zu glauben vermag, dass sie als zweckdienliches Instrument erfunden und erst später – um des Kulturprodukts Poesie willen – mit Metaphern verschönt worden ist."⁹⁵

Metaphorik hat laut dieser Haltung lediglich den Zweck der Zierde und des Schmucks, aber keinen Eigenwert. Sie wird damit instrumentalisierbar und lediglich zu einer Funktion innerhalb der Verkaufsstrategie. In diesem Sinne versteht auch der Kunsttheoretiker Arthur Danto die Metapher. Sie schenkt keinen Erkenntnisgewinn und besitzt kaum eine kognitive Dimension.⁹⁶ Ihre Hauptfunktion ist es, die Extension eines zu beschreibenden Objekts auf wenige auffällige, in der Werbung positive Aspekte krass zu reduzieren. Darum teilen uns (rhetorische) Metaphern kaum mehr mit, als wir ohnehin schon wissen.⁹⁷ Ihre Bedeutung besteht darin, „dem Denken ein politisch gefärbtes Bild der Wirklichkeit zu vermit-

---

93 Bezogen auf die postmoderne Architektur belegt Jencks meine These des Rhetorischen (vgl. Ch. Jencks, „Die Sprache der postmodernen Architektur", S. 94).
94 P. Ricoeur, a.a.O., S. 25 f.
95 S. Langer, a.a.O., S. 143 f.
96 vgl. A. Danto, „Metapher und Erkenntnis", in: *Kunst nach dem Ende der Kunst*, S. 93-109, S. 105.
97 vgl. a.a.O., S. 108.

teln". Nur wird diese Bedeutung „völlig unterschätzt".[98] Das Verdikt von Danto über die Metapher ist damit klar.

Welche Aufgabe besitzt der Schmuck nun im Bereich der Rhetorik oder der Kunst der Beredsamkeit? Gemäss Ricoeur schwankt Rhetorik zwischen den Bereichen der Logik – des Beweises – und der Gewaltanwendung – der Überredung.[99] Je nachdem hat sie mehr mit Philosophie und Erkenntnistheorie oder mit Strategie und Sophistik zu tun. Hier spiegelt sich der platonische Gegensatz von Elenchistik und Eristik.[100] Der Begriff des Wahrscheinlichen passt hervorragend, um die Doppeldeutigkeit auszudrücken, je nachdem, ob man mehr das Wahre oder den Schein, die Illusion betont. Aufschlussreich für die Beantwortung der obigen Frage ist Kants Bemerkung zur Beredsamkeit. Sie will „durch den schönen Schein [...] hintergehen. [...] [Sie] ist eine Dialektik, die von der Dichtkunst nur so viel entlehnt, als nötig ist, die Gemüter [...] für den Redner zu *dessen* Vorteil zu gewinnen, und dieser die Freiheit zu benehmen."[101] Weiter schreibt er, dass sie „zur Beschönigung oder Verdeckung des Lasters oder Irrtums gebraucht werden könne" und deshalb „den geheimen Verdacht wegen einer künstlichen Überlistung nicht ganz vertilgen" könne. Dem gegenüber, stellt er fest, gehe in der Dichtkunst [Poetik] „alles ehrlich und aufrichtig zu".[102] Bei all diesen nicht unbedingt schmeichelhaften Eigenschaften der Rhetorik verwundert es nicht, dass sie als Überzeugungsstrategie eine wichtige Rolle in der Werbebranche besitzt. Und es erstaunt auch nicht, dass in Fachbüchern der Wirtschaftswissenschaften unter der Rubrik ‚Überzeugungsstrategien in der Werbung' die Metapher auftaucht, „die es gestattet, ‚unter der Hand' Bedeutungen mitzuteilen und damit zu beeinflussen".[103]

Vor dem Hintergrund dieser Zusammenhänge leuchtet ein, dass die Postmoderne als Gegenbewegung zur Moderne keine Kehrtwende darstellt, sondern dass sich unter dem neuen Gewand die modernen ökonomischen und weltanschaulichen Strukturen sowie deren Paradoxien weiterhin entfalten können.[104] Schmuck, Zierde und metaphernreiche Slogans prägen nicht bloss Werbung und Verkaufsstrategien, sondern auch das Design als stabile Verpackung des Mobilitätsprodukts.

---

98 a.a.O., S. 109.
99 vgl. P. Ricoeur, a.a.O., S. 16/19.
100 vgl. P. Schulthess, *Am Ende Vernunft – Vernunft am Ende?*, S. 19 f; vgl. bei Platon z. B. *Gorgias* 448d. Dass es aber selbst für Platon nicht einfach ist, das Sophistische begrifflich zu fassen, kommt exemplarisch im Spätdialog *Sophistes* zum Ausdruck.
101 I. Kant, *Kritik der Urteilskraft*, B 216, S. 266.
102 a.a.O., B 217, S. 266 f.
103 H. Karmasin, a.a.O., S. 407.
104 Was Welsch, selbst Denker der Postmoderne, als Kritik an der Moderne äussert, gilt für die Postmoderne im selben Masse (vgl. W. Welsch, *Unsere postmoderne Moderne*, S. 95f und S. 222).

f) Fazit der Leere

Was ergibt sich aus dieser knappen ökonomischen Analyse des Automobildesigns? Leere. Leere im emphatischen Sinne des Zen-Buddhismus und Daoismus[105] könnte durchaus eine Tugend genannt werden, wenn wir versuchen, das Ich-Bewusstsein zu entleeren, um zur Erhellung und Erleuchtung zu gelangen. Diese Leere ist für unseren Geist eine Form auf einer höheren Ebene, so paradox dies erscheinen mag. Doch die Leere, mit der wir es im automobilen Design zu tun haben, ist selten dieser Art. Zu sehr haben sich in den letzten Jahren die Technik und mit ihr die Sicherheits- und Komfortanforderungen entwickelt, womit bezüglich Schaltern und Apparaten tendenziell ein ‚horror vacui' einhergeht. Eher neu ist der Trend, verschiedene Funktionen über einen zentralen Schalter zu bedienen und damit im Cockpit-Design Kargheit und Leere zu zelebrieren. Allerdings ist es nur eine oberflächliche Leere, unter der sich die genau gleiche Fülle verbirgt wie bei den restlichen Fahrzeugen (vgl. Abb. 18). Diese gewöhnliche Fülle stellt paradoxerweise eigentlich ihr Gegenteil dar. Es ist eine depressive Leere, die nach gekünsteltem und entfremdetem Überschwang übrig bleibt und erst bemerkt wird, wenn man sich Zeit für eine Analyse nimmt. Wenn man sich z. B. die Musse nimmt, die Frontpartie des Lancia Musa (2004) zu studieren, bemerkt man mit Erstaunen, dass der prächtige Chromgrill gar keinen Lufteinlass besitzt und damit die ihm angestammte Funktion nicht übernehmen kann. Der identitätsstiftende Grill ist, von seiner Aufgabe entleert, zur reinen Fassade geworden (vgl. Abb. 19).

Es ist die Leere der totalen Ökonomisierung, die alle Bereiche des menschlichen Lebens quantifizieren und kalkulieren will. Doch Quantität hat nur dort einen Sinn, wo es auch Qualitäten gibt. Die quantitative Reduktion stellt letztlich einen Suizid der Humanität dar, zerstört die kulturelle Beschaffenheit der Gesellschaften und revolutioniert die Welt ohne das Aufbegehren einer unterdrückten Masse in ganz unmarxistischer Weise. Die postmodern inszenierte und designte Gegenbewegung entlarvt sich dabei als geheime Fortsetzung der modernen Fortschrittsbewegung und schenkt ihr den verlorenen ästhetischen Ausdruck von Dynamik und Lebendigkeit zurück.[106] In der anheimelnd stilvoll eingerichteten, elegant geformten Hülle des Gefährts ist der Mensch des 21. Jahrhunderts weiterhin entfremdet und entleert von den ursprünglichen Orts- und Sinnzusammenhängen. Ja, die so angenehm gestaltete postmoderne Mobilität immunisiert vor Fremdheit, kaschiert dieses unheimliche Gefühl durch eine erfolgreiche Matrix der betörenden Bewegung.

---

[105] vgl. B.-Ch. Han, *Philosophie des Zen-Buddhismus*, S.43 ff sowie Lao zi § 11, S. 35. Dort preist dieser den oft unbeachteten Wert des Leeren, z. B. in Form der Nabe.
[106] Auch Welsch betont das Inklusionsverhältnis von Postmoderne und Moderne (vgl. a.a.O., S. 83).

Abb. 18: Renault Avantime (1999)   Abb. 19: Lancia Musa (2004)

Hier kehrt sich der moderne Fortschritt dialektisch in sein Gegenteil um und findet nicht zu einer erlösenden Synthese, sondern verharrt in der Negativität.[107] Dies geschieht nicht nur in technischer Hinsicht, sondern auch in Bezug auf das, was mit der Identität zu tun hat. Die Werbung, als moderne Adaption der rhetorischen Kunst, verfügt über ausreichende Techniken, neue Identitäten zu inszenieren und ihnen gleichzeitig den Hauch des Schon-längst-Dagewesenen und Klassischen einzuflössen. Genau dieser Techniken bedient sich die postmoderne Designkunst, als „rhetorischer Zeichensprache".

Ist diese Inszenierkunst eine logische Konsequenz der Entwicklungen, wie sich moderne Kunst mehr und mehr als Installationskunst mit allen neuen Medien und Techniken versteht? In diesem Fall erwiese sich meine Diagnose der Leere als falsche Schlussfolgerung. Unterstützung findet diese These in einem bereits genannten Gedanken von Foucault. Er schreibt, vielleicht solle man „die Art von Beziehungen, die man zu sich selbst hat, als kreative Aktivität auffassen, die den Kern der ethischen Aktivität ausmacht."[108] Der Bezug auf Nietzsche, der vorschlägt, Dichter unseres Lebens zu sein, „und im Kleinsten und Alltäglichsten zuerst",[109] macht allerdings deutlich, dass sich die Ablösung der Identität und Authentizität durch ein kreatives Künstlertum im Falle der Automobilbaukunst nicht so vollzogen hat, wie es Foucault und Nietzsche intendierten. Statt im Kleinsten und Alltäglichsten ist das Grösste und Globalste angesagt. Und genau darin liegt die Leere.

Im Abschluss meiner philosophischen Analyse der Design-Entwicklung komme ich zu folgendem Ergebnis:

Der Philosoph Wolfgang Welsch, dessen Kriterien zur Bestimmung der Postmoderne, insbesondere des Verständnisses der postmodernen Architektur, ich bei der Beurteilung des Automobildesigns angewandt habe, scheint sich in seiner positiven Einschätzung der Postmoderne der umfassenderen Problematik, die sich in diesem

---

107 vgl. dazu Th. W. Adorno, *Negative Dialektik*. Auf S. 10 beschreibt er allerdings, dass sich seine abstrakte Analyse von allem Ästhetischen fernhalte. Vgl. zum Begriff der negativen Dialektik a.a.O., S. 145 ff.
108 M. Foucault, a.a.O., S. 81.
109 F. Nietzsche, *Die fröhliche Wissenschaft* § 299, S. 538.

Kapitel eröffnet hat, nicht bewusst zu sein. In der Untersuchung über die postmoderne Architektur geht er mit keinem Wort auf die moderne Bautechnik bzw. Bauindustrie ein, obwohl er gerade den technischen Geist als entscheidend für die lange Monopolstellung der funktionalistischen Moderne diagnostiziert.[110] Er bespricht grosszügig architektonische Einzelwerke[111] und vergisst das alltägliche Bauen und Produzieren, das sich – ob (neo-)modern oder postmodern – selbstverständlich auf die technische, industrielle Verfertigung abstützt. Welsch verlangt eine Kooperation zwischen technologischen und anderen Bereichen der Lebenswelt, unterlässt aber eine konkrete Ausformulierung, die sich der schleichenden Globalisierung der Ökonomie und Technik entgegenstellen könnte.[112] Da dieser Ansatz in meinen Augen versagt, tut eine Alternative als wirkliche Gegenbewegung not.

Nach Albrecht Wellmer bedarf die Moderne der Postmoderne, um sich zu verwirklichen.[113] Charles Jencks geht hingegen davon aus, dass die Ideologie der Moderne andauern wird,

> „bis die zweite und dritte Welt voll industrialisiert sind und die Probleme der Modernisierung überall so akut werden, dass ein Paradigma der Postmoderne von der ganzen Welt übernommen wird. An diesem Punkt werden Ökologie und Semiologie, nicht Ökonomie und Materialismus die entscheidenden Denksysteme stellen."[114]

Ich finde Jencks' Ansatz interessant, frage mich aber, ob wir solange warten können.

Nach Jürgen Habermas sollte die leer und nur oberflächlich schillernde Postmoderne abgebrochen werden, um das Projekt der Moderne architektonisch und designmässig endlich zu vollenden.[115] Ich kann Habermas' Kritik an der Postmoderne verstehen. Sein Vorwurf, es handele sich um Kulissenarchitektur, ist plausibel.[116] Doch wie sieht sein Projekt der Moderne heute, im 21. Jahrhundert, aus? Solange sich die Verwirklichung der Moderne historisch auf die Koryphäen der Neuzeit und Aufklärung zurück bezieht, scheint kein Weg aus der bestehenden Dialektik, die die traditionelle Aufklärung unweigerlich bewirkt, auffindbar zu sein. Insofern ist eine neue Deutung aufgeklärten Denkens nötig. Ihr Ziel ist hoch gesteckt: Sie soll die bekannte Dialektik der Aufklärung vermeiden und zugleich nicht automatisch in einen metaphysischen Dogmatismus zurückfallen. Das folgende Kapitel ist als Andeutung in diese Richtung gedacht. Ich möchte sie vom Standpunkt einer praktischen Ästhetik aus entfalten.

---

110 vgl. W. Welsch, a.a.O., S. 97 ff.
111 vgl. a.a.O., S. 111-130.
112 vgl. a.a.O., S. 223 ff.
113 vgl. A. Wellmer, a.a.O., S. 128.
114 Ch. Jencks, *Die Neuen Modernen*, S. 20.
115 vgl. J. Habermas, „Moderne und postmoderne Architektur", S. 168; vgl. auch G. de Bruyn und S. Trüby, *architektur_theorie.doc*, S. 155.
116 vgl. J. Habermas, *Die neue Unübersichtlichkeit*, S. 15. Habermas reduziert die konservative Postmoderne auf „stilistische Verkleidungen dessen, was ohnehin geschieht."

Dies ist das vorläufige Ergebnis der Philosophie des Automobils, meiner Beschäftigung mit der Bewegung, die während der Fahrt auf der Autobahn von Bern nach Thun – dem Museumsgebäude von Renzo Piano entlang – ihren Anfang nahm. Es lohnt hier, sich kurz einige Gedanken Pianos zum Beruf des Architekten zu vergegenwärtigen:

> „Der Beruf des Architekten ist eine abenteuerliche Tätigkeit: ein Grenzberuf in der Schwebe zwischen Kunst und Wissenschaft, auf dem Grat zwischen Erfindung und Gedächtnis, zwischen Mut zur Modernität und der Achtung der Tradition. Der Architekt lebt notgedrungen gefährlich. – Er arbeitet mit allen Arten von Rohstoffen, womit ich nicht allein Beton, Holz und Metall meine, sondern ebenso Geschichte und Geografie, Mathematik und Naturwissenschaften, Anthropologie und Ökologie, Ästhetik und Technologie, Klima und Gesellschaft. Mit all diesen Dingen muss er sich täglich messen. – Der Architekt übt die schönste Tätigkeit der Welt aus. Denn auf diesem kleinen Planeten, auf dem bereits alles entdeckt worden ist, ist das Entwerfen noch eines der grossen möglichen Abenteuer. [...] Eingangs habe ich behauptet, dass die Architektur zwischen Technik und Kunst schwebt. In dieser Schwebe sollte sie meines Erachtens auch bleiben. In dem Augenblick, in dem man die Trennung akzeptiert, hat man sein Urteil für die eine oder andere Seite gefällt. – Sobald sich das Bauen auf die reine Technik reduziert – auf die Faktizität der Maschinen, der Organisation, des Geldes –, verliert es jeden expressiven Wert, jede gesellschaftliche Bedeutung und jede Beziehung zum Leben. Unsere Küsten und Städte sind voll von derartigen Beispielen."[117]

Piano zeigt hier in deutlichen Worten auf, in welche Richtung sich Architektur und Design entwickeln müssen. Wie dies geschehen könnte, wird im folgenden Kapitel ausgeführt.

---

117 R. Piano, *Mein Architektur-Logbuch*, S. 10 f. Interessant scheint mir, wie ähnlich de Bruyn eine Lösung formuliert: „Gemeint ist die Tendenz einer Auflösung des Widerspruchs zwischen Technik und Kultur, der das Bauen ebenso wie unsere Gesellschaft insgesamt daran hindert, in der Moderne anzukommen." („Plädoyer für die Ketzer und Pioniere", S. 27).

6. Ausfaltung einer praktischen Ästhetik auf neuem Wege

Vorausgesetzt, die Wahrheit wäre ein Automobil, was könnten wir daraus für Rückschlüsse ziehen? Zum einen ist die Wahrheit in Form von gut belegten Wissensinhalten – ebenso wie das Automobil - in der westlichen Zivilisation weit verbreitet. Zum andern scheinen wenige diese Wahrheiten so ernst zu nehmen, dass sie entscheidend für das menschliche Handeln würden. Ähnlich sorglos, wie wir die Umwelt mit Abgasen verschmutzen, verhalten wir uns in andern Bereichen wider besseres Wissen. Gewissermassen erweist sich, wie Freuds Analyse in *Das Unbehagen in der Kultur* aufzeigt, die ganze Gesellschaft als krank oder neurotisch.[1] In diesem Fall ist eine Gegenbewegung not-wendig (im wörtlichen Sinn).[2] Mein Versuch einer Lösung darf nicht allein auf die Kunstästhetik reduziert werden, sondern bedarf unweigerlich einer ethischen Begleitung, also nichts anderes als das, was ich in der Einführung praktische Ästhetik genannt habe: eine aufgeklärte Ästhetik der Gebrauchsgegenstände.

Die Anregung für die Ausarbeitung einer neuen Theorie der Ästhetik, als Ausgangspunkt für ethische Konsequenzen, erhielt ich vor allem aus einem Gespräch, das sich auf einem Spaziergang mit einem Freund entwickelte, und aus Gedankengängen, die sich im Anschluss daran ergaben. Deshalb protokolliere ich den gedanklichen Spaziergang und füge die Ereignisse an, die zu weiteren Erkenntnissen führten.

a) Der Primat der Ästhetik

Am 17. August 2004 traf ich mich mit einem Freund und ehemaligen Studienkollegen namens Ernst an einer Busendstation in Bern. Wir begaben uns zunächst auf einen Feldweg in Richtung des Gutes Elfenau und genossen den Weitblick in die Landschaft Richtung Süden. Ich hatte Ernst schon einige Seiten meiner bisherigen

---

1 vgl. S. Freud, *Das Unbehagen in der Kultur*, S. 268 ff.
2 In diesem Sinne, bezogen auf die Architektur, zitiert Wellmer Jencks mit der Forderung: „Das ganze System der Architekturproduktion' müsse geändert werden, eine[r] Forderung, die auf die Rückeroberung des Gebrauchswerts der Architektur durch die von ihr betroffenen Subjekte abzielt." (*Zur Dialektik von Moderne und Postmoderne*, S. 127).

Untersuchung zum Lesen gegeben und berichtete ihm eben vom neuesten Stand der Arbeit über die Ästhetik der Bewegung, als er stehen blieb und sagte:

„Schau dir die sanfte Aarelandschaft an, die Wälder, den Fluss, der sich erahnen lässt, den Gurtenhügel. Schau dir das an, spür den lauen Wind und halte inne. Das ist der Primat der Ästhetik. Wenn ich dich richtig verstanden habe, so geht es dir darum, dass die Ästhetik wichtiger als die praktische Lebensorientierung oder die Ökonomie sein sollte. Hier in dieser Umgebung ist es fühlbar. Nur, aus philosophiegeschichtlicher Perspektive mag dieser ‚Primat der Ästhetik' irritieren. Warum soll ausgerechnet das randständige Gebiet der Ästhetik den Primat vor der Ethik und Erkenntnistheorie innehaben?" – „Eine mögliche Antwort liegt m. E. im Wesen der Ästhetik", fuhr ich fort. „Das Besondere der ästhetischen Wahrnehmung und Produktion liegt darin, dass sie nicht an genau definierbare Zwecke gekoppelt ist." – „Dies zeigt sich offensichtlich während unseres Spazierens", fügte Ernst schmunzelnd hinzu. „Im Gegensatz zum Wandern beispielsweise interessiert mich nicht das Ortsziel, das wir anpeilen und erreichen möchten. Spazieren ist ähnlich wie ästhetisches Wahrnehmen ein zielloses Einhergehen. Dies stellt auch Martin Seel, der einige Schriften zur Ästhetik publiziert hat, fest.[3] Und Wolfgang Welsch bemerkt eindringlich, wie seit der Aufklärung die Ästhetik die zentrale Oppositionspartei gegen das Regierungsbündnis von Wissenschaft und Technik darstellt."[4]

„Die Zweckfreiheit handelt der Ästhetik aber geschwind die Kritik ein, sie sei ein nebensächliches Produkt einer Wohlstandsgesellschaft, die sich diesen Luxus leisten kann", entgegnete ich.

„Allerdings stehen deiner These folgende Argumente entgegen", gab Ernst unverzüglich zurück und hob zu einer längeren Ausführung an. „Erstens treten ästhetische Aspekte in der Kulturgeschichte jeder Gesellschaft auf, auch und gerade der einfachsten. Zweitens ist es ein Vorurteil, die biologische Natur rein zweckmässig zu betrachten und ihre verschwenderische Vielfalt ausser Acht zu lassen.[5] Die Ästhetik eröffnet in ihrer praktischen Nutzlosigkeit einen Spielraum der Freiheit, der elementar für das Menschsein ist. Erst in dieser Offenheit haben Gefühle Platz, die ein eigenständiges Bewerten des wahrgenommenen oder gestalteten Gegenstandes in seiner Ganzheit ermöglichen, Gefühle der Lust oder Unlust, der Sympathie oder Antipathie. Erst dank der Bewertung mit Hilfe von Emotionen entsteht eine Grundorientierung in der Welt. Diesen erhellenden Zusammenhang fand ich vor einiger Zeit bei Agnes Heller und Susanne Langer.[6] Daher ist der ästhetische Zu-

---

3   Seel schreibt: „[D]ie Beachtung des Spiels der Erscheinungen an einem Gegenstand kommt nur zustande, wenn wir in seiner Gegenwart *verweilen* und ihm in *selbstzweckhafter* Aufmerksamkeit begegnen. Wir verweilen in einem Wahrnehmungsvollzug nicht wegen einzelner, dem Erkennen oder Handeln dienlicher Wahrnehmungen, sondern um des in ihm Wahrnehmbaren willen." (*Ästhetik des Erscheinens*, S. 56).

4   vgl. W. Welsch, *Unsere postmoderne Moderne*, S. 74.

5   vgl. M. Nussbaum, *Konstruktion der Liebe, des Begehrens und der Fürsorge*, S. 166 f und 170. Sie belegt darin, dass unsere Vorstellungen von ‚Natur' und ‚natürlich' auf sozialen, bzw. kulturellen Konstruktionen beruhen.

6   vgl. A. Heller, *Theorie der Gefühle*, S. 114 ff/200 ff; sie beschreibt dort das Gegensatzpaar ‚schön/ hässlich' als primäre Wertorientierungskategorien. Vgl. auch S. Langer, *Philosophie auf neuem*

gang zur Welt eigentlich der primäre, so dass Kant in der Einleitung der *Kritik der Urteilskraft* nicht umhin kommt, die Ästhetik als die einigende und Brücken bauende Disziplin in der Philosophie zu betrachten.⁷ Sie vereint und bündelt die theoretische Perspektive des Erkennens mit der praktischen des ethischen Handelns." – „Und Schiller baut darauf seine ganze Erziehungsphilosophie", ergänzte ich. „Erst dank der so genannt ästhetischen Stimmung des Gemüts werden Verstand und Willen selbsttätig. Darum ist die ästhetische Erziehung zentral in der Bildung eines mündigen Menschen."⁸ Ernst aber relativierte meinen Verweis: „Trotz solcher Argumente bleibt die Ästhetik durch ihre objektive Nutzlosigkeit und Zweckfreiheit vage und begrifflich unbestimmt neben dem Bestimmbaren, dazwischen schwebend."⁹ Er schwieg und dachte über das Schwebende nach.

„Gut", antwortete ich, „wenn ich den Primat des ästhetischen Zugangs zur Welt ernst nehme, kann ich jede Exaktheit der theoretischen Berechnung und Effizienzoptimierung einer praktischen Handlung nur als sekundär einstufen. Folgerichtig muss ein reduktionistischer Glaube an die Objektivität und totale Berechenbarkeit, die aktuelle Probleme behände analysieren und lösen sollen, unwillkürlich zu neuen Problemen führen."

Elegant verwies darauf mein Begleiter auf Wittgenstein, der in Bezug auf die Bedeutung der Wissenschaft schrieb: „Das Bestehen der experimentellen Methode lässt uns glauben, wir hätten das Mittel, die Probleme, die uns beunruhigen, loszuwerden; obgleich Problem und Methode windschief aneinander vorbeilaufen."¹⁰

b) Mehr über die Metapher

Um die Bedeutung der Ästhetik in einem weiteren Rahmen zu erkennen, machten wir uns wieder auf den Weg, auf dem wir unsere Gedanken weiter führten. Denn die bisher diskutierte, relativ einfache Begründung des Primats der Ästhetik führte nicht notwendig zu einer Ästhetik als Gegenbewegung, die mir am Herzen lag, damit ich eine Alternative zur Designentwicklung erarbeiten könnte. Wir suchten nach einer Analogie und fanden sie auf dem Feld der Sprache.

Weg, S. 278 f; Langer schreibt dort: „Alle unsere Anzeichen und Symbole sind [...] sinnlicher und emotionaler Erfahrung entnommen und tragen den Stempel ihres Ursprungs – [...]. Gerade weil in jeder vertrauten Form ein Fond möglicher Bedeutungen liegt, hält das Bild der Wirklichkeit für uns zusammen [...]."

7 vgl. I. Kant, *Kritik der Urteilskraft*, B LVI, S. 108 f.
8 vgl. F. Schiller, *Über die ästhetische Erziehung des Menschen in einer Reihe von Briefen*, 23. Brief, S. 641 f sowie O. Marquard, *Aesthetica und Anaesthetica*, S. 32 f.
9 vgl. M. Seel, a.a.O., S. 93 ff. Kambartel ergänzt diesen Gedanken wie folgt: „Beim ästhetisch Einzigartigen ist nichts zufällig, alles wunderbar. Und hier steht das „Wunder" in Opposition zum Erklärten *wie zum Unerklärten*. – Erklärungen sollen die Kontingenz aufheben, die Welt entzaubern." (*Philosophie der humanen Welt*, S. 110).
10 L. Wittgenstein, *Philosophische Untersuchungen*, xiv, S. 580.

„Eine plausible Stellvertreterin der Ästhetik innerhalb des für das menschliche Zusammenleben und die Kultur essentiellen Sprach- und Denkvermögens ist die Metaphorik, der übertragene, sinnbildliche Wortgebrauch", führte ich nach einigem Nachdenken aus und fuhr in Anlehnung an Kant fort: „Ihre spielerische und vielfältige Erzeugungsmöglichkeit sowie die Vieldeutigkeit und Vagheit zeigen ihre Verwandtschaft zu dieser philosophischen Disziplin.[11] Zentral ist ihre Bedeutung nicht nur in der althergebrachten Rhetorik, sondern auch in der Lyrik und Poesie, der ästhetisierten Sprache par excellence. Paul Ricoeur unterteilt dementsprechend die Metapher, weil sie je nachdem, ob sie als Teil der Poetik oder der Rhetorik interpretiert wird, verschiedene Funktionen einnimmt."[12] – „Was ist denn für dich eine Metapher? Wie definierst du dieses sprachliche Phänomen? Und scheue dich nicht, dabei auch Metaphern zu verwenden, auch wenn das kein sauberes Vorgehen ist. Ich glaube, es ist wohl unmöglich, eine Erklärung – oder darf ich das Wort ‚Theorie' verwenden? – über Metaphern aufzustellen, ohne metaphorische Ausdrücke zu verwenden."[13] – „Ich versuch es. Bereits in meiner bisherigen Arbeit habe ich im Zusammenhang mit der Postmoderne auf die Bedeutung der Metapher hingewiesen. Aber es stimmt, dass ich dabei noch gar nicht richtig ihr Wesen erläutert habe. Ich stelle mich naiv in rhetorischen Belangen und will auf das Phänomen der Metapher nicht als einzelnen Tropus innerhalb der Tropenlehre eingehen, sondern mit ‚metaphorischer Aussage' alle verwandten Formen wie Metonymie, Allegorie, Symbol, Katachrese, Synekdoche, Ironie etc. im weiten Sinne verstehen."[14] – „Damit bin ich einverstanden. Schliesslich ist die Rhetorik für uns keine Grundlage mehr, auf die wir uns notwendig beziehen müssen. Sprachphilosophische Überlegungen sollten ausreichen. Fahr also ruhig weiter." – „Eine aufschlussreiche Theorie von Goodman definiert die ‚metaphorische Aussage'[15] als kalkulierten Kategorienfehler.[16] Ein Wort, egal ob Substantiv oder Verb, wird in einer falschen, bzw. unüblichen Kategorie verwendet, welche nicht innerhalb des Konnotationsfeldes der ursprünglichen Bedeutung liegt." – „Das leuchtet mir ein." – „Der Fehler bewirkt, dass in den meisten Fällen die wörtliche Bedeutung der Aussage falsch ist." – „Was den Unterschied zum Vergleich ausmacht. Davidson kritisiert Goodman gerade da-

---

11 vgl. I. Kant, *Kritik der Urteilskraft*, B 28, S. 132.
12 vgl. P. Ricoeur, *Die lebendige Metapher*, S. 18.
13 Auf dieses Problem machen diverse Autoren, vor allem Derrida und Ricoeur, aufmerksam: vgl. J. Derrida, „Der Entzug der Metapher", S. 197 ff; ders.: „Die weisse Mythologie", S. 214 f; P. Ricoeur, a.a.O., S. 263: „Es gibt keinen metaphernlosen Ort, von dem aus Ordnung und Umgrenzung des metaphorischen Bereiches zu überblicken wären. Die Metapher wird metaphorisch formuliert."
14 vgl. Chr. Strub, *Kalkulierte Absurditäten*, S. 58. Vgl. zum schwierigen Verhältnis zwischen Metapher und Katachrese z. B. M. Black, „Mehr über die Metapher", S. 389 und insbesondere P. Parker, „Metapher und Katachrese", S. 312-331.
15 Der Begriff ‚metaphorische Aussage' betrifft einen ganzen Satz, in dem eine Metapher (ein metaphorischer Ausdruck) vorkommt. Die ganze Aussage als Grundlage für die Analyse zu nehmen erlaubt ein exakteres Erfassen des Phänomens (vgl. M. Black, a.a.O., S. 386).
16 vgl. N. Goodman, *Sprachen der Kunst*, S. 77. Goodman übernimmt den Begriff ‚Kategorienverwechslung' von G. Ryle (*Der Begriff des Geistes*). Vgl. auch Chr. Strub, a.a.O, S. 79 ff. Er weist darauf hin, dass sich Ryles Gedanken bereits im *Leviathan* von Hobbes finden.

rum, weil dieser behauptet, der Unterschied zwischen Vergleich und Metapher sei unerheblich."[17] – „Danke für diesen Hinweis. Für mich jedenfalls ist die logische Falschheit metaphorischer Aussagen einleuchtend. So verhält es sich z. B. in den folgenden Sätzen: ‚Das Leben ist ein Traum.', ‚Der Würfel ist fröhlich.' oder ‚Ich schenke dir mein Herz.'" – „Und wie steht es mit der Negation? ‚Der Würfel ist nicht fröhlich' wäre doch ein korrekter Satz, obwohl er immer noch metaphorisch klingt." – „Du musst aber zwischen zwei Negationsformen unterscheiden", entgegnete ich. „Die interne hast du eben erwähnt. Die andere, externe lautet: ‚Es stimmt nicht, dass der Würfel fröhlich ist.' Der Sprachphilosoph Christian Strub argumentiert für mich überzeugend, wenn er sagt, die interne Negation suggeriere, dass der Würfel Gefühle hat, nur eben nicht fröhliche, sondern vielleicht trübsinnige. In diesem Fall bleibt die Aussage falsch.[18] Dein Argument gilt demnach nur für die externe Negation." – „Du versuchst hartnäckig am Kriterium der Negation festzuhalten. Allerdings ist nicht jede falsche Aussage automatisch eine metaphorische. Sonst wären ja rhetorische Figuren wie Übertreibungen oder das absichtliche Spielen mit Gegensätzen auch Metaphern."[19] – „Natürlich gebe ich dir recht. Auf der andern Seite muss man bedenken, dass gerade auch auffällige, banale Wahrheiten wie Tautologien metaphorisch gedeutet werden können. Nimm das Beispiel ‚Geld ist Geld.' In diesem Fall ist die Wahrheit der Aussage so offensichtlich, dass darin nicht ihr einziger Sinn stecken kann."[20] – „Ist das wirklich noch ein Kategorienfehler, den du zuvor so elementar für eine metaphorische Aussage bezeichnet hast?" – „Vielleicht ist hier das Wort ‚Kategorienfehler' nicht angebracht. Aber gemäss Wittgenstein sind Tautologien sinnlos[21], oder mit einem andern Wort ausgedrückt: absurd. Ich sollte deshalb wohl eher von einer vom Sprechenden kalkulierten Absurdität reden."[22] – „Das erscheint vernünftig. Bei deinem letzten Satz fällt mir aber noch etwas auf: Wenn du vom Sprechenden ausgehst, der etwas intendiert, bzw. kalkuliert, ist es nahe liegend, nicht allein auf Bedeutungsfelder oder auf die Semantik zu verweisen, sondern die Pragmatik einzubeziehen." – „Gewiss. In vielen Fällen ist es unabdingbar, den genauen Kontext eines Gesprächs zu kennen, um festlegen zu können, ob eine Aussage metaphorisch ist oder nicht."[23] – „Du redest von vielen Fällen. Könnten es nicht alle Fälle sein?" – „Wie meinst du das?" – „Du hast oben ja von einem Kategorienfehler gesprochen, der auf einer Vermischung verschiedener semantischer Felder beruht. Aber metaphorische Aussagen könnten einfach einen besonderen Redemodus darstellen oder eine besondere Sprechhandlung sein wie

---

17 Goodman äussert diese These in: a.a.O., S. 81. Davidson kritisiert sie in: „Was Metaphern bedeuten" (1978), in: *Wahrheit und Interpretation*, S. 357. Dass die metaphorische Aussage häufig nicht ein elliptischer Vergleich ist, kommt auch in Blacks Interaktionsthese zum Ausdruck (vgl. Kapitel 5. b).
18 vgl. Chr. Strub, a.a.O., S. 108.
19 vgl. M. Black, a.a.O., S. 403. Die Fachbegriffe lauten Hyperbel und Oxymoron.
20 vgl. D. Davidson, a.a.O., S. 362. Er spricht dabei von „eklatanter Wahrheit".
21 vgl. L. Wittgenstein, *Tractatus logico-philosophicus* 4.461, S. 43.
22 vgl. Chr. Strub, a.a.O., S. 134 f. Dementsprechend lautet der Titel des gesamten Werks *Kalkulierte Absurditäten*.
23 vgl. a.a.O., S. 57 f (Anm. 16).

z. B. das Lügen." – „Interessant. Und was wäre die Funktion dieser Sprechhandlung?" – „Eine Veränderung der Sichtweise auf unsere Welt zu erwirken, im Gegensatz zu der semantischen Deutung, die versucht, eine andere Sichtweise darzustellen. So jedenfalls lautet die Position von Davidson und Rorty."[24] – „Sonderbar ist nur, dass in der bisherigen Tradition der Sprachwissenschaft kaum jemand auf einen solchen Sprechakt hingewiesen hat." – „Ich versuche ja auch, deine Sichtweise zu verändern. Statt von einem Kategorienfehler könnte man von einem pragmatischen Sprung reden, der auftritt, wenn wir von der Behauptungs- auf die metaphorische Ausdrucksebene wechseln. Beim Lügen oder bei der Ironie bereitet uns dieser Sprung in der Regel auch keine Probleme."[25] – „Ein verlockender Ansatz. Dann wäre eine metaphorische Aussage nicht eine semantische, sondern eine pragmatische Regelverletzung, eine Verletzung im korrekten Gebrauch eines Wortes." – „Und wenn sich ein metaphorischer Gebrauch eingebürgert hat, hat sich das semantische Feld erweitert. Die Metapher stirbt und die tote Metapher ist zu einem geläufigen Begriff, zu einer Floskel geworden.[26] In der Alltagssprache erscheint sie unscheinbar auf Schritt und Tritt. So ist auch das Wort ‚Begriff' selbst eine mittlerweile tote Metapher.[27] Man könnte sogar soweit gehen, dass das Sterben, bzw. die Abnutzung von Metaphern konstitutiv für das philosophische Denken ist. Erst durch die Überwindung der Doppelbödigkeit und Bildhaftigkeit kann sich die abstrakte Spekulation entfalten."[28] – „Lieber Ernst, diese Theorie muss ich mir nochmals im Stillen durch den Kopf gehen lassen. Was mir aber auf Anhieb als kritischer Punkt auffällt, ist die Vernachlässigung der Bedeutungsgeschichte der Worte." – „Das verstehe ich noch nicht. Kannst du mir dies erläutern?" – „Jedes Wort trägt seine Geschichte mit sich, eine Geschichte vom Wandel der Bedeutung, der Herkunft, aber auch der klanglichen Assoziationen. All dies schwingt mit, wenn wir Worte verwenden. Wir können sie bewusst, dichterisch einsetzen und kombinieren. Wir können sie in dieser Hinsicht – wie meistens im Alltag – hören, lesen und deuten, ohne dass die sprechende Person diese historische Tiefe intendierte. Insofern ist jedes Wort potentiell metaphorisch." – „Meinst du nicht, dass es sich einfach um Vieldeutigkeit handelt?"[29] – „Du kannst es so nennen. Aber gleichwohl habe ich die Wörter ‚Jedes Wort ist potentiell metaphorisch.' so gewählt, dass sie in ihrer primären Bedeutung ohne Problem Sinn machen. Wenn ich deren Etymologie hervor hole und z. B. die Potenz und Mächtigkeit im Potentiellen, die Bewegung des Hinübertragens im Metaphorischen sehe, interagieren diese Bedeutungssphären inein-

---

24 vgl. R. Rorty, „Ungewohnte Geräusche: Hesse und Davidson über Metaphern", S. 108.
25 vgl. D. Davidson, a.a.O., S. 362 f.
26 vgl. D. Davidson, a.a.O., S. 353 f und R. Rorty, a.a.O., S. 115 f.
27 Mit der toten Metapher beschäftigen sich die Metapherntheoretiker natürlich häufig. Besonders zu erwähnen ist die „Weisse Mythologie" (S. 205f) von J. Derrida, in der er untersucht, wie ursprüngliche Metaphern weiss gewaschen werden. Vgl. auch N. Goodman, a.a.O., S. 83; M. Black, a.a.O., S. 389.
28 vgl. P. Ricoeur, a.a.O., S. 270 f; vgl. auch H. Arendt, *Das Denken*, S. 113 f.
29 Den Unterschied zwischen Vieldeutigkeit (Ambiguität) und übertragener Bedeutung einer Metapher arbeitet N. Goodman heraus, in a.a.O., S. 75.

ander und führen zu Verwirrung, zu Überraschung oder auch zu einer Vertiefung des Verständnisses der Aussage. Und damit bewirkt die Beachtung der Etymologie das gleiche wie eine Metapher. Wenn ich die Etymologie eines Wortes belebe, belebe ich eine tote Metapher." – „Damit glaubst du nun ein Gegenargument gegen Davidson und Rorty in den Händen zu haben." – „Ich kenne deren Theorie nicht recht. Darum kann ich dies nicht einfach behaupten. Aber es fällt mir schwer in deren Sinn eine Theorie historischer Pragmatik aufzubauen, um diese Art etymologischer Metaphorizität zu erklären." – „Rorty spricht in Anlehnung an Quine davon, dass Bedeutung ein kleiner gerodeter Bezirk sei und dass der Tod einer Metapher das Feld dieses Bezirks verändern kann, aber eben, erst der Tod."[30] – „Ich denke, dass Rorty zu sehr das schöpferische Verändern des Bezirks für die Zukunft beachtet. Die semantische Vergangenheit eines Wortes schlummert jedoch in den Wörterbüchern und kann jeder Zeit geweckt werden.[31] Warum also soll eine Metapherntheorie nur in die Zukunft blicken?" – „Dann lass uns doch noch länger in die Vergangenheit blicken, wie wir beim Blick auf diese Landschaft, ja selbst auf die Wege und Wälder hier, in die Vergangenheit blicken."

Wir waren mittlerweile in der Orangerie der Stadtgärtnerei angekommen und setzten uns auf eine Parkbank, um die angenehme Ruhe in der gepflegten Gartenanlage zu genießen. Nach einer kurzen Weile fuhr Ernst fort: „Du hast ja schon im letzten Kapitel deiner Arbeit – soweit ich sie überflogen habe – auf die frühere Rezeption der Metapher hingewiesen. Hast du auf diesem Gebiet noch mehr herausgefunden?" – „Ich habe einige interessante Stellen und Thesen gefunden: Lange Zeit deutete man die Metapher nur als rhetorische Figur, als sprachliches Schmuckwerk ohne kognitiven Gehalt und glaubte sie durch eine Paraphrase ersetzen zu können." – „Vergiss Blumenbergs These nicht, wonach Metaphysik, bzw. Begriffe der Metaphysik häufig beim Wort genommene Metaphern sind."[32] – „Aha. Dann müsste man die Ersetzbarkeitsthese noch durch diese Begriffsthese ergänzen", bemerkte ich. „Auf alle Fälle änderte sich dieses Verständnis im 20. Jahrhundert. Ein Meilenstein ist z. B. Ivor A. Richards Aufsatz „Die Metapher" aus dem Jahre 1936. Mit Beginn dieser modernen Metapherntheorien setzt sich die so genannte Unersetzbarkeitsthese durch, die sich in der sprachanalytischen Tradition bei Black und Goodman, sowie in der Hermeneutik bei Blumenberg, Derrida oder Ricoeur äussert."[33] – „Die pragmatische Deutung durch Davidson und Rorty darfst du da-

---

30 vgl. R. Rorty, a.a.O., S. 121. Diese Sichtweise passt auch zur Deutung der Metapher als ein Instrument zur Entgrenzung und Öffnung der Welt, wie sie Strub vornimmt. Sie ist somit konstitutiv für eine Ontologie der offenen Welt, die das neuzeitliche Weltverständnis prägt (vgl. Chr. Strub, „Abbilden und Schaffen von Ähnlichkeiten", S. 117 f.).

31 Ein Verweis auf die Gedächtnispsychologie eröffnet eine hilfreiche Stütze für dieses Argument: Das deklarative Wissen im Langzeitgedächtnis wird seit Tulving (1972) in episodische (d. h. biographische) und semantische Formen unterteilt. Die beiden Wissens- und Kodierungsformen sind nicht unabhängig voneinander, sondern ergänzen sich. Dementsprechend könnte man ableiten, dass die Semantik eines Wortes von der (teils verborgenen) Etymologie, bzw. „Biographie" des Wortes abhängt (vgl. P. Zimbardo, *Psychologie* (2004), S. 315 f.).

32 vgl. H. Blumenberg, *Paradigmen zu einer Metaphorologie*, S. 142.

33 vgl. Chr. Strub, *Kalkulierte Absurditäten*, S. 24-27, 45-48, 379-391.

bei nicht ausser Acht lassen!" – „Ja, diese muss ich mir merken." – „Du willst also sagen, dass die Unersetzbarkeit der Metapher neben der kalkulierten Absurdität zum Wesen der Metapher gehört. Nur deuten die unterschiedlichen Theorien an, dass offen bleibt, wie die Unersetzbarkeit begründet werden soll." – „Du bringst es auf den Punkt. So streiten sich die Fachleute darüber, ob eine Metapher eher dazu anrege, Ähnlichkeiten oder Unähnlichkeiten zu sehen."[34] – „Du hast vorhin einmal das Beispiel ‚Das Leben ist ein Traum.' erwähnt. Ein solches Beispiel scheint mir eher darauf hin zu wirken, dass wir gemeinsame Strukturen entdecken wollen. Unähnlichkeit zu sehen leuchtet mir hingegen nicht ein." – „Vielleicht sind wir an diese Metapher bereits zu sehr gewöhnt. Doch ein kühnes Bild[35] wie – lass mich überlegen – … wie ‚Meine Traurigkeit erstickt dein Herz' vermag dich vielleicht zu verblüffen." – „Du meinst, da kommt etwas zusammen, das nicht zusammen passt?" – „Ja." – „Aber dennoch kann ich doch nicht in der Überraschung verharren, sondern werde versuchen, Traurigkeit als etwas Erstickendes zu sehen. Kennst du die Stelle bei Wittgenstein, in der es darum geht, das Gemeinsame zu sehen?"[36] – „Am Anfang der *Philosophischen Untersuchungen*." – „Genau. Es ist doch das Entscheidende bei der Metapher, etwas als etwas zu sehen. Das macht ihre Grundstruktur aus."[37] – „Glaubst du nicht, dass dies eher die Struktur des Vergleichs ist? Vergleiche mein eben erfundenes Beispiel mit dem Satz ‚Meine Traurigkeit ist so stark, wie wenn sie dein Herz erstickt.' Im ‚ist wie' werde ich dazu gebracht, etwas zu vergleichen und nach Gemeinsamkeiten zu suchen. Wenn ich das ‚wie' streiche, prallen zwei Bereiche ungehörig aufeinander, schockieren, so dass zunächst ihre Unähnlichkeit und damit die Sinnlosigkeit auffällt." – „Du willst mich also zu den kalkulierten Paradoxien oder Absurditäten zurückführen", schmunzelte Ernst.

c) Ästhetik und poetische Metaphorik

„Genug zur Metapher!", unterbrach ich meinen Gesprächspartner und versuchte den Faden unseres Gesprächsanfangs wieder aufzunehmen. „Nun schau gut zu! Ich versuche einen Sprung zurück zur Ästhetik. Denn was den meisten Analysen über die Metapher fehlt, ist der Rückbezug auf die ursprüngliche aristotelische Trennung von rhetorischer und poetischer Metapher." – „Glaubst du nicht, dass diese Unterscheidung mittlerweile überholt ist?", fuhr Ernst spöttisch dazwischen.

---

[34] vgl. Chr. Strub, a.a.O., S. 449. Er nimmt zugunsten der Unähnlichkeit Position und formuliert sie wie folgt: „Die Metapher schafft etwas Neues in der Welt dadurch, dass sie aufgrund einer vorgegebenen Ähnlichkeit etwas Altes durch Verunähnlichung zerstört." („Abbilden und Schaffen von Ähnlichkeiten", S. 123).
[35] vgl. den Aufsatz von H. Weinreich „Semantik der kühnen Metapher".
[36] vgl. zu ‚das Gemeinsame sehen': L. Wittgenstein, *Philosophische Untersuchungen* § 65-67, S. 276 ff; vgl. zu ‚etwas als etwas sehen': a.a.O., II. Teil XI, S. 518 ff.
[37] vgl. M. Black, a.a.O., S. 396 und D. Davidson, a.a.O., S. 370.

„Lass mich bitte ausreden, Freund! Ein deutlicher Unterschied besteht darin, dass die rhetorische Tradition die Metapher in der Regel für ersetzbar hält, während – so meine Überlegung – in der poetischen Tradition die Unersetzbarkeitsthese wesentlich mehr Sinn macht. Also nimmt diese Unterscheidung wieder Bezug auf die angesprochene aristotelische Trennung." – „Ich bewundere deine Fähigkeit, Altes mit Neuem zu verbinden", sprach Ernst mit ironischem Lächeln. „Fahr fort!" – „Ähnlich wie sich die Bedeutung des Sprechens aus sinnstiftenden Bildern, also Metaphern, ergibt und damit eine semantische oder pragmatische Weltorientierung konstruiert, baut unsere sinnlich fassbare Welt zunächst auf einer ästhetisch freien Wahrnehmung auf, in welcher das Betrachtete in seiner ganzen Fülle den Betrachtenden gefühlsmässig berührt und ihm dadurch eine emotionale Grundorientierung schenkt, ohne die Entscheidungen und Handlungen undenkbar wären.[38] Und hierauf beruht der Wert der Mythen und Erzählungen, die ganz anders und elementarer wirken als Traktate und Argumentationsketten."[39] – „Du erwähnst zu Recht die Mythen, die Gesellschaften, auch moderne, nach wie vor prägen. Nur sind wir in der Regel blind, sie in der Gegenwart zu erkennen." – „Susanne Langer behauptet übrigens, dass es uns Menschen in einer technischen Zivilisation schwerer fällt, Mythen zu bilden als früher. Es mag auf den ersten Blick paradox klingen, dass gerade sie Freiheit ermöglichen. Doch mit Mythen und Symbolen gelingt es dem Menschen, sich vom rein mechanischen und kausalen Reiz-Reaktionsschema zu lösen. Folgerichtig gefährdet gerade der technische Fortschritt die geistige Freiheit."[40] – „Noch paradoxer wird es aber", erwiderte Ernst, „wenn ich dir die *Dialektik der Aufklärung* entgegenhalte. Horkheimer und Adorno behaupten, dass die Mythen, welche die Aufklärung zerstören will, bereits deren Ergebnis waren.[41] Und dadurch verstrickt unsere aufgeklärte Rationalität „mit jedem Schritt tiefer sich in Mythologie"[42] und Irrationalität." – „Vielen Dank für deinen kritischen Einwand. Aber ich möchte das angesprochene Verhältnis von Metaphorik und Ästhetik wirklich vorerst Schritt für Schritt klären." – „Und einen eigenen kleinen Mythos aufbauen", spottete Ernst. Ich hatte es nicht leicht mit ihm. Ich erhob mich, versuchte mich während der langsamen Gehbewegung zu konzentrieren und fuhr fort:

---

38 Langer stellt fest, dass mythische Erzählungen aus einem Netz von metaphorisch ausgedrückten Lebenserfahrungen bestehen, in welchem die frühen Menschen ihre persönlichen Erlebnisse von Geburt, Liebe und Tod mit ihren Vorstellungen von kosmischen Zusammenhängen verbinden (vgl. a.a.O., S. 178 f.).
39 Welsch weist auf das narrative Element in der Postmoderne hin, indem das Fiktionale das Funktionale wesentlich ergänzt (*Unsere postmoderne Moderne*, S. 113). Auf die spezielle Bedeutung der Mythen, wie sie z. B. in Cassirers *Philosophie der symbolischen Formen* erscheint, möchte ich hier nicht eingehen.
40 vgl. S. Langer, a.a.O., S. 287. Dort beschreibt sie z. B. das Autofahren als „aufmerksam sein, aber ohne zu denken". Vgl. zum Verhältnis von Freiheit und Mythos: a.a.O., S. 284 f.
41 vgl. M. Horkheimer und Th. W. Adorno, *Dialektik der Aufklärung*, S. 14.
42 a.a.O., S. 18.

„In der ästhetischen Betrachtungsweise sind wir sensibilisiert auf das Spiel von Formen, Hüllen, Verkleidungen, Dekorationen und Ornamenten.[43] Es gibt hier keine abstrakte, pure Nacktheit des Stoffes, alles erscheint als Konstruktion, in der die aristotelischen Prinzipien von Stoff und Form unzertrennlich sind.[44] Dabei ist jede Konstruktion potentiell dekorativ, jedes Wort potentiell metaphorisch – ich zitiere mich! –, so dass auch ein notwendiger Zusammenhang zwischen ästhetischer Wahrnehmung und dekorativer Gestaltung besteht. Wichtig ist m. E. die Feststellung, dass es zwischen funktionalistischer Grundform und aufgesetztem Dekor keinen absoluten, qualitativen Sprung gibt, sondern nur fliessende Übergänge, die zudem von der Sichtweise des Interpreten abhängen. Jede noch so karge Form lässt sich als Schmuck oder Zierde deuten, und jedes Ornament kann als Metapher gedeutet werden."

„Das ist ein interessanter Gedanke", erwiderte Ernst. „Vielleicht könnte man behaupten, dass viele Ornamente wie tote Metaphern sind. Oftmals sind dekorative Elemente nämlich „eingeschliffene […] zwecklos gewordene Zweckformen", wie Adorno sagt.[45] Behalte allerdings im Auge, dass bei ihm der ‚Ausdruck', die Expressivität sehr wichtig ist und es in der Ästhetik nicht bloss um die Begriffe Funktion, Form, Konstruktion oder Schmuck geht. Die Ausdruckskraft deutet er unabhängig vom Ornamentalen, ja sogar in Opposition zur Harmonie."[46] – „Wenn ich dir zuhöre, merke ich, wie viel ich noch aufarbeiten sollte. In meiner bisherigen Arbeit hatte ich wirklich zum Teil Scheuklappen." – „Erzähl nur weiter. Schliesslich ergeht es mir gleich wie dir." – „Gehen wir also zurück zur Metapher, die in der römischen Rhetorik als Ornament der Rede gesehen wurde.[47] Hans Blumenberg, der sich in seinen philosophischen Werken ganz intensiv mit der Bedeutung der Metaphorik auseinander gesetzt hat, macht diesbezüglich eine ganz wesentliche Feststellung: Neben solchen Metaphern, die sich zwar mit einem gewissen Aufwand, aber letztlich ohne Bedeutungsverlust in eine terminologische Sprache übersetzen und erläutern lassen, existiert ein Grundbestand von Metaphern[48], bei dem diese Transformation nicht gelingen kann. Blumenberg nennt diese Metaphern pragmatisch,[49] weil sie grundlegend für unsere praktische Lebensausrichtung sind. Solche Metaphern wären in diesem Fall konstitutiv für unser Weltverständnis."[50] Und so entdeckte ich auf unserem Spaziergang unverhofft eine Brücke, die uns sofort wieder ins anfänglich durchwandelte Gebiet der Ästhetik und ihrem Primat zurückführte. „Ich

---

43 Ich will im Folgenden das Ornament als eine Teilmenge der Dekoration betrachten. Während Dekor allgemein Schmuck und Zierde bedeutet, definiere ich das Ornament als eine Verzierung, die mit Regeln der Wiederholung, Sequenzierung und z. T. vorgegebenen Mustern arbeitet (vgl. dazu I. Kant, *Kritik der Urteilskraft* B 42 f, S. 141 f).
44 vgl. Kapitel 2. b).
45 Th. W. Adorno, *Ästhetische Theorie*, S. 210.
46 vgl. a.a.O., S. 73 und 168 f.
47 vgl. H. Blumenberg, *Schiffbruch mit Zuschauer*, S. 77.
48 vgl. H. Blumenberg, a.a.O., S. 9; vgl. dazu auch S. Langer, a.a.O, S. 143: „Sie [die Metaphorik] ist die Kraft, durch die die Sprache wesentlich relational, intellektuell wird."
49 vgl. H. Blumenberg, a.a.O., S. 20.
50 vgl. ebd.

glaube, genauso konstitutiv ist der Schmuck in der Gestaltung unserer Alltagswelt."
– „Eine originelle These", meinte Ernst dazu. – „Das dachte ich zunächst auch.
Doch schon Cassirer beschäftigte sich ausgiebig mit symbolischen Formen in der
Kultur, und dazu gehören die von mir verglichenen Bereiche der Sprache und der
Kunst.[51] In seinem Hauptwerk verweist er u. a. auf den Neukantianer Hermann
Cohen und dessen *Ästhetik des reinen Gefühls*. Dort ist die Brücke zwischen Metapher und bildnerischem Gestalten bereits gebaut."[52] – „Ich habe noch Mühe, dies
richtig zu verstehen. Kannst du mir erklären, wie ich eine Metapher in einem Bild
oder einer Skulptur sehe und von einem Vergleich unterscheiden kann?" – „Ich
erkläre es mir auf folgende Weise: Beim Vergleich denke ich, dass die Front eines
Autos z. B. aussieht *wie* das Gesicht einer Katze. Betrachte ich das Auto metaphorisch, sehe ich die Front *als* kätzisches Gesicht.[53] Der Unterschied ist nicht so offensichtlich wie im sprachlichen Ausdruck. Er liegt nicht in der Grammatik, sondern
in der Wahrnehmungseinstellung." – „Jedenfalls sehen wir in diesen Formen und
Gestalten Symbole, die wir lesen und deuten können. Genauso sind ja Buchstaben
Symbole und Codices, die wir lesen. Dies verdeutlicht, wie elementar die Fähigkeit
des Lesens für das Menschsein ist." – „Nur fällt es uns schwerer, gewisse Formen als
Symbolsprache zu deuten als andere", fügte ich hinzu.

In der Zwischenzeit hatten wir den Gutshof Elfenau erreicht, der von der Grossfürstin Anna Feodorowna zu Beginn des 19. Jahrhunderts erworben und umgebaut
worden war. Wir durchschritten die grosszügige Anlage des ursprünglichen Frauenklosters gemächlich und ohne Worte, bis ich beim Aussichtspunkt den Faden des
Gesprächs wieder aufnahm:

„Wenn wir die historische Entwicklung im Feld der Sprachphilosophie betrachten, fällt auf, dass die Metapher bezeichnenderweise erst mit dem Licht der Aufklärung zu einem intensiven Forschungsgegenstand wurde. Das heisst, erst nachdem
sich die Metaphorik vom Mantel der Metaphysik, die einen sicheren Deutungsrahmen vorgab, entblösst hatte[54], wurde ihr Wesen richtig erforschbar. Andererseits

---

51 vgl. z. B. E. Cassirer, *Philosophie der symbolischen Formen*, Bd. 1, S. 10.
52 Cohen schreibt darin: „Es ist falsch, dass die Metapher nur ein angemasster, nur ein rhetorischer Schmuck wäre, ein Ballast, der in dem poetischen Gedankenfluge auch abgeworfen werden könnte. Wir haben erwogen, dass dieser vermeintliche Schmuck ebenso instrumental ist, wie der Schmuck im bildnerischen Mal. Wir haben erkannt, dass der Bedeutung des Mals die zweite innere Sprachform durchaus entspricht." (*Ästhetik des reinen Gefühls*, S. 385) Die innere Sprachform bestimmt er als „eine zweite Ursprache", in der das Erleben und die Gefühle ihren Ausdruck finden (a.a.O., S. 383 f.).
53 Diese Unterscheidung macht Aldrich in seinem Aufsatz „Visuelle Metapher", S. 146 (vgl. dazu Kapitel 4, Abb. 7). Hierzu siehe auch A. Graeser, *Bedeutung, Wert, Wirklichkeit*, S. 195 f.
54 vgl. H. Blumenberg, a.a.O., S. 142: „Metaphysik erwies sich als beim Wort genommene Metaphorik; der Schwund der Metaphysik ruft die Metaphorik wieder an ihren Platz." Eine gegensätzliche Position vertritt Heidegger, aufgearbeitet in: P. Ricoeur, *Die lebendige Metapher*, S. 254 ff. Eine differenziertere Sichtweise vertritt Strub. Er unterscheidet zwischen einer begrenzten Entdeckungswelt (des traditionellen Weltbilds) und einer entgrenzenden Erfindungswelt (des neuzeitlichen Paradigmas) und stellt fest, dass die Sensibilisierung auf die (emphatische) Metapher erst mit der Moderne und dem Bewusstsein der „sprachlich-kontingenten Verfasstheit unserer Weltbilder" deutlicher wird (a.a.O., S. 121 f.).

geriet auch sie in die Dialektik der Aufklärung⁵⁵: Metaphern wurden zu einem zu eliminierenden Kampfobjekt einer positivistisch-szientistischen Wissenschaftsauffassung. Sie wurden andererseits zum dienstbaren Instrument rhetorischer Werbestrategien und schliesslich zum gefeierten Sprachtopos in der historisch-hermeneutisch ausgerichteten Philosophie."

Ernst ergänzte: „Falls die Analogie oder Brücke zwischen Metapher, Ästhetik und Dekoration tatsächlich besteht und sicher hält, gehört das Dekorative zum ästhetischen Grundbestand einer humanen Welt. Dem radikalen modernen Verdikt gegen überflüssige und schliesslich gegen jede Art von Dekoration liegt ein Denkfehler zugrunde, mit dem eine postkulturelle Revolution eingeläutet wird, die eine Transformation und Selbstzerstörung des menschlichen Selbstverständnisses bedeuten würde.⁵⁶ Es gibt kein Drittes mehr."⁵⁷

Daraus folgerte ich, dass ein sinnvolles Kriterium zur Beurteilung der Angemessenheit von Dekorationen ihre Lebendigkeit sei⁵⁸, und fuhr fort: „Eine ästhetische Unterscheidung zieht also nicht die Grenze zwischen traditioneller Zierde und moderner, funktionalistischer Zierlosigkeit, sondern zwischen toter und lebendiger Dekoration. Der Überdruss an toter und repetitiver Dekoration im Historismus führte zu einer logischen Abwehrreaktion in der aufkommenden Moderne. Die stilistische Nekrophilie wurde durchbrochen mit einer „Bewegung der Bewegung", der Avantgarde. Doch die nachfolgende Tendenz bis hin zur aktuellen Neomoderne bedeutete das Kind mit dem Bade auszuschütten und weist auf das unheimliche Phänomen der Beschleunigung hin."

Ernst nickte. Hier fanden wir den Ort, wo sich die Begründung einer Ästhetik als neuen Weg ansiedeln liess, als eine Neubesinnung jenseits der Dynamik des Fortschreitens, jenseits des polaren Denkens von Zierhaftigkeit und -losigkeit, jenseits des sturen Dogmas einer „fortschrittlichen Bewegung". Wenn für die Ästhetik Metaphorizität, sei es in Form von bildhafter Sprache oder schillerndem Schmuck, konstitutiv ist, muss eine Neubesinnung als nächsten Schritt die Suche nach geeigneten tragenden Grundmetaphern umfassen.

---

55 vgl. Chr. Strub, *Kalkulierte Absurditäten*, S. 480. Er versucht „klarzumachen, warum gerade die Metapher als zentraler Ausdruck dieser „Dialektik der Moderne" aufgefasst werden kann. – Es ist eine bekannte These, es gebe seit dem 18. Jahrhundert eine Bewegung, die „der Verachtung der Metapher eine Hochschätzung der Metapher als originaler Denkform" [cit. Weinrich 1980] entgegensetzt."

56 Kambartel schreibt zu dieser These mit Bezug zum oben ebenfalls erwähnten Wittgenstein: „ Es ist die Perspektive des späten Wittgenstein, dass die Vorstellung, uns müssten oder könnten über eine situationsinvariant verfügbare Semantik kulturwissenschaftliche Erklärungen unserer alltäglichen Sprache und der mit ihr (in ihr) möglichen Verständnisse gelingen, entweder eine Illusion darstellt oder auf eine wesentliche Veränderung, ja Elimination der humanen Welt hinausläuft, wie sie uns bekannt ist." (a.a.O., S. 154).

57 vgl. A. Wellmer, *Zur Dialektik von Moderne und Postmoderne*, S. 131. Wellmer zitiert Bloch wie folgt: „Zwischen Plüsch und Stahlsessel', sagt Bloch, ‚zwischen Postämtern in Renaissance und Eierkisten (greift) kein Drittes mehr in die Phantasie.'"

58 Um Kunst zu beurteilen verwendet Langer als Kriterium ihre Ausdruckskraft und Vitalität (vgl. a.a.O., S. 258).

Von unsern Gedanken befriedigt verstummten wir. Mit nun wachsamerem Blick musterten wir die Landschaft und gelangten bald wieder zur Bushaltestelle zurück, wo sich unsere Wege trennten. Ernst merkte beim Abschied an, dass eine Beschäftigung mit der Ästhetik des Jugendstils vor diesem Hintergrund interessant sein könnte. Ich wusste, dass er einige Bildbände zu dieser Stilrichtung besass, und nahm mir vor, Ernst bei Gelegenheit zu besuchen.

d) Lebendigkeit und Beseeltheit im Jugendstil

Aufgrund seiner Erklärungen beim nächsten Besuch fasste ich die wichtigen Gedanken und Verbindungen in einem kurzen Aufsatz zusammen:

„Dialektische Entwicklungen sind spannungsgeladen und deshalb spannender als lineare. Eine solche Entwicklung fand in der Geschichte der Ästhetik beim Übergang vom Historismus zur Moderne statt. Mit einem kurzen Rückblick erläutere ich diese Phase. Das Scharnier bildet dabei der Jugendstil oder Art nouveau. Er bildete den ersten Versuch, die Neoismen der kunstgeschichtlichen Epochen im 19. Jahrhundert – in meiner Terminologie eine Ästhetik der Totenruhe – zu überwinden. In ihm befreite sich die naturwüchsige, wilde Kraft der Ornamente, angelehnt an die berauschende Energie der Natur, von den sturen Vorgaben der Tradition. Einerseits stand diese Kunstbewegung also im Gegensatz zu den etablierten Stilrichtungen, andererseits symbolisierte sie ein Aufbegehren des Kunsthandwerks, das ab den 60er Jahren des 19. Jahrhunderts in der britischen ‚Arts&Crafts-Bewegung' seinen Anfang nahm[59] und sich gegen die zu dieser Zeit immer grössere Verbreitung massengefertigter Industrieprodukte wandte.[60]

Der Jugendstil orientiert sich an den Formen der Botanik und besinnt sich auf das Ursprüngliche, und dies gerade in dem Moment, als Eisenkonstruktionen und Beton die überlieferte massive Baukunst umzuwälzen beginnen. Allerdings ist der Jugendstil nicht einfach eine Widerstandsbewegung. Seine Ausdrucksformen sind zum Teil notwendig an den bautechnischen Fortschritt in der Architektur gekoppelt. Insofern bedeutet dieser Stil auch eine Überwindung des Gegensatzes zwischen Kunst(werk) und Technik.[61] Aus der erwähnten Vielschichtigkeit dieser Ästhetik entstand eine erstaunliche Popularität, die bis heute – trotz der kurzen

---

[59] vgl. B. Schneider, *Design – Eine Einführung*, S. 30 f.
[60] So forderte William Morris (1834 – 1896) entschieden die Rückkehr zum Handwerk und trat „einen leidenschaftlichen Kreuzzug gegen die sich immer weiterentwickelnde Technik" an (K.-J. Sembach, *Jugendstil*, S. 16 f). Wellmer fasst diesen Prozess präzise wie folgt zusammen: „[U]nter Bedingungen industrieller Produktion erscheint der ästhetische Überschuss, der die Produkte des Handwerks beseelte, als obsolet, so als müsste beim industriell gefertigten Gebrauchsgegenstand jeder ästhetische Überschuss zur falschen Geste oder zur illusionistischen Dekoration verkommen." (a.a.O., S. 115).
[61] vgl. K.-J. Sembach, a.a.O., S. 9.

Abb. 1: Das Dach der Casa Milà (auch „La Pedrera" - Steinhaufen) in Barcelona, erbaut von A. Gaudí 1906-1912

Wirkungszeit des Art nouveau von ca. 1880 bis 1915 – anhält. Viele grosse Kaufhäuser nutzten seine Attraktivität zu kommerziellen Zwecken, zur sinnlichen Verführung.[62] Insofern beinhaltet der Jugendstil bereits jene Dialektik, die ich im 4. Kapitel in der postmodernen Bewegung diagnostiziert habe.

Die Wurzeln der oben erwähnten Besinnung auf das Ursprüngliche liegen im Erwachen der Biologie als Wissenschaft und in einem neuen, ernsthaften Interesse an den organischen Formen, wie es sich im Bereich der Malerei bei der präraffaelitischen Bewegung und deren Exponenten John Ruskin und William Morris zeigte. In seinem Aufsatz „Der Begriff und die Tragödie der Kultur" fasst der Soziologe Georg Simmel Ruskins Ideal kurz zusammen. Es gehe ihm darum, „alle Fabrikarbeit durch kunstmässige Arbeit der Individuen zu ersetzen", denn durch die moderne Arbeitsteilung entgehe dem Produkt die „innere Durchseeltheit" und führe den Menschen in eine „entseelte Objektivität".[63] Diese Gedanken passen zur Grundhaltung eines der berühmtesten Jugendstilarchitekten, Antoni Gaudí:

> „Die Architektur schafft den Organismus und deshalb muss ihr Gesetz mit dem der Natur übereinstimmen. Die Architekten, die dieses Gesetz nicht beachten, schaffen ein Gekritzel. – Ich entnahm der Natur die reinsten und wundervollsten Bilder, die Natur war immer mein Lehrer."[64]

Doch Gaudí vertritt nicht einfach aufs Neue eine Theorie der Mimesis, der reinen Nachahmung der Natur. Sein Baustil belegt deutlich, dass der Jugendstil lebendige und kühne, neue Metaphern entwirft, die heute, fast 100 Jahre später, immer noch verblüffen. Als Beispiel dienen die Kamine der Casa Milà (vgl. Abb. 1). Nicht nur die surreale Dachlandschaft ist ästhetisch reizvoll, weil sie mit zahlreichen Andeutungen spielt: Wir glauben z. B. Gesichter unter Ritterhelmen neben riesigen

---

62 vgl. P. Gössel und G. Leuthäuser, *Architektur des 20. Jahrhunderts*, S. 53 f.
63 vgl. G. Simmel, „Der Begriff und die Tragödie der Kultur", S. 414.
64 vgl. A. Gaudí, Gaudí x Gaudí, S. 44.

Sahnehäubchen zu sehen. Sondern Gaudí formuliert auch seine architektonischen Gedanken dazu in metaphorischer Weise:

> „Gebäude sollen ein doppeltes Dach haben, so wie Persönlichkeiten einen Hut oder einen Schirm besitzen. – Die Fertigstellung von Gebäuden mit schwächlichen Metallelementen wie zum Beispiel Kreuzen, Windfahnen usw. sind wahrhafte Karikaturen, sie sind wie eine Glatze mit einem einzigen Haar in der Mitte."[65]

Wenn der Gegenstand, den der Künstler gestaltet, zu einem „Ornament an sich"[66], zu einer zweckfreien Form wird, beginnen die Formen zu leben, und es wird ein schier endloses Geflecht von Andeutungen und Zweideutigkeiten, von Verwandlungen und Spielereien – kurz: von metaphorischen Elementen möglich. So versucht sich die Jugendstilbewegung von den sterilen, beinah nekrophilen Ornamenten des Historismus abzuheben.[67]

Solche Gegenstände können nicht nur Häuser oder Möbel sein. In der Geschichte des Automobilbaus gibt es auch Beispiele für Karosseriedesign, das wie ein Ornament an sich wirkt. Die folgenden Modelle (vgl. Abb. 2-4) stammen von Ende der 30er Jahre und gehören nicht mehr zum Jugendstil, lassen sich aber den Stilrichtungen Art déco und New Deal zuordnen, die sich ab 1925, bzw. 1929 in der Nachfolge des Jugendstils entwickelt haben.[68] Sie illustrieren oder symbolisieren mit ihren Anleihen an fliessende, organische Formen die Dynamik der Bewegung, die Kraft von Wellen.

Doch die Zeit der Jahrhundertwende ist zugleich doppelbödig: Bewunderung und Beherrschung der Natur schreiten unmittelbar neben einander her. Der enorme Fortschritt, der durch die Erfindung der Dampfmaschine und der Eisenbahn möglich wird, ruft eine Gegenbewegung wach, die gegen die Verhässlichung und Entseelung der Welt durch Schornsteine, Russschichten, trostlose Fabrikanlagen, durch „l'homme machine" ankämpft.[69]

Das ist – wie oben besprochen – der Jugendstil, der zu dieser Zeit blüht. Er ist ein, wenn auch manchmal naives, Plädoyer für Lebendigkeit und Beseeltheit der Welt, insbesondere der vom Menschen geschaffenen Welt. Die gleiche Idee liegt aber auch der Baukultur einiger Bauhaus-Ingenieure und -Visionäre zugrunde. Scheerbart und Finsterlin versuchten das Bauen zu verlebendigen, indem sie die Konstruktion durch

---

65 A. Gaudí, a.a.O., S. 76. Ebenso bildhaft äussert sich Gaudí zu den geneigten Säulen im Parc Güell (Barcelona, 1900-1914): „Man hat mich gefragt, warum ich geneigte Säulen baue, und ich habe geantwortet: „Aus dem gleichen Grund, aus dem sich der müde Wanderer auf seinen geneigten Stock stützt. Wenn er ihn vertikal stellen würde, könnte er sich nicht ausruhen." (a.a.O., S. 100).

66 vgl. K.-J. Sembach, a.a.O., S. 97. Er verweist an dieser Stelle auf Endells Hof-Atelier „Elvira" (München, 1897-1898).

67 vgl. a.a.O., S. 19 ff.

68 Während der Art déco ornamentale Üppigkeit und Luxus präsentierte, gab sich der New Deal bescheidener und funktionaler, legte aber Wert auf „sinnlich-einschmeichelnde" Formen von Alltagsgegenständen mit gerundeten Ecken und Chromzierleisten (P. Gössel und G. Leuthäuser, a.a.O., S. 205).

69 vgl. die berühmt-berüchtigte, gleichnamige Kampfschrift von La Mettrie (1748).

Abb. 2: Delahaye 135 Coupé Figoni/Falaschi (1936)

Abb. 3: Delage Cabriolet (1938)

Abb. 4: Delage D8 120 (1937)

transparente Materialien wie Glas zu entmaterialisieren und die traditionelle Bauweise zu transzendieren versuchten. Auch sie waren motiviert, das seelische Leben der Bewohner zu revolutionieren, indem diese sich wie in einem grossen Mutterleib fühlen sollten.[70] Auffallend ist dabei, wie die Wortfamilie ‚Seele, Beseeltheit der Natur, entseelte Maschine' eine Renaissance erlebt[71], - und zwar in der Zeit um die Jahrhundertwende, in der das Wort ‚Seele' als Begriff, der auf eine metaphysische Abstammung verweist, in der Psychologie verschwindet. Und hier wiederholt sich ein Entwicklungsphänomen, das ich schon im Zusammenhang mit der Bewertung der Dekoration festgestellt habe. Statt die Metaphorizität, die dem Wortkern des Seelischen notwendig innewohnt, zu akzeptieren und dementsprechend reflektiert mit diesen „Seelenbildern" umzugehen, wird die Seele als vermeintlich überkommenes Konstrukt eines dogmatischen und unwissenschaftlichen Weltbildes gemieden. So wurde aus der ‚Seelenlehre' die moderne Wissenschaft vom menschlichen Erleben und Verhalten.[72] Doch damit nicht genug: Auffällig ist, wie in der englischsprachigen Literatur das (subjektive) Erleben durch (objektive) mentale Prozesse ersetzt wird und damit der „beseelten" Ich- oder Innenperspektive die letzte Grundlage entzogen wird.[73] Dies musste unweigerlich zum Tod der Seele in der Psychologie führen.[74]

In einer solch weit verbreiteten reduktionistischen Weltanschauung wird übersehen, dass die Forderung nach Innerlichem und Seelischem konstitutiv für metaphorisches, bzw. symbolisches Denken und umgekehrt ist. Wittgenstein geht die-

---

70 vgl. G. de Bruyn, „Plädoyer für die Ketzer und Pioniere", S. 25.
71 vgl. das in Fussnote 60 erwähnte Zitat von A. Wellmer, a.a.O., S. 115.
72 vgl. P. Zimbardo (1992), *Psychologie*, S. 1.
73 vgl. z. B. E. Smith et al (Hrsg.), *Introduction to Psychology*, S. 3. Es fällt auf, dass in Zimbardos *Psychologie* in der Neuauflage von 2004 ebenfalls nur noch von Verhalten und mentalen Prozessen die Rede ist (vgl. S. 3 f).
74 Der Psychiatrie-Professor Daniel Hell formuliert diesen Sachverhalt wie folgt: „Angesichts dieser Übermacht des Faktischen scheint das Seelische zunehmend verdrängt und bis zu einem imaginären Punkt reduziert worden zu sein." (*Seelenhunger*, S. 64) Vgl. zur Kritik an der Vernachlässigung der Erst-Person-Perspektive im Zusammenhang mit dem Libet-Experiment: a.a.O., S. 126 ff.

sem Verhältnis nach, auch wenn er die Begriffe ‚metaphorisch', bzw. ‚symbolisch' selten verwendet: Aus seinen subtilen Gedankengängen lässt sich schliessen, dass das Reden über Inneres ein anderes Sprachspiel ist als das Reden über Äusseres.[75] Der Grammatik der Sprache entsprechend sollte vermieden werden, unterschiedliche Sprachspiele systematisch zu vermischen. Da die Bedeutung eines äusseren Gegenstandes oft dadurch erklärt wird, dass man auf seinen Träger zeigt[76], ergibt sich ex negativo, dass Wörter, die Inneres bezeichnen, in der Regel Metaphern sind, d. h. die „eigentliche" Gebrauchsbedeutung aus einer Übertragung abgeleitet ist. Gleich wie Wittgenstein mit seiner pragmatischen Sichtweise die naive Abbildtheorie zurückweist, argumentierte Cassirer bereits zwanzig Jahre früher:

> „Die Grundbegriffe jeder Wissenschaft, die Mittel, mit denen sie ihre Fragen stellt und ihre Lösungen formuliert, erscheinen nicht mehr als passive Abbilder eines gegebenen Seins, sondern als selbstgeschaffene intellektuelle Symbole." Und er schreibt später: „Die Negation der symbolischen Formen würde daher in der Tat, statt den Gehalt des Lebens zu erfassen, vielmehr die geistige Form zerstören, an welche dieser Gehalt sich für uns notwendig gebunden erweist."[77]

So wirkt das Metaphorische kraftvoll, kann „eine glückliche und belebende, wenn auch bigamistische zweite Ehe" sein.[78] Laut Black ist sie kreativ.[79] Und der Dichter Jean Paul schreibt in seiner *Vorschule der Ästhetik*, dass es der Metapher leicht falle, das Körperliche zu beseelen.[80] Wenn wir diesen Gedanken mit den vorherigen verknüpfen, wird deutlich, dass die metaphorische oder symbolische Geistestätigkeit sowohl für das Ästhetische als auch das Dekorative grundlegend ist, – trotz der nicht zu vollendenden Bestimmbarkeit, trotz der inhärenten Vagheit. In all diesen Bereichen, exemplarisch sichtbar in einigen Werken aus der Zeit des Jugendstils, schillert eine wesensmässige Verbundenheit und gegenseitige Bedingung, die sich in folgenden beiläufigen Thesen ausdrückt: Das Metaphorische beseelt. Das Seelische belebt.[81] Das Seelisch-Geistige ist nur metaphorisch zu denken, es ist nicht buchstäblich greifbar. Das Ästhetische befreit unser Denken.[82] Befreiung belebt. Das Dekor zeigt Lebensfreude und Üppigkeit.[83] Schöpferische Ornamente wirken

---

75 vgl. L. Wittgenstein, *Philosophische Untersuchungen*, § 293, S. 373; § 308, S. 377 f und PU v, S. 499.
76 vgl. a.a.O., § 43, S. 262 f.
77 E. Cassirer, *Philosophie der symbolischen Formen*, Bd. 1, S. 3 und 49.
78 N. Goodman, a.a.O., S. 77.
79 vgl. M. Black, „Mehr über die Metapher", S. 404 ff.
80 vgl. J. Paul, *Vorschule der Ästhetik*, S. 184 f.
81 vgl. P. Ricoeur, a.a.O., S. 55 und 294 f. Mit Rückgriff auf Aristoteles definiert er die Metapher als lebendigen (sprachlichen) Ausdruck, der die lebendige Existenz darstellt. Aus dieser These folgt der Titel seines Werks *Die lebendige Metapher*. Vgl. auch die platonische Deutung der Seele als das Bewegende, z. B. in Platon, *Phaidros* 245d ff.
82 vgl. im Zusammenhang mit dem Gebrauch symbolischer Formen S. Langer, a.a.O., S. 284 f; vgl. im Zusammenhang mit dem Aufklärungsgedanken Th. W. Adorno, a.a.O., S. 334; vgl. im Zusammenhang mit dem Selbstzweckhaften Kapitel 6. a).
83 De Bruyn zitiert zwei Denker (Bataille und Buckminster Fuller). Zur Frage „Was ist Reichtum?" antworten beide entgegen der allgemeinen ökonomischen Haltung: „Reichtum sei überschüssige

beseelt und beseelend.⁸⁴ – Somit erweist sich die Seele als eine geeignete Grundmetapher, die konstitutiv für ästhetische, aber auch psychologische Phänomene ist.⁸⁵ Wer diese Denkverfassung vernichtet, erfasst zwar dank seiner Ratio etliche kausale Zusammenhänge. Sinngebendes Deuten, Verstehen und Urteilen wird dadurch aber verunmöglicht.⁸⁶ An der eben beschriebenen Station zur Moderne verbirgt sich demnach eine heimtückische Weiche, die für unsere Zukunft bedeutsam bleibt."

Soweit meine Gedankenskizze zur historischen Einbettung und Relativierung des Jugendstils, die ich dank Ernsts Hilfe leisten konnte. Ernst war in der Zwischenzeit für zwei Wochen für eine Studienreise nach Genua gereist. Ich hielt es für angebracht, ihm diesen Text in einem Brief zu schicken. Doch am Tag, als ich den Brief zur Post bringen wollte, erwachte ich aus einem sonderbaren Traum, und ich versank erneut in Gedanken. Darauf öffnete ich nochmals den Brief und fügte ihm ein Postskriptum hinzu.

e) Die Metapher der Weltseele

Lieber Ernst,
draussen ist es ruhig. In meinem Kopf herrscht Unordnung. Ich bin mit folgenden Bildern erwacht:

„Ich lebte verheiratet in einem Schloss aus dem 19. Jahrhundert, im historisierenden Stil. Es war ziemlich kühl und dunkel. Die schweren Vorhänge zog ich zu und wollte mich schlafen legen, als es an der Türe zum Schlafgemach klopfte. Ich ging zur Türe und öffnete sie. Draussen stand ein unbekannter Mann, viel-

---

Energie." (a.a.O., S. 27) Das Wort ‚überschüssig' verweist auf etwas, das jenseits des Rationalen und Funktionellen liegt und ermöglicht, dass auch „arme Menschen" reich sein können. Überschüssige Lebenskraft kann sich gerade auch im Metapherngebrauch niederschlagen.

84 vgl. V. Aldrich, „Visuelle Metapher", S. 151 und 157. Er schreibt dort, dass symbolische Gestaltung einen Gegenstand beseelt und ihm Ausdruckskraft schenkt. Interessant ist auch die These von Cohen, wonach der Schmuck am Gegenstand dank der Beziehung zum Schmückenden [d. h. dem Künstler] wirkungsvoll wird (vgl. a.a.O., S. 378).

85 Hier könnte auch eine zeitgemässe, historisch kritische Psychologie ansetzen. Der Pädagogikprofessor Walter Herzog plädiert z. B. für eine heterodoxe Psychologie, die sich bewusst ist, „dass die Psychologie genauso wenig wie die Pädagogik auf einen Gegenstand bezogen ist, der ihr offen vor Augen liegt. Das gängige Verständnis der psychologischen Methodik als Arsenal von Forschungstechniken verkennt, dass Methoden nicht einfach Wirklichkeit abbilden, sondern diese konstituieren." (*Pädagogik und Psychologie – Eine Einführung*, S. 203) Ich schlage als Ergänzung vor: Nicht nur die Methodik, sondern auch die (metaphorischen) Inhalte der Grundbegriffe konstituieren das Psychische. Der bereits zitierte Psychiatrieprofessor Hell greift deshalb in seiner Publikation *Seelenhunger* auf das Wort Seele zurück, weil es im Gegensatz zur scheinbar klaren Darstellung des (objektivierbaren) Erlebten in der Mehrzahl der Forschungen der akademischen Psychologie wieder die Person des Erlebenden ins Zentrum rückt (vgl. *Seelenhunger*, S. 37 f.).

86 Adorno bezeichnet dies als Sachlichkeit, in der eine ästhetische „Allergie gegen Kitsch, Ornament, Überflüssiges" (a.a.O., S. 97) hochgezüchtet wird (vgl. auch a.a.O., S. 73).

Abb. 5: ‚Tote Mutter und Kind'
von E. Munch, 1897/1899,
ausgestellt im Munch-Museet
in Oslo

leicht ein Bediensteter. Ich blickte auf seine Schuhe und Hosen, dann auf seinen Mantel. Schliesslich schaute ich in sein Gesicht und wurde von zwei hell glühenden, ja gleissenden Augen geblendet. Die Augen brannten sich in meine Seele. Sie schmerzten und erschreckten mich gleichzeitig, so sehr, dass ich einen jähen Schrei ausstiess und darob erwachte."

Nach diesem Traum verfolgt mich die Ahnung, dass etwas Tieferes in meinem ganzen Gedankengebäude verborgen sein muss. Die Wörter ‚Seele' und ‚Beseeltheit' sind in der Skizze unserer Theorien schon einige Male aufgetaucht. Doch wenn ich mir den Traum vergegenwärtige, führen die in mich leuchtenden Augen weiter, über mein verletztes Inneres hinaus. Ich erinnere mich wieder lebhaft an ein Bild von Edward Munch. Es trägt den Titel ‚Tote Mutter und Kind'. Vor vielen Jahren schrieb ich darüber eine kurze Erzählung, in der ich Munchs Leben mit der Darstellung des Bildes verschwimmen liess. Zentral ist dabei eigentlich nicht die Frau, die tot im Bett liegt, sondern die Tochter, die mit eindringlichen Augen aus dem Bild blickt. Ich habe dir das Bild kopiert, damit du mich besser verstehst.[87] Das Kind hat einen stechenden Blick und hält sich gleichzeitig die Ohren zu, als ob die Augen laut schrien.

Unweigerlich wurde mir eine andere Episode aus meiner Vergangenheit bewusst. Ich musste an eine Sequenz aus einer Vorlesung denken, die wir zusammen vor mehr als zehn Jahren besucht haben: Es ging darin um Descartes' Kritik an der neuplatonischen Seelenvorstellung und an der Idee der Weltseele, die in der Renaissance wieder rezipiert wurde. Damit ebnete er den Weg für ein neuzeitliches Denken.[88] Ich möchte dir kurz schildern, weshalb ich diese Kritik nicht nachvollziehen kann und für eine weitere, kritische Verwendung und Pflege des Wortes

---

[87] Das Bild (Abb. 5) malte Munch (1863-1944), um die schmerzlichen Erinnerungen an den frühen Tod seiner eigenen Mutter im Jahre 1868 zu verarbeiten (vgl. U. Bischoff, *Edvard Munch*, S. 56).

[88] Descartes geht davon aus, dass lediglich gewiss ist, dass er ein denkendes Wesen ist. Sein Leib ist ungewiss, auch ist er „nicht etwa ein feiner Dunst […], auch kein Wind, kein Feuer, kein Dampf, kein Hauch". (*Meditationen über die Erste Philosophie*, S. 83 und 85) Das heisst: Er verwirft all die traditionellen Umschreibungen und Bilder für die Seele und reduziert das Seelische auf die Verstandestätigkeiten. Vgl. zu Descartes' Einfluss: W. Welsch, a.a.O., S. 66 ff. Welsch sieht auch einen Zusammenhang zwischen Descartes' Philosophie und der modernen Architektur à la Mies van der Rohe (vgl. a.a.O., S. 130).

‚Seele' plädiere. Ich versuche zuerst, diesen Begriff oder vielmehr diese Metapher mit den vorangegangenen Gedanken über das Verstehen und das symbolische Denken zu verbinden:

Die symbolische Denkform weist auf ein Band hin, das unsere Lebenswelt im Verborgenen umsäumt. Das Band mutet metaphysisch an, ist aber metaphorisch gemeint und nur für einen unterschwellig Blickenden zu erahnen. Ich verknüpfe es in anachronistischer Manier mit dem Bild einer ‚Weltseele', einer ‚anima mundi'.[89] Der lateinische Ausdruck erinnert an die griechische Wortwurzel ἄνεμος (der Wind) und deutet darauf hin, dass ‚anima' eine verblasste Metapher ist und leise auf etwas luftig Geistiges hinweist, das sich schnell überall hin bewegen kann.[90] Dieses Konzept hat die Denkgeschichte des Menschen schon seit langem mitgeprägt, angefangen von Platons *Timaios*[91] über die Renaissance bis in die Romantik.[92] Das Bild geht von einer inneren Verbundenheit der Welt und des Menschen aus und vermag damit die Sehnsucht nach den von Freud belächelten ‚Ozeanischen Gefühlen' ansatzweise zu erklären.[93]

Der Begriff ‚Weltseele' überwindet das individualisierende, partikulare Denken. Der Mensch, das Individuum, wird als Teil eines grossen Ganzen verstanden. Diese Teilhabe ist nicht nur biologischer Natur. Die Weltseele bedeutet das bewegende, belebende Prinzip der Welt und verbindet darin den Mikrokosmos mit dem Makrokosmos, vereint die körperliche mit der seelischen Welt. Da beide Sphären nach demselben geheimnisvollen Prinzip zu funktionieren scheinen, lassen sich beliebige Analogien und symbolische Verknüpfungen postulieren. Wenn diese berücksichtigt werden, herrscht Harmonie. Nach Platons *Timaios* ist die Weltseele explizit durch harmonische Zahlenverhältnisse definiert.[94] In der Renaissance und der Romantik (bei Schelling) bezeichnet die Weltseele noch mehr das belebende und kreativ gestaltende Prinzip, das sich gerade auch im Unbewussten entfalten kann.[95] ‚Weltseele' erscheint hier als wichtiger Begriff einer idealistischen, spiritualistischen Metaphysik. Nach der Aufklärung der Metaphysik überlebt das entblösste Wort höchstens noch als vages Bild für Lebendigkeit, mystische Verbindung und Einheitsgefühl: für etwas, das sich nicht exakt beschreiben lässt und sich der modernen psychologischen Erforschung entzieht, doch für die ästhetische Wahrnehmung und Gestaltung entscheidend sein kann.

---

89 Die Weltseele metaphorisch zu deuten entspricht der These von Schlette, sie nicht ontisierend zu deuten (vgl. *Weltseele*, S. 229).
90 Ebenso metaphorisch wird das Wort ψυχή (Psyche) verwendet, welches ursprünglich ‚Hauch' bedeutete (vgl. D. Hell, a.a.O., S. 44 f).
91 Platon legt Timaios folgende Worte in den Mund: „Die Seele aber pflanzte er [Gott] in die Mitte desselben [des Körpers der Welt] ein und spannte sie nicht bloss durch das ganze Weltall aus, sondern umkleidete den Weltkörper auch noch von aussen mit ihr." (*Timaios* 34b).
92 vgl. die oben erwähnte Monographie zur Geschichte der Weltseele in H. R. Schlette, *Weltseele – Geschichte und Hermeneutik*.
93 vgl. S. Freud, *Das Unbehagen in der Kultur*, S. 197.
94 vgl. Platon, *Timaios* 36a-c.
95 vgl. z. B. G. Bruno, *Über die Ursache, das Prinzip und das Eine*, S. 61 ff und 73.

Als ich im Traum die Augen des Fremden leuchten sah, war das der geheimnisvolle Ausdruck einer innern Kraft, die sich sogleich mit mir verband, sich an mich heftete. In mir wuchs die Überzeugung, dass diese Kraft nicht einfach durch die ‚cogitatio' wegrationalisiert werden kann. Ich hoffe, du merkst nun, worauf ich mit der Kritik an Descartes' Kritik hinaus will. Bei der Erläuterung des eben angedeuteten Zusammenhangs zwischen dem Bild der Weltseele und der Ästhetik möchte ich weiter ausholen:

Wenn jemand einen emphatischen, metaphorischen Ausdruck verwendet, um damit etwas Eigentümliches auszudrücken, muss er gleichzeitig im Gebrauch der Metapher die Form des Ausdrucks mit reflektieren – und zwar als etwas, das die üblichen Regeln des Sprachgebrauchs übersteigt, bzw. bricht.[96] Der Regelbruch ist vonnöten, da sich die Botschaft nicht ohne diesen ausdrücken lässt.[97] Der metaphorisch Redende ist also – gemäss Kierkegaard – doppelt reflexiv.[98] Er reflektiert den Inhalt, den er ausdrücken möchte (was?), und die Form, die er dazu wählt (wie?). Dies ist nach Kierkegaard ein künstlerischer Akt, der sich von der oberflächlichen, objektiven Mitteilungsform radikal unterscheidet. So schreibt er: „Überall, wo in der Erkenntnis das Subjektive von Wichtigkeit ist, wo also die Aneignung die Hauptsache ist, da ist die Mitteilung ein Kunstwerk, sie ist doppeltreflektiert, und ihre erste Form besteht gerade in dem Ränkevollen […]."[99] Und sie ist gleichzeitig ein neuartiger Ausdruck, eine Erfindung.[100]

Was heisst es nun, wenn wir diese modernen Gedanken zur Metapher auf die Ästhetik und im Speziellen auf das Dekorative übertragen? Auf das Ornamentale, das beispielsweise laut Jencks in der modernen Architektur ein 50 Jahre langes Moratorium hinter sich hat?[101] Was die Widersprüchlichkeit der Metapher angeht, ist eine Parallele zur Ästhetik nicht ganz offensichtlich. Doch bei genauerer Betrachtung zeigt sich, dass die Regelverletzung der Metapher nur dank der konstitutiven Metaphorizität der Sprache eruiert werden kann. Denn das Sprechen über die Sprache in Form der Grammatik und der Syntax basiert auf einer Vielzahl von terminologisierten Metaphern. Also ist die Widersprüchlichkeit nur eine sekundäre. Auf der andern Seite verfängt sich auch die ästhetische Herangehensweise an die Welt in Widersprüche für denjenigen, der die Umwelt nur begrifflich oder nach ihrer Nützlichkeit erfassen will.[102] Das Dekorative erscheint dysfunktional, überflüssig und sinnlos. Dies zeigt sich zudem beispielhaft beim ästhetischen Gehen,

---

96 vgl. Chr. Strub, „Spiegel-Bilder", S. 265 f. Er schreibt dort: „Metaphern besitzen […] eine reflexive Kraft; denjenigen, die in ihrem Sprechen Metaphern benutzen (und das sind wir alle), wird eine ‚metakommunikative Kompetenz' zugesprochen."
97 vgl. a.a.O., S. 267. Strub spricht von der kalkulierten Absurdität beim Gebrauch von Metaphern, Blumenberg von einer Störung oder Gefährdung (vgl. *Schiffbruch mit Zuschauer*, S. 77 f).
98 vgl. S. Kierkegaard, *Abschliessende unwissenschaftliche Nachschrift*, Erster Band, S. 65 ff.
99 a.a.O., S. 71.
100 vgl. Chr. Strub, „Abbilden und Schaffen von Ähnlichkeiten", S. 117 und 123.
101 vgl. Ch. Jencks, *Die Neuen Modernen*, S. 58.
102 vgl. M. Seel, *Ästhetik des Erscheinens*, S. 93 ff.

dem Spazieren, welches aus zweckrationaler Perspektive als widersinnig abzustempeln ist.

Wenn wir das zweite Charakteristikum der Metapher, die (Doppel-)Reflexivität, betrachten, findet sich eine Parallele zur Ästhetik beim Blickwechsel vom Rezipienten zum Produzenten (und Künstler): Für den künstlerisch Gestaltenden muss eine Reflexivität gefordert werden. Er muss nicht bloss überlegen, was er produziert, sondern zugleich, wie er es gestaltet und schmückt. Er muss die Form des Ausdrucks mit reflektieren. So prägen wir die Welt ästhetisch als doppelt Reflektierende und schmücken sie ornamental.

Aus diesen Gedanken ergibt sich eine tiefere Bedeutung der Innerlichkeit und des Persönlichen. Das Reflektierte spiegelt und wirft den Betrachter auf sich zurück, auf seine innere, seelische Verfassung. Dank der Reflexivität verstehen wir uns als seelische Wesen, als Individuen.

Doch der Gebrauch der Metapher zeigt nicht nur einfach Reflexion an. Es ist die Reflexion aufgrund einer Not, der Not des unvermeidbaren Widersprüchlichen: der notgedrungenen Regelverletzung. So deutet die Metapher der Seele, des Individuums und der Person auf die unklare und vage und manchmal nur zugemutete, letztlich aber unmögliche Differenzierung zwischen Innen und Aussen hin.[103] Die Metapher problematisiert dieses Verhältnis, und der Redende macht sich zum Dichter beim Gang über diese erkenntnistheoretische Klippe. Die Seele gehört darum für mich gemäss Blumenbergs Terminologie zum Grundbestand von Metaphern.[104] Aus Not sind wir Dichter und Künstler und sollten uns dessen gerade in den modernen Lebensumständen bewusst bleiben.

Auf der andern Seite der Seele als einem unzureichenden Bild unserer subjektiven Befindlichkeit liegt die pragmatische Metapher der Weltseele. Es ist bezeichnend, dass bereits bei Platon die Rede über die „Seele des Alls" mythisch genannt wird.[105] Das ästhetische Gestalten des Menschen ist in diesem Sinne eine grosse Arbeit am Ganzen. Im Bild der Weltseele verbinden sich die mangelhafte Innerlichkeit des Einzelnen und die diffuse Äusserlichkeit des Alls, verbinden sich Widersprüche und geben ein Gefäss für die elementare ästhetische Erfahrung: das begriffs- und nutzenlose Aufsaugen und die Kontemplation der Erscheinungen, worin Innen und Aussen verschmelzen und verfliessen.[106] In begrifflicher Hinsicht gibt es bei der ästhetischen Wahrnehmung keine Differenzierung, nur Einheit. Einige philosophische Positionen haben diesen Gedanken konsequent in die Erkenntnistheo-

---

103 vgl. E. Cassirer, *Philosophie der symbolischen Formen*, Bd. 1, S. 123. Er schreibt dort: „Die Vorstellung einer starren substantiellen Abscheidung, eines schroffen Dualismus zwischen der „inneren" und der „äusseren" Welt, wird auf diese Weise [der Analyse der sprachlichen Funktion] mehr und mehr zurückgedrängt."

104 vgl. H. Blumenberg, *Paradigmen zu einer Metaphorologie*, S. 9.

105 vgl. Platon, *Timaios* 29d. Schlette deutet dies folgendermassen: „Der platonische Timaios trägt also seine kosmogonische Kosmologie als einen „Mythos" vor, d. h. als eine Erzählung über etwas, worüber der Logos nicht angemessen sprechen kann und worüber nur bildlich, „wahrscheinlich" und in diesem Sinne nur annäherungsweise geredet werden kann." (a.a.O., S. 38).

106 vgl. P. Ricoeur, a.a.O., S. 237 und 244.

rie übertragen. Allerdings beraubt sich eine solche Erkenntnistheorie eines festen, differenzierten und damit exakten Fundaments.[107] Am Rande der Ausdrückbarkeit liegt die Quelle des Lebens, und wenn der Mensch sie bewusst manifestieren möchte, zeigt sie sich unwillkürlich in einer künstlerischen Form. Der Künstler soll nicht als Subjekt dem Objekt eines Publikums eine konkrete Mitteilung in ästhetischer Form äussern, sondern „es" dichtet, denkt, gestaltet – in höchst bewusster Selbstvergessenheit.[108] Und auf der andern Seite, derjenigen der Betrachtung, zeigt „es" sich einfach, ohne erklärt werden zu müssen.[109]

Diese Verfassung möchte ich durch die Metapher der Weltseele ausdrücken und damit auf eine tiefer liegende Wurzel und Motivation ästhetischen Handelns hinweisen.[110] In diesem Sinne sind Seele <u>und</u> Weltseele pragmatische, eigentlich transzendentale Metaphern: verschwommene, aber konstitutive Bilder[111] für künstlerisches Gestalten und damit auch für uns als Kulturwesen, oszillierend zwischen Offenheit und Geschlossenheit.[112] Als Bilder sind sie auswechselbar. Entscheidend ist nicht so sehr, was sie exakt abbilden, sondern die Kraft, die sie ausdrücken, die Motivation zur schöpferischen Gestaltung und ästhetischen Wahrnehmung des Lebens.

---

107 vgl. z. B. Heideggers Gedanken zum Welterkennen und zur Wahrheit (*Sein und Zeit*, S. 62, 218 f), Nietzsches Gedanken zur Wahrheit als Metapher (*Wahrheit und Lüge im aussermoralischen Sinn*, S. 880 f) oder Zhuang zis berühmter Schmetterlingstraum (II. 12, S. 52).
108 vgl. Chr. Lichtenberg: „Es denkt, sollte man sagen, so wie man sagt: es blitzt. Zu sagen cogito, ist schon zu viel." (in: *Lichtenbergs ausgewählte Schriften*, S. 170); vgl. dazu auch F. Nietzsche, *Zur Genealogie der Moral*, 1. Abhandlung § 13, S. 35.
109 vgl. L. Wittgenstein, *Tractatus logico-philosophicus*, § 6.522, S. 85 und F. Kambartel, a.a.O., S. 110.
110 Bei Nietzsche tauchen in diesem Zusammenhang das dionysische und das apollinische Gestaltungsprinzip auf (vgl. *Geburt der Tragödie* § 1, S. 19 ff): Der Künstler schafft rausch- bzw. traumhaft, in jedem Falle ohne die klare Trennung in Ich und Aussenwelt. Zudem soll Kunst das Publikum in der einen oder andern Form verzücken.
111 Schlette schliesst seine Monographie zur Weltseele mit einer „emphatischen Empfehlung, das Ganze der Welt affirmativ zu verstehen." Nur sie bleibt übrig, kein exakter Beweis, keine zwingende Folgerung ist in diesem Bereich möglich (vgl. H. R. Schlette, *Weltseele*, S. 234 f). Vgl. zur These der Transzendentalität: I. Kant, *Kritik der Urteilskraft* B 256 ff, S. 295 ff. Er benützt für Übertragung und Analogie den Begriff ‚Symbol' und schreibt, dass „Anschauungen, die man Begriffen *a priori* unterlegt" (ebd., Hervorhebung durch N. S.), oftmals Symbole sind. Und weiter: „[S]o ist alle unsere Erkenntnis von Gott bloss symbolisch; und der, welcher sie […] für schematisch nimmt, gerät in den Anthropomorphism, so wie, wenn er alles Intuitive weglässt, in den Deism, wodurch überall nichts […] erkannt wird." (a.a.O., B257 f, S. 297) Insofern belegt Kant die Notwendigkeit von symbolischen (oder metaphorischen) Anschauungen im Zusammenhang der Erkenntnistheorie.
112 vgl. Chr. Strub, „Abbilden und Schaffen von Ähnlichkeiten", S. 123. Er schreibt dort zusammenfassend: „[Die Metapher] kann nur die Grenzen dieses Kosmos zeigen."

f) Kriterien einer praktischen Ästhetik auf neuem Wege

Auf diesen Bildern ruht eine Ästhetik der Bewegung. Sie setzt auf die Lebendigkeit ästhetischen Wahrnehmens und Gestaltens im überblickbaren Rahmen eines angemessenen Lebensbereichs. Ich leite daraus die folgenden konkreten Kriterien ab:
– Ästhetisches Schaffen und Wahrnehmen in diesem Sinne setzen voraus, dass man in Beziehung mit der Welt und ihren Teilen steht, in einer Beziehung, die im Grunde gleichberechtigt ist.
– In einer Beziehung zu stehen, setzt voraus, dass man Zeit hat und sich Zeit nimmt.[113]
– Sich Zeit zu nehmen bedeutet, Verzicht auf anderes zu üben und sich zu beschränken. Zeit zu haben bedeutet bewusstes Erleben. Erst so ist Genuss in Form eines kritischen Hedonismus möglich, der sich in die Tradition von Epikur stellen kann.[114]
– Zudem darf das ästhetische Schaffen nicht einfach Schönes und Hübsches produzieren.[115] Wenn es die Widersprüchlichkeit des Lebens ernst nimmt, reflektiert und künstlerisch eigenständig, d. h. beispielsweise mit metaphorischen Formen umsetzt, entstehen kühne, lebendige, gebrochene, denkwürdige und erstaunliche Gestalten.

Wenn ich diese Punkte näher betrachte, fällt mir ein Gebäude ein, das ich auf einer Reise durch die Peloponnes mit meinem Freund vor mehr als fünf Jahren gesehen habe. Wir waren damals auf der Suche des Ortes Mantineia, der Heimatstadt der Priesterin Diotima, die den Sokrates – wie er im *Symposion* berichtet – in die Geheimnisse der Liebe und der Philosophie eingeführt hatte.[116] Wir waren gespannt, wie dieser magische Ort in Arkadien mit seinen Ruinen heute wirkt, und staunten, als wir neben den Überresten der antiken Stadt eine ungewöhnliche Kirche (Abb. 6) entdeckten, die uns seltsam berührte. Der heiligen Fotini geweiht, wurde sie vom griechischen Architekten Konstantinos Papatheodorou in den 70er Jahren erbaut.[117] Zu ihr passen die genannten Kriterien: Der Architekt hatte eine Beziehung zu diesem Ort, setzte sich für den Bau dieses öffentlichen Kleinods in der grossartigen Umgebung des Menalos-Gebirges ein und nahm sich drei Jahre

---

[113] Kambartel spricht von der Achtung des ästhetischen Betrachters, die dem Ernst des *Künstlers* entspricht, der sich „um jeden Aspekt seines Produktes kümmert, die individualisierte, auf die Besonderheit des Werkes bedachte Herstellung, die Heraushebung aus seinen Funktionen, etwa durch den Schmuck". (a.a.O., S. 111).

[114] vgl. Epikur, Brief an *Menoikeus*, Kapitel 130 f, in: *Briefe – Sprüche – Werkfragmente*, S. 49. In diesem Sinne bleiben auch Simmels Gedanken über die Tragödie der Kultur und sein Plädoyer für mehr Beschaulichkeit und gegen die „Überladung unseres Lebens mit tausend Überflüssigkeiten" aktuell (a.a.O., S. 415).

[115] vgl. W. Welsch, *Grenzgänge der Ästhetik*, S. 263 f. In *Unsere postmoderne Moderne* spricht er von der „offenen Einheit" (S. 126), bzw. vom „prekären Ganzen" (S. 121).

[116] vgl. Platon, *Symposion* 201d.

[117] vgl. die Monographie des Architekten Papatheodorou: *Agia Photeine Mantineias*.

Abb. 6: Kirche Agia Fotini (1973) in Mantineia (Griechenland)

lang Zeit für den Bau. Dabei war er selbst Handwerker und Arbeiter: Steinmetz, Mosaikleger und Gewölbemaler. Er wählte das Steinmaterial eigenhändig aus und vermied im Bau jeglichen Einsatz von Beton. Zudem ist das Werk nicht einfach schön, sondern verwirrt durch seine Vielfalt und gestörte Symmetrie. Es gab vorgängig auch keinen definitiven Plan, sondern der Kirchenbau erhielt seine Gestalt und Form durch die fortschreitende, improvisierte Bautätigkeit.

In unserer Zeit besteht diese Lebendigkeit und damit der Primat der Ästhetik in einem bescheidenen Masse in der immer neuen Avantgarde, mit der sich in Subkulturen und Gegenströmungen neue ästhetische Formen entwickeln, um sich von der Masse und den zeitgemäss oder modisch designten Massenproduktionen abzuheben. Die „Avantgarde" dauert aber nie lange. Sie wird jeweils schnell durch Trendbeobachter erkannt und – wenn erfolgsversprechend – medialisiert und kommerzialisiert. Bei diesem Prozess, gefördert durch das ökonomische System, droht die ästhetische Lebendigkeit zu verschwinden. Neue visuelle Metaphern werden durch die Massenverbreitung zu leblosen Floskeln abgeschwächt.[118] Sie erscheinen alsbald nur noch als ein industrielles Massenprodukt; die Einzigartigkeit geht verloren. Dies ist die momentane schnelllebige Bewegung.[119]

Eine Ästhetik auf neuem Wege zielt auf eine Ausdehnung des Primats der Ästhetik, so dass der Kommerzialisierungsprozess erst später und langsamer einsetzt. Dadurch gewinnen letztlich nicht bloss künstlerisch tätige Menschen einen grösseren Freiraum, sondern alle Menschen. Sie sind angehalten, sich autonomer als ästhetische Subjekte zu definieren, bewusster und kontemplativer zu geniessen und selbstständiger und weniger dem Modediktat unterworfen ihren eigenen Alltag

---

118 Als Design-Beispiele solch verwässerter visueller Metaphern sind zu nennen: die Stromlinie aus den 50er Jahren (vgl. B. Schneider, *Design – Eine Einführung*, S. 95 und 107), die Nierenform aus den 50er und 60er Jahren (vgl. H. Klotz, *Moderne und Postmoderne*, S. 27 f) oder der UFO-Stil aus den 70er Jahren (vgl. S. Holschbach, „Wohnen im Reich der Zeichen", S. 167 ff).
119 vgl. Adornos Kritik der so genannten Kulturindustrie in: *Ästhetische Theorie*, S. 32-34.

und ihre nächste Umwelt zu gestalten.[120] Nach Kambartel liesse sich damit der „Schmuck der Gebrauchsgegenstände [...] als eine Weise verstehen, die nutzenbezogene Wahrnehmung dieser Dinge zu durchbrechen."[121]

So sollen wir aus der selbst, aber auch durch programmierte Trends und leicht konsumierbare Design-Serienfabrikate strukturell verschuldeten Passivität und Verantwortungslosigkeit zu mehr ästhetischer Mündigkeit gelangen. Diese jedoch erscheint widersprüchlich zur Vagheit und Verschwommenheit des Ausgangspunkts, nämlich der Metapher der (Welt-)Seele, die die Grenzen zwischen Innen und Aussen verwischt. Doch Widersprüchlichkeit gehört fundamental zum menschlichen Denken.

Ich habe die Bilder Seele und Weltseele gewählt, weil sie – am Rande der Metaphorik und Erinnerungen an halbwegs präsente metaphysische Terminologiesysteme weckend – eine aufgeklärte Verbindung zur theoretischen Begrifflichkeit und Nachvollziehbarkeit schaffen. Wenn also Descartes das Bild der Weltseele zu zerstören trachtete und die individuelle Seele vergeistigte und rationalisierte, so musste dies folgerichtig die von mir genannten, problematischen Konsequenzen im ästhetischen Bereich zeitigen.

Soweit mein Konzept einer neuen Ästhetik. Auf deine Reaktion bin ich gespannt.

Mit lieben Grüssen
Niklaus

Mit diesen Gedanken schloss ich den Brief und brachte ihn endlich auf die Post. In mir steckte ein mulmiges Gefühl, nicht wegen des Angsttraums, sondern wegen meiner ästhetischen Theorie, die sich ins Spekulative, Vage hineinmanövrierte; einerseits hoffte ich, der Wahrheit auf der Spur zu sein, andererseits befürchtete ich, mein Vorhaben könnte unwissenschaftlich sein. Ich liess meine Kopfarbeit ruhen, bis ich vier Tage später eine kurze elektronische Nachricht aus Italien erhielt. Sie enthielt nicht viel mehr als ein paar Literaturverweise und Anregungen. Ernst schrieb:

Lieber Niklaus
Was mir an deinen Gedanken gefällt, ist die Auffassung von Aufklärung. Die traditionelle Deutung geht ja davon aus, dass spekulative, metaphysische Elemente eliminiert und durch empirisch gemessene, bewiesene Fakten, beschrieben in klarer Sprache ersetzt werden. Ich finde es deshalb gut und wichtig, wie du aufzeigst, dass die Arbeit an und mit konstitutiven Metaphern, die eben nicht als metaphysische Begriffe missverstanden werden, eine plausible und differenzierte Art aufgeklärten Denkens darstellt. Leider scheint es so, dass gerade diese kritische Denkungsart oft vergessen geht oder als Lösungsmöglichkeit und alternative Perspektive gar nicht in Betracht gezogen wird. Nun möchte ich dir noch einige vermischte Ergänzungen mitteilen:

---

120 Diese aktivere Haltung verbindet Wellmer mit dem Begriff Demokratie (vgl. a.a.O, S. 128/130).
121 F. Kambartel, a.a.O., S. 113.

– Zunächst ist mir aufgefallen, wie stark deine Kritik an Descartes und der darauf folgenden Tradition derjenigen des Feminismus, wie ihn z. B. Evelyn Fox Keller oder Jessica Benjamin vertreten, gleicht. Nur argumentieren sie so, dass die Subjekt-Objekt-Spaltung ein Kennzeichen des typisch männlichen Denkens sei.[122]
– Bei den Neokonfuzianern der chinesischen Song- und Ming-Zeit gibt es berühmte Redewendungen wie
  „wan wu yi ti 万物一體"   (10'000 Dinge – ein Wesen)[123] oder
  „tian ren he yi 天人和一"   (Einheit von Himmel und Mensch)[124],
welche das Bild der Weltseele in neutrale Worte fasst, ohne auf Seelisches zu verweisen. Diese Sätze werden vor allem im ethischen Zusammenhang diskutiert. Ob sie auch im Bereich der Ästhetik relevant sind, weiss ich nicht.
– Hast du auch schon über die Verbindung von einer so genannten „unio aesthetica", also dem Verschmelzen mit dem Objekt während des ästhetischen Genusses und Gestaltens, und der klassischen Vereinigung in der Mystik, der unio mystica, nachgedacht? Könnte es nicht sein, dass die unio aesthetica eine Vorstufe der mystischen Einheit ist?
– Übrigens: Zahlreiche Positionen über das Wesen der künstlerischen Tätigkeit nennen einen solchen Zustand, wie du ihn bezeichnest; z. B. die ‚écriture automatique' der Surrealisten und das dionysisches Rauschen von Nietzsche.
– Ich finde es wichtig, dass du nochmals auf den Funktionsbegriff zurückkommst, auf den du im Teil über die Designentwicklung viel Gewicht gelegt hast. Es ist unabdingbar, dass du in deinem Konzept eine Antwort auf das Funktionsproblem gibst. Es wäre auch sinnvoll zu fragen, was die Funktion des Metaphorischen, bzw. der pragmatischen Metaphern Seele und Weltseele ist. Gibt es auch funktionalistische Metapherntheorien?
– Mich interessiert bei deinen Ausführungen zum Jugendstil und zu Cassirer, ob es zwischen beiden eine Verbindung gibt. Historisch wäre sie gut möglich, da Cassirer Aufstieg und Niedergang dieser Stilepoche als Erwachsener miterlebt hat. Äussert er sich dazu? Seine Position zu kennen wäre im von dir geschilderten Zusammenhang sehr spannend.
– Auf Adorno, einen meiner Lieblingsphilosophen, muss ich ausführlicher zurückkommen: Wenn du zugleich den Jugendstil rühmst und gelegentlich auf die *Ästhetische Theorie* verweist, musst du dir im Klaren sein, dass Adornos Verhältnis zu diesem Kunststil ein sehr kritisches war: Der Stil sei wohlgefällig, betone allzu stark das Subjektive, sei eine „Luftwurzel" voller erfundener Ornamente, diene nur einer oberflächlichen Verschönerung des Lebens oder habe

---

[122] vgl. z. B. J. Benjamin, *Die Fesseln der Liebe*, S. 179 ff.
[123] vgl. Wang Yangming, *Da Xue wen*, 1. Frage: „Der grosse Mensch betrachtet Himmel und Erde und die 10'000 Dinge als einen Körper. Er betrachtet die Welt als eine Familie, und das Land als eine Person. […] Darum besteht die Erziehung des grossen Menschen vollständig darin, um die Bedingung zu erfüllen, um einen Körper mit Himmel, Erde und den 10'000 Dingen zu bilden." (in: W.-t. Chan, *A Source Book in Chinese Philosophy*, S. 659 f; Übersetzung: N. S.)
[124] vgl. L. Geldsetzer und H. Hong, *Grundlagen der chinesischen Philosophie*, S. 51-71.

den Anspruch auf Wahrheit, neige aber viel eher zur Unwahrheit.[125] Das sollte dir zu denken geben.
– Andererseits muss ich zugeben, dass Adorno zur Metapherndebatte, die sich in den 50er und 60er Jahren entwickelte, nicht explizit Stellung genommen hat. In seiner Ästhetik taucht das Wort ‚metaphorisch' erstaunlich oft im Zusammenhang mit dem von der Sachlichkeit kritisierten Ornamentalen auf.[126] Aber Adorno, der sich ziemlich heftig gegen die Sachlichkeit und den technischen Funktionalismus zur Wehr setzt, kann mit Metapher und Ornament nicht viel anfangen, wenn er am Ausdruck eines Kunstwerkes gerade das nicht Metaphorische, nicht Ornamentale schätzt.[127]
– Ich habe die Vermutung, dass Adorno noch in der alten, rhetorischen Tradition über die Metapher denkt. Wenn ich hingegen ein paar seiner Gedanken zum Ausdruck des Kunstwerks heran ziehe, fällt auf, wie stark diese Charakteristika den neueren Theorien der Metapher ähneln. Beispielsweise verwendet er häufig bewusst widersprüchliche Formulierungen wie ‚die Unbegreiflichkeit der Kunstwerke begreifen' oder den ‚Ausdruck des Ausdruckslosen' kennen.[128] Auch das Kriterium der Gebrochenheit oder des Bruchs – du hast das Wort ‚Regelverletzung' verwendet – ist nach Adorno grundlegend für das Kunstverständnis. Kunst muss doppelschlächtig sein, muss widerstreben und brechen.[129] Schliesslich gehört auch das reflexive Element dazu: „Das führt auf eine subjektive Paradoxie von Kunst: Blindes – den Ausdruck – aus Reflexion – durch Form – zu produzieren; das Blinde nicht zu rationalisieren, sondern ästhetisch überhaupt erst herzustellen."[130]
– Aus alle dem folgere ich, dass man versuchen könnte, Adornos Ästhetik auf der Folie der modernen Metapherntheorie zu interpretieren. Konstitutivität und Widersprüchlichkeit, Regelverletzung und Reflexivität wären dabei der gemeinsame Nenner. Auch wenn du mit deinem Ansatz Ornamente als visuelle Metaphern siehst und damit das Dekorative im Gegensatz zu Adorno zu rehabilitieren versuchst, wären die Unterschiede der beiden Ästhetiken gar nicht so gross, wie es die Terminologie suggerieren mag. Wäre das nicht ein versöhnlicher Schluss?

Zu guter Letzt aber noch etwas Unversöhnliches: Kannst du mir erklären, warum ausgerechnet Seele und Weltseele zentrale Grundmetaphern für ästhetische Phänomene sein sollen? Warum diese und nicht andere Bilder? Die Auswahl von möglichen Metaphern ist ja riesig. Denk darüber nach und melde dich wieder.

Leb wohl.
Ernst

---

125 vgl. Th. W. Adorno, *Ästhetische Theorie*, S. 134, 232, 352, 382 und 403.
126 vgl. a.a.O., S. 73 und 179.
127 vgl. a.a.O., S. 179.
128 ebd.
129 vgl. a.a.O., S. 18 und 169.
130 a.a.O., S. 174.

Wie Ernst über die panpsychistische Metaphorik und meine Begründung einer neuen Ästhetik dachte, wusste ich damit noch nicht. Seiner Anregung, mögliche Aussagen Cassirers zum Jugendstil zu suchen, folgte ich jedenfalls, wurde aber nicht fündig. Es scheint, dass der Kulturphilosoph sich leider nicht zu Architektur und Gestaltung geäussert hat.[131]

---

[131] Dies bestätigten mir Birgit Recki und Oswald Schwemmer. Beide sind mit dem Werk von Ernst Cassirer vertraut und arbeiten an der Edition der gesammelten Werke, bzw. des Nachlasses.

7. Ästh/ethische Rückschlüsse[1] und automobile Anwendungen

Die im vorhergegangenen Kapitel protokollierte Entstehung einer fragmentarischen Theorie der Ästhetik versucht die Bedeutung ästhetischer Wahrnehmung und Handlung darzulegen. Jede Theorie beruht auf Modellen, die in enger Verbindung mit Metaphern und Bildern stehen. So ist für Black „jede Metapher [...] die Spitze eines untergetauchten Modells."[2] Die grundlegenden Bilder und Modelle, die für diese Theorie konstitutiv sein sollen, müssen die Ausgangslage ästhetischer Phänomene treffen: den Menschen, der gestaltet und Gestaltetes wahrnimmt, und eine Umwelt, die sich gestalten lässt. Für die Klärung dieses Verhältnisses empfehle ich, wie in Kapitel 6 dargelegt, die Metaphern ‚Seele' und ‚Weltseele'. Plausibel erscheinen sie mir dann, wenn ich sie mit grundlegenden Bildern vergleiche, die hinter den jeweiligen Gestaltungsweisen modernen und postmodernen Designs stecken. Das moderne Design bezeichnete ich als Ästhetik universaler Funktionalität. Bildhaft lassen sich Menschen so als berechnende Diktatoren über ihre Umwelt denken. Das postmoderne Design diagnostizierte ich als Ästhetik inszenierter Identität. Hier liegt z. B. das Bild der Welt als Bühne nahe, auf der Menschen als Schauspieler möglichst reizvoll um die Gunst des Publikums werben. Im Vergleich mit diesen beiden zugegeben plakativen und vereinfachten Bildern scheint mir meine metaphorische Empfehlung eine sinnvolle Alternative zu sein. Aus ihr ergeben sich alternative Werte und Zusammenhänge, aus denen praktische Impulse folgen. Ich frage mich daher abschliessend, welche Schlüsse aus der erfolgten Grundlegung in den zentralen gesellschaftlichen Bereichen Ethik und Ökonomie gezogen werden müssen.

a) Skizze einer po(i)etischen Ökonomie und Ethik

Ökonomie ist die Lehre vom Wirtschaften und Handeltreiben, Tauschen von Dienstleistungen und Waren mit ebensolchen oder mit Geld. Zentral ist dabei die

---

1 Ich wähle diesen Titel in Anlehnung an Welschs Terminologie (vgl. *Grenzgänge der Ästhetik*, S. 106-134). Auch Kambartel skizziert prägnant den notwendigen Übergang von ästhetischen zu ethischen Fragen: „Schliesslich verbindet sich das Ästhetische mit dem *Ethischen*, in der Frage, wie unser *Leben* (im Ganzen) eine Form (die nicht aus einer vorgefundenen Bestimmung unseres Lebens abzuleiten ist) erhalten kann." (*Philosophie der humanen Welt*, S. 106).
2 M. Black, „Mehr über die Metapher", S. 396.

Rendite, der Mehrwert, die Werbung für Produkte, die Investition in neue, bessere Produkte, die Pflege der Kontakte zu den Kunden. All diese Bereiche stellen notwendige Handlungen in einer Gemeinschaft dar. Handlungen ihrerseits werden nach ethischen Kriterien, die in jeder Gesellschaft existieren, beurteilt. Ethische Überlegungen sollten das Fundament für eine vernünftige Rechtsprechung und damit auch für die Leitplanken des individuellen und sozialen Handlungsspielraums legen. Wirtschaftliches Abwägen prägt einen grossen Teil unserer alltäglichen Handlungen. Ziel ist es, dass sie innerhalb angemessener ethischer Leitplanken geschehen. Wenn allerdings der Vorrang der Ästhetik vor Ethik und Moral gilt, wie ich es in Kapitel 6. a) dargelegt habe, können die folgenden Regelvorschläge nur empfehlenden Charakter haben und nicht ein neues Wertesystem aufbauen.[3] Darum möchte ich einen Mythos erzählen und so darlegen, wie wirtschaftliches Handeln innerhalb eines weit gefassten Primats der Ästhetik und seiner ethischen Konsequenzen aussehen könnten.

„Man sagt also, dass es auf der Erde vor wenigen Jahrhunderten eine Gesellschaft gegeben haben soll, die darauf bestand, dass alles schön und reizvoll erscheine. So hegte und pflegte sie die Liebe zur Kunst. Die Menschen schworen einer Strategie, die rein auf materielle Produktivität ausgerichtet war, ab und behaupteten, sie sei nicht „po(i)etisch".[4] Dieser seltsame Begriff hatte sich damals durchgesetzt. Leider ist uns heute nicht mehr bekannt, wie er ausgesprochen wurde. Er bezog sich jedenfalls auf das griechische Wort ‚poiein', welches Tun, Machen, Gestalten, Dichten bedeutet. In den Regeln und Tugenden jener Gesellschaft war das Po(i)-etische ein wichtiger Wert und motivierte die Leute dazu, das, was sie zu tun hatten, mit Freude am kreativen und künstlerischen Gestalten zu machen. Natürlich war die Berechnung von Kosten, Nutzen und Lohn auch wichtig, aber nicht so wertvoll wie die Pflege des Po(i)etischen. Dies hatte auch Folgen für die Schulen. Die Grundausbildung legte viel Gewicht auf die Förderung der Phantasie.[5] Denn nur sie konnte garantieren, dass die Arbeiter in den verschiedenen Zweigen der Wirtschaft ihre Kreativität zu einem angemessenen Teil ausleben konnten. Auch das politische System unterschied sich von unserem. Die Phantasie überlebte nur, weil die bürokratischen Auflagen der Verwaltung, der Unternehmen, aber auch des Staates relativ schlank blieben und dadurch die Arbeitsprozesse bodenständig und wenig entfremdet waren.

Es versteht sich von selbst, dass diese sonderbare Gesellschaft nur in beschränktem Masse nach aussen Handel trieb. Verglichen mit seinen damaligen Nach-

---

3 vgl. A. Dorschel, „Gestaltung und Ethik", S. 81.
4 E. Cassirer benutzt im Manuskript „Zur Metaphysik der symbolischen Formen" aus seinem Nachlass den Begriff ‚poietisch' in Ergänzung zum Praktischen und Theoretischen (vgl. O. Schwemmer, *Ernst Cassirer*, S. 212 f). Damit meint er eine schöpferische, gestaltende Tätigkeit, die über das Nachahmen und Wiederholen hinausgeht (vgl. a.a.O. S. 100). Welsch betont zudem die poetische Dimension der postmodernen Architektur (vgl. *Unsere postmoderne Moderne*, S. 111 f).
5 vgl. H. Saner, „Der Kindermord zu Bethlehem", in: *Geburt und Phantasie*, S. 82.

barstaaten konnte man hier nicht von einem reichen Land sprechen, wenn auch die Schönheit und Gepflegtheit der Landschaften und Siedlungen, der Einrichtungen und Handelswaren viele Reisende anlockten und damit Geld und einen geringen Wohlstand einbrachten. Die Handelseinschränkungen oder Handelsbeschränktheit, wie sie damals genannt wurde, waren sogar in der Verfassung niedergeschrieben und folgten in der juristischen Begründung aus der Beschränktheit des menschlichen Erkenntnis- und Handlungsspektrums, die wie die Rechte und Pflichten jedes Menschen in den ersten Paragraphen erwähnt wurde. Die Verfassungsgründer wollten damit Gefahren eindämmen, die hereinbrechen können, wenn die menschlichen Grenzen durch totalitäre Ideologien achtlos überschritten werden.

Da ging aus den Reihen der Intelligenzija eine Gruppe hervor, die sich für eine so genannte Globalisierung der Verkleinerung einsetzte. Als Motto hatte sich die Gruppe einen Spruch von Lao zi ausgewählt, dessen Werk damals schon in ihre Landessprache übersetzt worden war. Der Spruch lautete:

> „Ein kleines Land! Ein Volk gering an Zahl! Wohl gibt es Schiff und Wagen dort, jedoch kein Ziel, sie zu besteigen. Mach süss ihre Speise, schön ihre Kleider, friedlich ihr Wohnen, fröhlich die Lebensweise! Man sieht von weitem wohl das Nachbarland, die Hähne sind, die Hunde noch zu hören; das Volk wird alt, und wenn sie sterben, war dennoch keiner, der zum Nachbarn fand."[6]

Diesen Spruch skandierten sie oft, wenn fremde Investoren in ihr Land kamen, um ein Handelsabkommen abzuschliessen. Doch der Einfluss dieser Gruppe war gering. Zu stark war die Dynamik des weltweiten Handels, der eine Globalisierung des Grossen war. Mit bissigem Unterton wandelten sie daher ein berühmtes Zitat ab, um die ökonomischen Mechanismen in den umliegenden Staaten zu kritisieren: „Freie Ökonomie ist die Fortsetzung des Krieges mit andern Mitteln."[7]

Auf solchen Sprüchen bauten Gelehrte ein Denkgebäude auf, mit dem sie die hiesige Weltanschauung zu begründen versuchten. Ein berühmter Denker schrieb:

„Wenn wir von der Beseeltheit der ganzen Welt ausgehen, sind wir im Geheimen verbunden mit jedem Gegenstand, der uns umgibt. Darauf gründet das Gefühl, das uns manchmal überkommt, wenn wir gelassen in die Landschaft blicken. Nehmen wir dieses Gefühl des Einsseins ernst, empfinden wir Mitgefühl, Solidarität, Achtsamkeit und Sorge.[8] Daraus entsteht einerseits die Tugend der Sorgfalt im Umgang mit den Mitmenschen, andererseits die Tugend der Sorgfalt im Umgang mit der Umwelt.

Blicken wir nach innen, spüren wir uns selbst als Teil des Lebens, als Wesen mit einer urwüchsigen Lebenskraft, und versuchen, dieser Kraft eine Gestalt zu geben,

---

6 Lao zi, *Daodejing*, (Lao-tse, *Tao-Tê-King*), Ausschnitte aus § 80, S. 109.
7 Es handelt sich um eine Variation des berühmten Ausspruchs von C. v. Clausewitz, der später auch von Marx und Engels oft zitiert wurde.
8 Hier bezog sich der Denker auf Ansätze, die in der Schopenhauerschen Ethik zentral sind. Gedanken zum Mitleid entfaltet Schopenhauer in seinem Hauptwerk *Die Welt als Wille und Vorstellung*, z. B. im 4. Buch unter § 67, S. 510 ff.

neue Dinge zu erschaffen und unsere Umwelt zu beleben. Daraus entsteht die Tugend der schöpferischen Gestaltung und der Dichtung.[9]

Blicken wir zurück auf das, was wir geschaffen haben, und zugleich in die Zukunft auf das Ende des Lebens, werden wir uns unserer Endlichkeit bewusst. Unsere Einzigartigkeit ist beschränkt und unsere Erzeugnisse sind nie vollkommen, so sehr wir danach streben. Dies führt uns zur letzten Tugend, der Tugend der Bescheidenheit.

Diese vier Tugenden: die Achtung der Mitmenschen, die Sorge zur Natur, die schöpferische Gestaltung und die Bescheidenheit sollen die Stützen unseres Gemeinwesens sein."[10]

In der Folge ging diese Textstelle als Grundlegung zur po(i)etischen Ethik in die Geschichte des Reiches ein.

Im Inneren behauptete sich die Gesellschaft durchaus erfolgreich und nahm die vier genannten Tugenden ernst. Die Menschen benutzten die vielfach einzigartigen Alltagsgegenstände mit grossem Stolz. Aufgrund der Verfassung war es nicht möglich, billige Massenprodukte herzustellen. Dafür war das wenige, das die Leute besassen, einmalig und in grossem Masse an die individuellen Bedürfnisse und Wünsche angepasst. Die Menschen hatten hier Freiheiten, die andere sich nicht einmal im Traum vorstellen konnten: im Möbelbau, im Buchdruck, bei der Bekleidung usw. Weil die Erzeugnisse eigens für die Kundinnen und Kunden hergestellt wurden, war auch deren Phantasie und Gestaltungskraft gefragt und führte zu einer Bindung und Sorgfalt mit ihrem Hab und Gut, die die Sparsamkeit in besonderem Masse förderten.[11] Dies ging einher mit dem hohen Bewusstsein für die Abfallverminderung. Denn eine po(i)etische Gesellschaft konnte sich nicht leisten, mit ihrem Lebenswandel die Umwelt zu verunstalten und zu verschmutzen. Dies hätte die Menschen zutiefst verletzt.

Noch ein Wort muss zum Po(i)etischen gesagt werden. Leicht könnte die obige Beschreibung auf Fremde den Eindruck machen, dass in diesem Reich nur alles ja schön hübsch zugerichtet würde. Dem war aber nicht so. Im Bewusstsein um die menschliche Beschränktheit in jedem Gebiet konnte auf dem Feld der Kunst und des Handwerks nicht so getan werden, als ob hier alles perfekt wäre. Das naive

---

9 Parallelen zeigen sich zu der antiken eudaimonistischen bzw. hedonistischen Ethik. Für Foucault wird sie zu einer ästhetischen Ethik, in der es wichtig ist, zu sich selbst Sorge zu tragen und so genannte Techniken des Selbst zu entwickeln (vgl. M. Foucault, *Der Gebrauch der Lüste*, S. 36 ff; ders.: „Sex als Moral", in: *Von der Freundschaft*, S. 79 ff; K. Liessmann, *Philosophie der modernen Kunst*, S. 218). Diesen Studien geht auch Schmid in seiner *Philosophie der Lebenskunst* nach (vgl. S. 71 ff). Ähnliche Ansätze finden sich zudem bei Cassirer, wonach der Mensch als Ausdruckswesen seine Existenz zu ästhetisieren versucht (vgl. O. Schwemmer, a.a.O., S. 32 ff).

10 In dieser Grundlegung zeigt sich ein deutlicher Unterschied zu Kants Projekt einer deontologischen Ethik. Es ist nicht so, dass die vier Tugenden, als Maximen eingesetzt, Kants kategorischem Imperativ widersprächen. Doch setzt diese Ethik auf eine inhaltliche und emotionale Konkretion, während Kant auf eine formale und rationale Begründung pocht.

11 Es leuchtet ein, dass die Ausrichtung der Gestaltung nach der Funktion in diesem übersichtlichen Kontext eine andere Bedeutung besitzt als im Rahmen einer globalen Massenproduktion. Vgl. zum engstirnigen Funktionsbegriff: H. Saner, a.a.O., S. 92.

Hübsche, der scheinheilige Kitsch wurde kritisch betrachtet und nur bedingt mit den erwähnten Gedanken zum Po(i)etischen in Zusammenhang gesetzt. Vielmehr verlangten die Menschen nach einem gegenseitigen Eingeständnis des Mangels. Damit fand in jedem Werk das Unvollkommene und Vorläufige, ja Fragmentarische auf irgendeine direkt sichtbare oder unterschwellige Weise seinen Ausdruck. Es entstand über Jahrzehnte hinweg eine sehr merkwürdige Symbolik und Hermeneutik der Fehlbarkeit.

Mit dem Fortschreiten der Forschung kamen Zweifel an der These auf, das ganze All sei beseelt. Mit diesem Zweifel zerrann die Grundlage der bestehenden Normen und Werte allmählich. Ja, sie erschien gewissen Denkern auf einmal lächerlich und Teil des Aberglaubens. Ein Ausschnitt aus einem Gespräch, das bei einer Zusammenkunft der Gelehrten an einem See namens Schwanenteich stattfand, wurde als Schwanenteichdialog überliefert: „Das Fundament unserer Werte und Weltanschauung ist ungenau und vage. Warum sollen wir ausgerechnet darauf unser Gemeinwesen aufbauen?", fragten die Zweifler. „Gescheiter messen wir Nutzen und Schaden, setzen Rechte, Gesetze und Pflichten fest, um eine verlässliche und gerechte Richtschnur für unser Handeln und unsere Entscheidungen zu finden." – „Was sucht ihr exakte Zahlen, um Nutzen und Schaden zu kalkulieren, wenn sich das Leben nicht berechnen lässt? Wenn ihr die Vagheit zerstört, beginnt ihr damit nicht gleichzeitig gegen das Lebendige zu kämpfen?", gaben die Verteidiger zurück.[12] Der Konflikt war damit nicht beendet.

An einem weiteren Punkt war dieses Land verletzlich: Kamen die Bürgerinnen und Bürger einmal in ein anderes Land, so waren sie fasziniert von der Leichtigkeit und Günstigkeit des Einkaufs ganz verschiedener Produkte in eigens dazu gebauten riesigen Verkaufshäusern. Die Faszination, die von diesem einfachen Konsum ausging, bewirkte schliesslich, dass das geheimnisvolle Reich allmählich verschwand und mittlerweile der Vergangenheit angehört."

So viel kann von diesem Reich noch berichtet werden. Wenn wir nun versuchen, diesen Mythos auf die Ökonomie und Ethik im Bereich des Automobilbaus anzuwenden, wird aus dem Automobilbau eine Automobilbaukunst, eine umfassende Gestaltungskunst, die dem ästhetischen, lebendigen Design, der Sorgfalt gegenüber den Wünschen der Kundinnen und Kunden, aber auch gegenüber der Natur und den Regeln der Beschränktheit und Bescheidenheit Rechnung trägt. Diesen Tugenden entlang möchte ich abschliessend die heutige Autobauweise beurteilen.

---

12 vgl. A. Wellmer, *Zur Dialektik von Moderne und Postmoderne*, S. 132. Wellmer plädiert für eine experimentelle, kreative und phantasievolle Klärung von Zwecken und Umsetzung von demokratischen Entscheiden. Interessant ist de Bruyns Verweis auf die beiden konkurrierenden Prinzipien Selbstverausgabung (Luxus) vs. ökonomische Berechnung (vgl. „Plädoyer für die Ketzer und Pioniere", S. 27).

b) Ästhetisch lebendige Gestaltung

Als Grundlage des Gestaltungsprozesses empfahl ich im letzten Kapitel die Grundmetaphern der Seele und Weltseele. Der Architekturtheoretiker Peter F. Smith versucht eine Theorie der Ästhetik auf seelischen, d. h. psychologischen Grundlagen aufzubauen. Darum möchte ich seinen Überlegungen nachgehen. Die Seele umfasst in der traditionellen Auffassung Verstand und Gefühl. Smith verbindet die Psychologie mit physiologischen Argumenten und kommt zu folgenden Schlüssen: Wenn die grössere (rationale) Gehirnhälfte die Vorherrschaft des Bewusstseins und damit der Wahrnehmung innehat, reizen uns klassische, regelmässige Formen und harmonische Verhältnisse. Wenn das limbische (emotionale) System dominant ist, ist unsere Lust nach immer neuen exotischen Reizen an Formen, Farben, Klängen usw. unstillbar, bis ins Vulgäre, Manieristische und Kitschige.[13] Als ästhetisches Maximum definiert Smith eine Dialektik zwischen beiden Formen, die sich als „disziplinierter Ausbruch"[14] oder Chaos innerhalb eines bestimmten, vernünftigen Rahmens bezeichnen lässt.[15] Bei der Gestaltung eines Automobils stellen unweigerlich der Gebrauch und die sozialen Nutzungsbedingungen den Rahmen dar. Wenn hierin die genannten ästhetischen Prinzipien wirksam werden können, entspricht dies m. E. gut dem Bild der Seele und Beseeltheit von Gegenständen.

Nun geht es darum zu überprüfen, inwiefern die im 4. Kapitel erwähnten Charakteristika postmodernen oder nach-modernen Designs aus meiner alternativen Ästhetik folgen. Die Verbindung scheint ziemlich offensichtlich. Die in Szene gesetzte Identität hängt mit der individuellen oder markenmässigen Einzigartigkeit in Gegenwart und Tradition zusammen und weist auf eine besondere Kultur hin. Die Hervorhebung eines wohnlichen Interieurs mit natürlichen, authentischen Materialien versucht eine angenehme Atmosphäre zu schaffen. Der oft metaphorische Formenreiz in der Designsprache versucht Dynamik, Lebensenergie und Einzigartigkeit zu artikulieren. Kultur, Atmosphäre, Lebensenergie – alles deutet auf die Grundlage der Lebendigkeit und Beseeltheit hin, die ich im vorangegangenen Kapitel als Kennzeichen meiner Ästhetik ausgearbeitet habe. Eine Gefahr besteht allerdings darin, dass metaphorische Formelemente, die die Lebendigkeit des Designs mitprägen, als Modetrend von einem erfolgreichen Modell auf eine ganze Marke oder sogar auf ein ganzes Segment ausgeweitet und damit in ihrer Wirkung abgeschwächt werden. Auch aus der Architekturgeschichte gibt es Beispiele solcher Metaphernverallgemeinerungen, die in ihrer totalitären Wirkung sogleich irritieren. Libeskinds Metaphern des Blitzes, der erleuchteten Katastrophe, bzw. der entleerten Leere, die im Jüdischen Museum (Berlin 1999) zum Ausdruck kommen, erscheinen fragwürdig, wenn sie in der gesamten Überbauungsplanung des Potsdamer und Leipziger Platzes oder noch übergreifender angewandt werden sol-

---
13 vgl. P. F. Smith, *Architektur und Ästhetik*, S. 94 ff.
14 a.a.O., S. 96.
15 vgl. a.a.O., S. 199 f.

Abb. 1: Jüdisches Museum (1999) in Berlin von Daniel Libeskind

len (vgl. Abb. 1).[16] Die lebendige, metaphorische Gestaltung muss nach meinem Dafürhalten an einem kleinen Ort geschehen, um eine angemessene ästhetische Wirkung zu entfalten. Damit wird bereits die Regel der Beschränktheit vorweg genommen. Kunst soll aufwecken, Kunst hat auch eine ethische Dimension.[17] Es ist problematisch geworden, lediglich das Schöne (oder das Kitschige) zu zelebrieren. In diesem Sinne ist wirklich kunstvolles, d. h. anspruchsvolles, mehrsprachiges und doppelkodiertes Design, das den Namen Kunst verdient, im Automobilbau eher selten. Und darum hat das Lebendige und Kreative hier keinen sehr grossen Stellenwert. Auch ein Hang zum Kitsch lässt sich an einigen Produkten nicht abstreiten. Doch bedeutet ein po(i)etisches Produkt zu gestalten unweigerlich, dass ein Kunstwerk geschaffen werden muss? Dorschel beantwortet diese Frage in seinem Aufsatz „Gestaltung und Ethik" folgendermassen:

> „Die Intention, den Betrachter in den Bann des Gegenstandes zu ziehen, mag Kunstwerken angemessen sein. Sich ihnen auszusetzen oder nicht, steht jedem zunächst frei. Die Gebrauchsgegenstände, auf die er angewiesen ist, müssen hingegen das mögliche Bedürfnis des Nutzers, von ihnen auch in Ruhe gelassen zu werden, von sich aus anerkennen."[18]

Darum gestalten manche Firmen ihre Autos nur hübsch, gefällig und behaglich, – oder nur schlicht und nüchtern. Denn ein zu stilvolles oder süsses Automobil kann „uncool" und unmännlich wirken und damit einen wichtigen Teil der Klientel abweisen. Insofern offenbart sich im Design sogar ein Aspekt der Genderproblematik.[19] Bei der Arbeit an Studien können Designer jedoch mit grösserer Freiheit ans Werk gehen und auch aussergewöhnliche, verrückte Skulpturen auf vier

---
16 vgl. G. Zohlen, *Auf der Suche nach der verlorenen Stadt*, S. 148.
17 vgl. G. Vattimo, *Kurze Geschichte der Philosophie im 20. Jahrhundert*, S. 114.
18 A. Dorschel, „Gestaltung und Ethik", S. 79.
19 Als Beleg siehe z. B. N. Camenisch und M. Keller, „'CSI' für 20 Minuten on the road", in: www.20min.ch. Dem Journalist erscheint in diesem Bericht der Fiat 500 (vgl. Kapitel 5, Abb. 12) als zu süss und unmännlich.

Abb. 2: BMW Mille Miglia (Studie 2006)

Abb. 3: Maybach Exelero (Studie 2005)

Abb. 4: Lagonda Vignale (Studie 1995)

Abb. 5: Chrysler Phaeton (Studie 1997)

Abb. 6: Seat Salsa (Studie 2002)

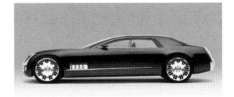
Abb. 7: Cadillac Sixteen (Studie 2003)

Rädern erschaffen. Ein paar willkürlich ausgewählte Werke aus dem vergangenen Jahrzehnt (Abb. 2-7) füge ich zur Illustration an.

Es sind oftmals wertvolle, für das Publikum unerreichbare Unikate. Jenseits von jeder seichten Mobilität scheinen sie bereits bei ihrer Vollendung in die ruhigen Hallen eines Museums entschwunden zu sein. Hier hat die gestalterische Freiheit Vorrang vor Funktionalität und Kosteneffizienz, die Grenzen zwischen Design und Kunst verschmelzen. In diesen „Bildhauerarbeiten" entfalten Designer waghalsige Formen und originelle, visuelle Metaphern: z. B. ein sublimes Rücklichtband, das das Heck asymmetrisch trennt (Abb. 2); Heckleuchten, die wie ein Diamantband glitzern, neben einem spitz zulaufenden Heckteil, das an einen Frack erinnert (Abb. 3); ein Kofferraum, der wie eine Schleppe langsam ausläuft (Abb. 4); ein Auto mit seitlichen Kiemen, das einem Boot gleich einen spitzen Bug und ein ebensolches

Abb. 8: Besondere Farbwahl beim Lancia Ypsilon (2004)

Heck besitzt (Abb. 5); eine geschliffene, runde Form wie die eines Steines aus einem Bachbett (Abb. 6); eine erhaben in die Länge gezogene Linie zwischen Motorhaube und Hinterrädern, woraus der Fahrgastraum wie ein abgeflachter Eisberg aus dem Meer ragt (Abb. 7).

Soviel zu ästhetischen Schwärmereien über automobile Einzelstücke. Jetzt sollen die andern, ebenso wichtigen Aspekte dargelegt und mit einzelnen Beispielen veranschaulicht werden.

c) Sorgfalt im Umgang mit Kundinnen und Kunden

Bei allen Versprechungen der Automobilwerbung, dass auf Einzelwünsche eingegangen werden könne, beschränkt sich die Individualisierung auf ziemlich oberflächliche Belange: auf die Farbwahl der Karosserie (vgl. Abb. 8), auf die Farbwahl und Materialwahl der Sitzbezüge, auf Dekorelemente im Cockpit und an den Türverkleidungen und natürlich auf die Motorisierung. Um möglichst vielen Bedürfnissen der Konsumenten gerecht zu werden, werden die Innenräume mit diversen Sitz- und Gepäckverstauungsmöglichkeiten flexibel und praktisch gestaltet. Die Grundform der Aussen- und Innenarchitektur bleibt aber bei praktisch allen Serienfahrzeugen unangetastet. Veränderungen sind nur im Bereich des Tunings verbreitet und dort meist nicht, um zu einer eigenständigen ästhetischen Form zu finden. Eine interessante, wenn auch eingeschränkte Ausnahme bildet der Citroën C3 Pluriel, der eine grosse Flexibilität in der Karosseriegestaltung besitzt. Je nach gewünschter Funktion lässt sich diese verändern (vgl. Abb. 9 und 10). Generell herrscht m. E. aber eine Scheinfreiheit vor, im Gegensatz zum Bestreben in der Zeit des Jugendstils und des Art déco, individuelle ästhetische Wünsche wirklich zu befriedigen.[20] In den 30er und 40er Jahren gab es etliche Beispiele für Einzelanferti-

---

20 Diesen Wandel interpretiert Gartman im Kontext der Veränderung des Käufersegments von Automobilen. Bis in die Zwischenkriegszeit war das Automobil vor allem ein Gegenstand der gebil-

Abb. 9: Citroën C3 Pluriel (2002) Abb. 10: Flexibilität beim Pluriel

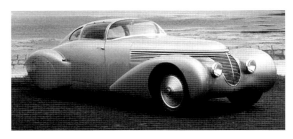

Abb. 11: Hispano-Suiza H6C (1938)

gungen, die auf besonderen Wunsch von gut betuchten Kunden hergestellt wurden, z. B. das Coupé Hispano-Suiza H6C aus dem Jahre 1938 für Dubonnet Xenia (vgl. Abb. 11). Bei diesem Wagen wurde das Basisgestühl vom Serienfahrzeug übernommen und eine Metallhülle von Saoutchik darüber gelegt. Heute verlangt kaum jemand solch eine Exklusivität. Der Kunde gibt sich beim grossen Angebot an Marken und lieferbaren Modellen mit den Massenprodukten zufrieden. Das Bedürfnis nach mehr ästhetischer Autonomie scheint gering.

Ideologiekritisch betrachtet deutet diese Zufriedenheit oder Gleichgültigkeit auf eine Bedürfnisentfremdung hin. Wie Dorschel schreibt, kann es nicht darum gehen, „entfremdete Bedürfnisse über fremde Produkte gestalterisch erfüllen zu wollen, wie es von der herrschenden Gestaltungspraxis in unbelehrbarer Harmlosigkeit gefordert wird."[21] Darum erscheint diese Form von sorgfältigem Kundenumgang zwiespältig.

Ein weiterer Aspekt der Kundenpflege zeigt sich in der sorgfältigen Herstellung, der Manufakturarbeit, die im obersten Segment des Automobilbaus eine Renaissance erlebt. Sie wirkt sich auch auf die Angestellten aus: In der Einzelanfertigung

---

deten Oberschicht. Darum lag es auf der Hand, das Design den aktuellen Kunst- und Architekturstilen anzupassen. Mit Beginn der Massenproduktion nach dem zweiten Weltkrieg orientierte sich die Gestaltung mehr am so genannten Massengeschmack (vgl. „A History of Scholarship on American Automobile Design", in: http://www.autolife.umd.umich.edu).

21 A. Dorschel, „Gestaltung und Ethik", S. 75. Ebenso wenig kann es Aufgabe der Designer sein, die Produkte so verdrießlich zu gestalten, dass die Konsumentinnen und Konsumenten die Entfremdetheit ihrer Bedürfnisse, die sie zum Konsum motivierten, erkennen (vgl. ebd.).

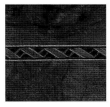

Abb. 13: Auswahl an Holzintarsien im VW Phaeton

Abb. 12: Edle Produktionsstätte des VW Phaeton in Dresden, ohne Lärm und ohne Schmutz auf Parkettboden – das ist laut Volkswagen Manufakturästhetik.

wirkt die Arbeit nicht so entfremdet wie an einem Fliessband. Ein aktuelles Beispiel dazu ist die medial inszenierte Gläserne Manufaktur in Dresden, wo das Spitzenmodell des Volkswagenkonzerns, der VW Phaeton, vor den Augen der zukünftigen Besitzer gefertigt wird (vgl. Abb. 12). Hier ist die Produktion ein Erlebnis, welches die Kunden emotional an ihr Produkt und an die Marke binden soll. Eine Passage aus dem Werbeprospekt des VW Phaeton (2002) illustriert diesen Gedanken:

„So wenig, wie der Phaeton eine gewöhnliche Limousine ist, so wenig ist sein Fertigungsort gewöhnlich: die Gläserne Manufaktur in Dresden. Im Umfeld von Semperoper und Zwinger, in der Tradition deutscher Handwerkskunst und Innovation wird der Phaeton von Hand gebaut. Und die Manufakturgeschichte Dresdens neu interpretiert."[22] (vgl. Abb. 13)

Für ein solches Kunstwerk muss allerdings in der Basisausstattung bereits ein Preis von 61 000.- € bezahlt werden. Es erstaunt daher nicht, dass nur diejenigen Marken handgefertigte Modelle herstellen, die im High-End-Bereich die Kundenwünsche befriedigen wollen und folglich eine Exklusivität garantieren müssen, z. B. Rolls-Royce, Bentley, Maybach, Aston Martin. Diese Sorgfalt widerspiegelt sich in der Betreuung der Kunden nach dem Kauf, wo hoher Wert auf persönliche Beratung gelegt wird. Auch wenn dieser Aspekt beeindruckend erscheint, so kann – wie Wellmer formuliert – „das neuerliche Wiederaufleben handwerklicher Produktionsformen im Innern der Industriegesellschaften – gleichsam in den Nischen der kapitalistischen Ökonomie – nichts ändern."[23]

---

22 Werbeprospekt des VW Phaeton: „Wer neue Antworten will, muss andere Fragen stellen", S. 5.
23 A. Wellmer, *Zur Dialektik von Moderne und Postmoderne*, S. 116.

Die Beurteilung der zweiten Tugend ergibt damit ein durchzogenes Bild. In beschränktem Mass wird auf persönliche ästhetische Bedürfnisse des Kunden eingegangen. Bedenklich ist dabei, dass die Wünsche wohlhabender Menschen um vieles ernster genommen werden. Es herrscht keine ästhetische Demokratie und Gleichberechtigung, auf die die Vollendung des Projekts der Moderne abzielt.[24] Dies hat strukturelle Gründe. In einem wirtschaftlichen System, in dem das Angebotsprinzip vorherrscht, bleiben Einzelanfertigungen nur im exklusiven Marktsegment möglich. Und so haben sich die „Chancen von Kommunikation zwischen Gestalter und Nutzer drastisch vermindert".[25] Die moderne Marktforschung versucht zwar zu ergründen, was die Wünsche und Bedürfnisse der Konsumentinnen und Konsumenten sind. Doch die vorherrschende Form des Kontakts zwischen Produzierenden und Konsumierenden lässt sich nicht als Dialog zwischen gleichberechtigten Partnern beschreiben, in dem ein sorgfältiger Umgang miteinander gepflegt wird. Dieser Umgang müsste idealerweise so sein, „dass beide Seiten voneinander lernen können – mit dem durch keine Antizipation auszuschliessenden Risiko des Irrtums auf beiden Seiten."[26]

d) Sorgfalt im Umgang mit der Umwelt

Kunst hat in den Augen von Bertold Brecht eine ethische Dimension. Bei der Automobilbaukunst liegt der moralische Schwerpunkt in der Frage, wie wir mit der Umwelt umgehen. Themen dazu sind beispielsweise die Verkehrssicherheit, die bewusste Verwendung von ökologischen Materialien, die Rezyklierung verbrauchter Produkte und natürlich die Konstruktion emissions- und lärmarmer Motoren. Gewiss haben die westlichen Staaten in den letzten Jahren die Gesetze in diesen Bereichen stetig verschärft. Allerdings könnte, wenn es den Produzenten ernst wäre, viel mehr erreicht werden. Auch bei den Fahrerinnen und Fahrern ist Mitgefühl mit den abgas- und lärmgeschädigten Mitmenschen, Tieren und Pflanzen rund um die Strassen kaum vorhanden: Zu sehr schotten sich diese von der Umgebung in den immer perfekter isolierten Fahrzeugen ab.[27] Die Klimaanlage verströmt wohltemperierte, frische Luft, wenn man nicht gerade im Stau oder in einem Tunnel steckt. Die Musik aus dem Radio unterhält die Insassen. Mit dieser Abschottung fördert

---

24 Ich beziehe mich hier ebenfalls auf Wellmer, der am Schluss seines Aufsatzes hofft: „Dann könnten vielleicht Kunst und Industrie durch Vermittlung eines Dritten, nämlich im Medium einer aufgeklärten demokratischen Praxis, zu Momenten einer industriellen Kultur zusammentreten." (a.a.O., S. 133).
25 A. Dorschel, a.a.O., S. 77.
26 ebd.; vgl. dazu die Analyse der Kommunikationsform (a.a.O., S. 74).
27 vgl. zur Isolierung durch den Verkehr M. Horkheimer und Th. W. Adorno, *Dialektik der Aufklärung*, S. 233.

ÄSTH/ETHISCHE RÜCKSCHLÜSSE UND AUTOMOBILE ANWENDUNGEN 185

Abb. 14: SAM (2002) Abb. 15: Toyota Prius (2003)

das Automobil die Privatheit, den Individualismus und behindert das Gefühl, mit der Natur verschmelzen zu können. Die technische Welt entnaturalisiert uns.

Ein Beispiel für einen kleinen lokalen Automobilbauer, der seine ökologische Verantwortung mit der Entwicklung eines modernen, relativ preisgünstigen Elektromotor-Fahrzeugs wahrnimmt, ist die Cree Ltd., der Hersteller des SAM (2002) (vgl. Abb. 14). Allerdings hat dieser Wagen trotz Werbeaufwand den Durchbruch noch nicht geschafft.

Erwähnenswert ist die Geschichte des MCC Smart Fortwo (1998), einer modernen Adaption des alten Mini oder Fiat Topolino. Der ehemalige Vorsitzende der Swatch-Gruppe, Nicolas Hayek, investierte in ein Projekt für ein kleines, billiges und ökologisches Serienfahrzeug. Doch als Daimler-Benz (Mercedes) die Mehrheitsbeteiligung der Aktiengesellschaft übernahm, statteten sie den Smart mit konventionellem Benzin-Antrieb aus. So verlor die frühere Vision massiv an Glanz und wurde wohl auch deshalb kein sehr grosser Erfolg.

Der Konkurrenzkampf in der Konstruktion möglichst verbrauchsarmer Motoren scheint bescheiden. Bis jetzt bilden die „3 Liter – Autos" (3 Liter Dieselbenzin pro 100 gefahrene km) die unterste Grenze (VW Lupo TDi und Audi A2).[28] Der kleine Durst besitzt offenbar wenig ästhetischen Reiz im Vergleich zum Bau von potenten Fahrzeugen, deren maximale Geschwindigkeit die üblichen Grenzwerte um mehr als das Doppelte übersteigt und die 15 bis 20 l Kraftstoff auf 100 km verbrennen.

Zukunftsweisend könnten Hybridmotoren sein, die einen Elektroantrieb mit konventionellem Benzinmotor kombinieren. Das erste Serienprodukt dieser Art ist der Toyota Prius, der in der zweiten Auflage (2003) auch ästhetische Bedürfnisse zu befriedigen vermag und zudem einen erstaunlich geringen Luftwiderstandwert (C_w = 0.26) aufweist (vgl. Abb. 15).

Viele Fahrzeuge mit geringerem Verbrauch sind bisher aber nur Konzepte geblieben. Eine ästhetisch reizvolle Studie ist der Volvo 3CC (2004) (vgl. Abb. 16). Als Höchstgeschwindigkeit soll der Volvo 135 km/h erreichen. Er hat eine Reichweite

---

28 Beide Modelle wurden zwischen 1999-2005 produziert.

Abb. 16: Volvo 3CC (Studie 2004)   Abb. 17: VW TDi 1 L (Studie 2002)

von über 300 Kilometern, wobei er rund 20 Prozent der aufgewendeten Energie durch Nutzbremsung für den Elektromotor zurückgewinnt. Sein C_w-Wert liegt bei ca. 0.22 und unterbietet damit die magische Grenze von 0.25. Dies ist der optimale Wert, der sich für Serienfahrzeuge in den letzten zehn Jahren etabliert hat.[29] Wie ein „1 Liter – Auto" aussehen könnte, zeigt VW mit der oben abgebildeten Studie (vgl. Abb. 17).

In der Gegenwart geht ein Ruck durch die Automobilindustrie. Seit Beginn der globalen Klimadebatte, die der UN-Klimabericht des IPCC im Frühling 2007 ausgelöst hat, scheint fast jede internationale Autoshow, auf der neue Fahrzeuge vorgestellt werden, unter der Etikette ‚grün/ökologisch' zu stehen. Die Ölpreise sind erheblich gestiegen. Konzerne wetteifern in diversen Studien um geeignete alternative Antriebskonzepte wie z. B. die Brennstoffzelle oder den optimierten Elektromotor mit zu Hause aufladbaren Lithium-Ionen-Batterien.[30] Der CO_2-Ausstoss pro km erscheint nun auf jeder Liste und jedem Testbericht unter den relevanten technischen Angaben des jeweiligen Modells. Industrie und Politik versuchen, sich auf ehrgeizige CO_2-Reduktionen der gesamten Autoflotte zu einigen. Eine Folge zeichnet sich bereits ab. Hybrid-Motoren werden mehr und mehr im Luxussegment eingebaut.[31] Damit kann derjenige, der sich ein schweres, leistungsstarkes Gefährt leistet, gleichzeitig sein Gewissen beruhigen. Hier wird ersichtlich, dass solch vordergründig ökologische Entwicklungen eher Symptombekämpfung sind und sich in eine Reihe technischer Verbesserungen der letzten Jahrzehnte stellen lassen: Aufgrund der Ölkrise in den 70er Jahren wurden die Hubräume gesenkt. Das Waldsterben in den 80er Jahren bewirkte den Einbau von Katalysatoren und von Partikelfiltern zur Vermeidung von giftigen Emissionen des Benzin- und Dieselmotors. Immer erfolgt auf eine akute Bedrohungslage eine technische Korrektur, ohne dass jedoch die Mobilität und die Mobilitätsformen in einem grundsätzlicheren Zusammenhang gedacht und

---

29 vgl. W.-H. Hucho, „Luftwiderstand kostet Treibstoff", S. 14. Hucho geht davon aus, dass die technische Umsetzung der Aerodynamik-Forschung in der letzten Zeit stagniert habe.
30 Innovativ sind z. B. die Studien Honda FCX (2006) oder Chevrolet Volt (2007).
31 Beispiele dafür sind u. a. Lexus, Porsche, Cadillac.

Abb. 18: Bugatti EB 16.4 Veyron (2005): 1001 PS, 414 km/h, 1.3 Mio €

Abb. 19: Lotec Sirius (2000): 1200 PS, über 400 km/h, Preis auf Anfrage

hinterfragt würden. So bewahrheitet sich die paradox wirkende These des Daoismus, dass die Festsetzung von Regeln, Normen oder Tugenden bereits einen Zerfall der (ursprünglichen und natürlichen inneren) Ordnung darstellt.[32]

Aus alle dem ergibt sich eine negative Bilanz. Der Umgang mit der Umwelt kann nicht als einfühlsam und nachhaltig beschrieben werden. Es wird von vielen Herstellern nicht einmal erkannt, welcher Handlungsbedarf nötig wäre. Die aufgrund fehlender Kostenwahrheit und politischer Manöver verzerrten Ölpreise scheinen ein Nachdenken über Umweltschutz und ästhetischen Respekt vor der Natur zu behindern. Die Reize der Geschwindigkeit und der Beschleunigung, die jeder einzelne in seinem privaten Automobil erleben kann, werden wesentlich höher bewertet und zeigen sich auch in den hohen Investitionen für die Entwicklung neuer starker Motoren und im absurden Konkurrenzkampf um das schnellste Gefährt (Abb. 18 und 19). Sloterdijk gibt dazu eine passende psychologische Erklärung:

> „Menschen können sich keine wirklichen Katastrophen vorstellen. Sorgen und Zukunftsängste werden durch magisches Denken kompensiert. Deswegen gibt es einen Bedarf nach Zauberei. Das ist der Punkt, an dem der Kapitalismus magisch wird. Weniger als Zauberei wird es nicht tun, wenn wir ein Leben in Luxus weiterführen wollen."[33]

e) Regeln der Beschränktheit

Die Regeln der Beschränktheit schliesslich betreffen zunächst die Mobilität, wo offenbar wird, dass genau das Gegenteil geschieht. Ein Ende der Mobilitätssteigerung im Privaten wie im Öffentlichen ist nicht absehbar. Die Ästhetik des Verzichts hat

---

32 vgl. z. B. Lao zi, a.a.O., § 18 und 19, S. 42 f.
33 P. Sloterdijk, „Autofahren ist kinetischer Luxus", S. 39.

unter den gegebenen Vorzeichen keine Bedeutung. Im Gegenteil, in den westlichen Staaten gehört das (Luxus-)Objekt Auto zum selbstverständlichen Alltagsgebrauchgegenstand. Indem man den Luxuscharakter leugnet, verblasst auch der ästhetische Genuss der Mobilität. Sie mutiert zu einer neuen anthropologischen Konstante. Dabei ist nicht die einzelne Handlung – eine Fahrt oder Ortsbewegung – problematisch, sondern der soziale Aspekt, wenn wir das Phänomen der Mobilität in seiner gesellschaftlichen Gesamtheit betrachten. Auch wenn Kant den Kategorischen Imperativ in der *Grundlegung der Metaphysik der Sitten* bereits 1785 formulierte, als noch kaum Massenproduktion und Massenkonsum existierten, macht diese Formel die Problematik unseres modernen Verhaltens nichtsdestotrotz deutlich.[34] Heute ist es tatsächlich zum allgemeinen Gesetz geworden, dass wir mobil sind. Und augenfällig werden die Widersinnigkeiten dieser Mobilitätsregel: Unfälle, Staus, körperliche Bewegungsarmut, Umweltbelastung etc., so dass der ethisch problematische Charakter dieser Bewegung offenkundig wird.[35] Hier tut die Regel der Beschränktheit Not, die das Bild von der Weltseele anempfiehlt. Eine Lösung sehe ich nur auf der Ebene eines möglichst öffentlichen, d. h. politischen Dialogs zwischen Gestaltenden und Nutzenden.[36]

Ein zweiter Bereich fehlender Grenzen betrifft die Unternehmensgrösse. Mit der Globalisierungsbewegung innerhalb der letzten 20 Jahre sind Fusionen, die zu immer grösseren Firmen führen, an der Tagesordnung. Kleine, unabhängige und erfolgreiche Fabrikanten wie Porsche sind seltene Ausnahmen. Kleine Unternehmen lösen allerdings noch nicht automatisch das Problem. Viel wichtiger erscheint mir, dass ein Hersteller seine Produkte in der Gestaltung der Regel der Beschränktheit so unterwirft, dass er die Nutzungsbedingungen des Produkts in die Planung mit einbezieht. Bei Serienprodukten bedeutet dies nicht bloss die Berücksichtigung der individuellen Nutzungsbedingungen (wie Ergonomie, flexible Gestaltung des Interieurs etc.), sondern speziell auch die kritische Reflexion der sozialen Nutzungsbedingungen.[37] Die Gestaltenden würden für diese Arbeit, die sich nicht einfach mit einem Computerdesignprogramm berechnen lässt, Phantasie und Einfühlungsvermögen benötigen.[38] Die Spielräume der Designer sind aber oftmals sehr beschränkt, da „in der Regel an anderem Ort entschieden wird, was zu gestalten ist".[39] Immerhin hat die Flexibilisierung und Differenzierung in der Herstellungs- und Arbeitsweise stark zugenommen und werden vermehrt Kleinserien und Nischenprodukte angeboten. So könnte die Ökonomie nicht bloss die gängigen Positionen aus dem ideologischen Kampf des 20. Jahrhunderts: Marktwirt-

---

34 vgl. I. Kant, *Grundlegung der Metaphysik der Sitten*, S. 42.
35 vgl. A. Dorschel, a.a.O., S. 68.
36 Dorschel formuliert dementsprechend die Bedeutung der Ethik im Bereich der Gestaltung: „Wenn es vernünftigerweise so etwas wie eine Ethik der Gestaltung gibt, dann in dem Sinne, dass berücksichtigt wird, in welchen Kontext das Ergebnis der Gestaltung eingeht und wie es seinerseits den Kontext für anderes verändert." (a.a.O., S. 81).
37 vgl. a.a.O., S. 68.
38 vgl. a.a.O., S. 72.
39 ebd.

schaft vs. Planwirtschaft wiederholen, sondern sich der Wurzeln des Kapitalismus in der Subsistenzwirtschaft bewusst werden und als alternativen Denkhorizont anerkennen. Die Behaglichkeit der traditionalistischen Wirtschaft ist jedenfalls nicht irrationaler als das uns vertraute System.[40] Doch eine Gegenbewegung zurück zu „romantischen", übersichtlichen Produktionsverhältnissen ist kaum denkbar.[41] Anhand dieser Überlegungen kommt Dorschel zur nüchternen Schlussfolgerung:

> „Möglicherweise stellt das Auto überhaupt nicht die richtige – als massenhaft kompatible – Antwort auf den Bedarf nach Mobilität dar."[42]

So droht am Ende dieser Philosophie des Automobils das Objekt meiner ästhetischen Faszination, die meinen Forschertrieb motivierte, sich selbst aufzuheben. Die praktischen Konsequenzen aus der obigen Überlegung wäre ja die Entlassung der Autodesigner, der Planer und Hersteller. Für eine solche Wende ist der Mut und Spielraum der Gestaltenden auf alle Fälle zu klein.

Schneller, weiter, globaler, grösser ist hingegen die Devise, welche heute im argen Gegensatz zur geforderten Tugend der Gegenbewegung gilt. Zu dieser Tendenz ist ein kurzer historischer Rückblick sinnvoll. In der Neuzeit seit Burke und Kant wird das Erhabene als wesentliche Kategorie der ästhetischen Beurteilung mit dem Grossen, Riesigen und Gewaltigen assoziiert. Allerdings wird in der Moderne das Grosse und noch Grössere in den verschiedensten Formen zur Selbstverständlichkeit – in Form von Hochhäusern, Grosskonzernen und globalen Kommunikationsmöglichkeiten. Was selbstverständlich ist, erscheint unserer Urteilskraft als zweckmässig und muss demnach gemäss Kant als schön bezeichnet werden. In diesem Augenblick müsste konsequenterweise das Kleine, Bescheidene mit der Kategorie des Erhabenen beurteilt werden und Staunen sowie Verwirrung auslösen. Jean Paul, der Kants Kategorie des Erhabenen aufnimmt, schreibt in seiner *Vorschule der Ästhetik* in diesem Sinne bereits zu Beginn des 19. Jahrhunderts:

> „So steht ästhetische Erhabenheit des Handelns stets im umgekehrten Verhältnis mit dem Gewichte des sinnlichen Zeichens, und nur das kleinste ist das erhabenste […]."[43]

Demnach wäre eine Ästhetik des Kleinen zu pflegen, um die Gegenbewegung als Widerstand gegen eine falsche Verherrlichung des „Grossen" zu begünstigen.

Das Fazit beim Versuch, die Ästhetik der Gegenbewegung auf Gebrauchsgegenstände wie das Automobil anzuwenden, ist beschämend. Ich kenne kein Automobil, welches alle vier Kriterien erfüllen und somit ein gelungenes Werk hinsichtlich einer praktischen Ästhetik genannt werden könnte. Und bei vielen anderen industriell gefertigten Alltagsgegenständen ahne ich dasselbe Fazit: zu wenig ästhetische Auto-

---

40 vgl. M. Weber, *Die protestantische Ethik und der „Geist" des Kapitalismus*, S. 26 ff.
41 vgl. A. Dorschel, a.a.O., S. 78.
42 a.a.O., S. 70.
43 J. Paul, *Vorschule der Ästhetik*, S. 106.

nomie, zu wenig ästhetische Verantwortung, zu wenig ästhetische Bescheidenheit. Dies zeigt, wie utopisch meine Skizze einer po(i)etischen Ökonomie und Ethik ist.

Gleichwohl hoffe ich, dass diese Analysen etwas bewegen und die Empfehlung, das alternative Grundmetaphernpaar ‚Seele' und ‚Weltseele' als Orientierung für ästhetische Handlungen zu benutzen, die Dialogbereitschaft zwischen Gestaltenden und Nutzenden fördert.

d) Gegenbewegt und widerständig

Die Vision der Gegenbewegung besteht darin, auf den Weg zu gehen, doch nicht auf denjenigen, den alle beschreiten. In der Dialektik von Bewegung und Ruhe, die bereits Platon im Dialog *Sophistes* behandelte[44], braucht die Bewegung eine Gegenbewegung, um zur Ruhe und zum Gleichgewicht zu gelangen. Damit ist nicht gemeint, dass Ruhe – in fernöstlicher Manier – das Lebensziel sein muss, sondern lediglich einen wichtigen und notwendigen Teil des ausgeglichenen Lebens darstellt, das meist dort als Wert auftaucht, wo über Lebenskunst und Individualethik nachgedacht wurde und wird.[45] Zeitweilige Ruhe ist nötig, um reden und sich austauschen zu können, um sich die Varianten der ästhetischen Grundmetaphern zu Gemüte zu führen und wirken zu lassen.

Wird die Bewegung jedoch zum gesellschaftlichen Dogma, dem jedes Individuum wie ein Rädchen gehorchen muss, das nur noch die rein physiologische Ruhe akzeptiert und unter dem jede übertragene Ruhefindung (im persönlichen, sozialen, politischen und ökonomischen Bereich) sich schwieriger gestaltet und zunehmend vergessen geht, – dann wandelt sich die Gegenbewegung als Weg zur Ruhe zur Widerstandsbewegung, wird die Ästhetik der Gegen-Bewegung zur Ästhetik des Widerstandes oder des Ketzertums.[46] Diesen Schlussgedanken möchte ich in zwei Variationen, anhand eines Bildes und eines Beispiels, ausfalten.

Hier ist die Rede von einem Weltbild, das eine Gesellschaft prägt, und von der Möglichkeit des Wandels dieses Weltbildes. Wittgenstein denkt über diese Frage nach, indem er das Weltbild mit einem Fluss und dessen Flussbett vergleicht:

> „[M]ein Weltbild […] ist der überkommene Hintergrund, auf welchem ich zwischen wahr und falsch unterscheide. – Die Sätze, die dies Weltbild beschreiben, könnten zu einer Art Mythologie gehören. […] – Die Mythologie kann […] in Fluss geraten, das Flussbett der Gedanken sich verschieben. Aber ich unterscheide zwischen der Bewegung des Wassers im Flussbett und der Verschiebung dessen; obwohl es eine

---

44 vgl. Platon, *Sophistes* 255e-256e. Es geht dabei um die Untersuchung des Seins des Nicht-seienden.

45 Philosophische Reflexionen über die Ausgeglichenheit finden sich z. B. bei Aristoteles, *Nikomachische Ethik*, Buch II 1106b-1107a; oder bei W. Schmid, *Philosophie der Lebenskunst*, S. 393-398.

46 vgl. G. de Bruyn, „Plädoyer für die Ketzer und Pioniere", S. 24 und 31.

scharfe Trennung der beiden nicht gibt. – Ja, das Ufer jenes Flusses besteht zum Teil aus hartem Gestein, das keiner oder einer unmerkbaren Änderung unterliegt, und teils aus Sand, der bald hier bald dort weg- und angeschwemmt wird."[47]

Dieser Vergleich als Erklärung für menschliche Mythologien passt zu einem platonischen Mythos.[48] Timaios berichtet in seiner Erzählung über die polytheistische Erschaffung der Menschen, dass die Seelen, in Leibern eingebunden, in einem reissenden Fluss stecken, zugleich aber in viele Richtungen strömen.[49] Der Flutandrang liefere Nahrung, die bis zur Seele vordringe – Timaios nennt sie Sinneseindrücke. In diesen Turbulenzen der Strömung wird die Seele jedoch unvernünftig. Erst „wenn dann der Strom von Wachsen und Nähren in geringerem Masse eingeht, die Umschwünge wieder etwas Windstille zu fassen bekommen", werden sie vernünftig.[50]

Über diese Bilder und Vergleiche möchte ich in offener Form weiter sinnieren, indem ich auch die in Kapitel 1. e) skizzierten Gedanken zur Gegenbewegung mit einbeziehe. Wie sehen Flüsse heute aus? Man hat sie begradigt, um ihnen Land abzuringen und die Überschwemmungsgefahr zu mindern. Doch gleichzeitig hat die Geschwindigkeit der Strömung zugenommen, so dass die Schäden bei heftigen Unwettern umso grösser ausfallen. Darum wurden die künstlichen Kanalisierungen in den letzten Jahren teilweise beseitigt, indem man Fliessgewässer renaturierte und ihnen so wieder mehr (natürlichen) Raum zum gemächlicheren Durchfliessen und folgenlosen Überfluten zugestand. Was heisst es nun, wenn die Menschen nach Wittgenstein selber „Fluss" sind? Gemäss Timaios' Mythos bestimmen die Seelen Richtung und Geschwindigkeit des Fliessens mit. Ihre Bewegungen und Regungen verändern zudem das Flussbett. Im Fluss schwimmen und verschwimmen ich und du, wir und die anderen, Subjekt und Objekt, Kultur und Natur, Seele und Weltseele. Es stellt sich endlich die Frage, wie der Fluss unserer gegenwärtigen Gesellschaft aussieht. Mir scheint, dass sein Zustand dem der kanalisierten Gewässer erstaunlich ähnelt. Wenn sich die Fortschrittsgeschwindigkeit weiter beschleunigt, könnte der Gesellschaftsfluss sogar grössere Katastrophen auslösen. Uns Fliessenden ist jedoch kein Deus ex machina bekannt, der den kanalisierten und schnellen Fluss von aussen zu renaturieren vermöchte. So liegt es an uns allein, Gegenbewegungen und Widerwasser hervorzubringen. Indem wir gegen die Strömung oder quer zu ihr schwimmen, drosseln wir die hohe Fliessgeschwindigkeit und weiten den engen Flusslauf. Erst so ist es im Sinne des Mythos im *Timaios* möglich, dass unsere Seelen wieder vernünftig und nicht von Sinneseindrücken überschwemmt und abgestumpft werden. Nur bedarf es dazu einer Neuausrichtung mit der zentralen Erkenntnis, dass sich das durch die hell scheinende Fortschrittsbewegung Verdeckte und Überschattete lohnt, ästhetisch beachtet und genossen zu werden.

---

47 L. Wittgenstein, *Über Gewissheit* §§ 94, 95, 97, 99; S. 139 f.
48 Einen weiteren passenden Mythos erzählt Sokrates im Dialog *Phaidon* kurz vor seinem Tod: Er handelt von der Unterwelt und den Gewässern, die es dort gibt, in denen sündige Seelen Verstorbener sich reinigen müssen (vgl. Platon, *Phaidon* 113d-114d).
49 vgl. Platon, *Timaios* 43a.
50 a.a.O., 44ab.

192 ÄSTH/ETHISCHE RÜCKSCHLÜSSE UND AUTOMOBILE ANWENDUNGEN

Abb. 20: Das Zentrum Paul Klee in Bern (2005)

In einem Abschnitt des Texts *Über die Gewissheit* setzt sich Wittgenstein mit einem Menschen auseinander, der ein ganz anderes Weltbild besitzt, und er kommt zum Schluss: „Wir würden trachten, ihm unser Weltbild zu geben. – Dies geschähe durch eine Art *Überredung.*"[51] Eine andere Form, die Strömung des Flusses und das Flussbett zu verändern, sieht Wittgenstein dabei nicht.

Nach der Darlegung des Flussbildes folgt zum Schluss ein architektonisches Beispiel der ästhetischen Gegenbewegung und des metaphorischen Widerstandes. Der Vergleich mit dem Automobilbau hinkt allerdings, weil es sich bei diesem Beispiel um ein einmaliges, öffentliches Museumsgebäude handelt und seine Entstehung mit den ökonomischen Bedingungen einer industriellen Massenproduktion wenig gemein hatte. Es wäre also unfair und vermessen, aus der folgenden Analyse direkte Anweisung für die Industrieproduktion abzuleiten. Als Orientierungs- und Kontrastpunkt scheint mir das Beispiel dennoch erhellend.

Die Dialektik der Bewegung und Ruhe äussert sich im Bild der Welle, die das in der Einleitung erwähnte ‚Zentrum Paul Klee' von Renzo Piano in Bern auf sinnige Art und Weise aufnimmt (Abb. 20).[52] Die Bauplanung orientierte sich an möglichst ökologischen Massstäben, was Materialien, Heizung, Lüftung und Beleuchtung betrifft.[53] Die Finanzierung erfolgte auf eine spezielle Weise. Der Bau wurde durch einen wohlhabenden Mäzen ermöglicht, der nicht bloss Millionen von Geld, sondern auch Land zur Verfügung stellte und die Planung dem Architekten Piano delegierte. Pianos Welle steht allerdings in Gegensatz zum Werk von Klee. Sie nimmt zu keiner Zeichnung Bezug und ist im Vergleich zu den meist ganz kleinformatigen Werken des Malers gross geraten. Dennoch ist es kein formalistisches Gebäude, dessen Form ohne Funktion wäre.[54]

---

51 L. Wittgenstein, *Über Gewissheit*, S. 171.
52 vgl. Kapitel 1, Abb. 1.
53 vgl. U. Barandin, *Zentrum Paul Klee – Bern*, S. 24 und 26.
54 vgl. das Zitat von Klee zu Beginn der Arbeit.

Gestalterisch lässt sich der Bau nämlich noch genauer auf meine Gedanken hin analysieren: Die Betrachtung von Pianos Architektur ist unvollständig, wenn wir nur auf das Motiv der Welle achten. Im rechten Winkel quer zur Autobahn stehend verkriecht sich der Bau ins Erdinnere. Darauf liegt ein Ackerfeld, an dessen Saum Spazierwege angelegt sind. Vorne gegen Westen hin führen Autobahn und Besucherströme zu Bewegung und buntem Treiben. Hinten, im Dunkeln der Erdhöhle, herrscht Ruhe, dort ist das kunstmässige „Heiligtum", dort ruhn die wertvollen kleinen Werke von Klee mit ihren oft mythologischen Bezeichnungen – gegen Osten gerichtet, als tiefsinnige Umkehrung des Ausdrucks ‚ex oriente lux', der in metaphorischer Weise dazu führte, dass viele der gotischen und vor allem romanischen Kirchen ihr Heiligstes, die Chorapsis, nach Osten ausrichten. So stammt auch der Satz, mit dem diese Arbeit ihr Ende findet, aus dem Osten:
Eine traditionelle Übersetzung des chinesischen Klassikers *Daodejing* von Lao zi beginnt mit den Worten: „道可道也, 非常道也 - Könnten wir weisen den Weg, es wäre kein ewiger Weg."[55]

---

55 Lao zi, *Daodejing* (Lao-tse, *Tao-Tê-King*, S. 25; Lao-tzu, *Tê-Tao-Ching*, S. 196).

8. Quellenverzeichnis

Das Verzeichnis ist nach Büchern, Zeitschriften, Prospekten und Internetseiten jeweils alphabetisch gegliedert.

a) Bücher

Adorno, Theodor W., *Ästhetische Theorie* (1970), Frankfurt am Main, 2003.
– , *Negative Dialektik* (1966), Frankfurt am Main, 2003.
Aicher, Otto, „Gegenarchitektur" (1984), in: *architektur_theorie.doc*, hg. v. G. de Bruyn und S. Trüby, Basel, 2003, S. 140-147.
Aldrich, Virgil C., „Visuelle Metaphern" (1968: „Visual Metaphor", übers. v. E. Klopsch), in: *Theorie der Metapher* (1983), hg. v. Anselm Haverkamp, Darmstadt, 1996, S. 142-159.
Amman, Walter, *Baustilkunde Bd. 2* (1969), Bern, 1998.
Arendt, Hannah, *Vita activa – oder vom tätigen Leben* (1958: *The Human Condition*), München, 1999.
– , *Vom Leben des Geistes* (1971: *The Life of the Mind. Thinking,* übers. v. H. Vetter), München, 2002.
Aristoteles, *Poetik* (übers. und mit einem Nachwort v. M. Fuhrmann), Stuttgart, 1993.
– , *Rhetorik* (übers. v. F. G. Sieveke), München, 1995.
Banham, Rayner, „Funktionalismus und Technologie" (1960: aus „Theory and Design in the First Machine Age", übers. v. W. Wagmuth), in: *architektur_theorie.doc*, hg. v. G. de Bruyn und S. Trüby Basel, 2003, S. 119-130.
Barandun, Ursina, *Zentrum Paul Klee – Bern* (2003), Biel, 2003.
Barck, Karlheinz, Fontius, Martin, Schlenstedt, Dieter, Steinwachs, Burkhardt und Wolfzettel, Friedrich (Hrsg.), *Ästhetische Grundbegriffe – Historisches Wörterbuch in sieben Bänden*, Stuttgart, 2001.
Barthes, Roland, *Mythen des Alltags* (1957: *Mythologies*, übers. v. H. Scheffel), Frankfurt, 2003.
Baudrillard, Jean, *Das System der Dinge* (1968: *Le système des objets*, übers. v. J. Garzuly), Frankfurt 2001.
– , *Die Illusion des Endes – oder der Streik der Ereignisse* (1992: *L'illusion de la fin ou La grève des événements*, übers. v. R. Vouillé), Berlin, 1994.

Bauman, Zygmunt, *Unbehagen in der Postmoderne* (1997: *Postmodernity and its Discontents*, übers. v. W. Schmaltz), Hamburg, 1999.

Baumgarten, Alexander G., *Theoretische Ästhetik – Die grundlegenden Abschnitte aus der „Aesthetica"* (1750/58), (übers. und herausgegeben v. H. R. Schweizer), Hamburg, 1983.

Benjamin, Jessica, *Die Fesseln der Liebe – Psychoanalyse, Feminismus und das Problem der Macht* (1988: *The Bounds of Love. Psychoanalysis, Feminism and the Problem of Domination*, übers. v. N. T. Lindquist und D. Müller), Frankfurt am Main, 1996.

Benjamin, Walter, *Das Kunstwerk im Zeitalter seiner technischen Reproduzierbarkeit* (1936), Frankfurt am Main, 2000.

Bischoff, Ulrich: *Edvard Munch – 1863-1944 – Bilder vom Leben und vom Tod* (1988), Köln, 1988.

Black, Max, „Die Metapher" (1954: „Metaphor", übers. v. M. Smuda), in: *Theorie der Metapher* (1983), hg. v. Anselm Haverkamp, Darmstadt, 1996, S. 55-79.

– , „Mehr über die Metapher" (1977: „More about Metaphor", übers. v. M. Smuda), in: *Theorie der Metapher* (1983), hg. v. Anselm Haverkamp, Darmstadt, 1996, S. 379-413.

Blumenberg, Hans, *Paradigmen zu einer Metaphorologie* (1960), in: *Archiv für Begriffsgeschichte Bd. 6*, hg. v. Erich Rothacker, Bonn, 1960, S. 7-142.

– , *Schiffbruch mit Zuschauer* (1979), Frankfurt am Main, 1988.

Boesiger, Willy und Stonorov, Oscar (Hrsg.), *Le Corbusier (et Pierre Jeanneret) – Oeuvre complète 1910-1929* (1964), Zürich, 1984.

Bourdieu, Pierre, *Die feinen Unterschiede* (1979 : *La distinction. Critique sociale du jugement*, übers. v. B. Schwibs und A. Russer), Frankfurt am Main, 1987.

Bourne, Lyle E. und Ekstrand, Bruce R., *Einführung in die Psychologie* (1973: *Psychology – Its Principles and Meanings*, übers. v. S. Niedernhuber), Eschborn bei Frankfurt am Main, 1997.

Branzi, Andrea, „Niedergang der ästhetischen Standards" (1992), in: *Die Aktualität des Ästhetischen*, hg. v. Wolfgang Welsch, München, 1993, S. 195-199.

Brinker, Helmut, „Ästhetik und Kunstauffassung des Zen" (1985), in: *ZEN – und die Kultur Japans/Klosteralltag in Kyoto* (1993), hg. v. Claudius Müller, Berlin, 1993, S. 37-48.

Bruno, Giordano, *Über die Ursache, das Prinzip und das Eine* (1584: *De la causa, principio et Uno*, übers. v. Ph. Rippel), Stuttgart, 1997.

Bruyn, Gerd de, „Plädoyer für die Ketzer und Pioniere / Theorie einer heterogenen Architektur" (2003), in: ders. und S. Trüby, *architektur_theorie.doc*, Basel, 2003, S. 13-33.

Bruyn, Gerd de und Trüby, Stephan (Hrsg.), *architektur_theorie.doc* (2003), Basel, 2003.

Burke, Edmund, *Vom Erhabenen und Schönen* (1757: *A Philosophical Enquiry into the Origin of our Ideas of the Sublime and the Beautiful*, übers. v. F. Bassenge), Hamburg, 1989.

Cassirer, Ernst, *Substanzbegriff und Funktionsbegriff – Untersuchungen über die Grundfragen der Erkenntniskritik* (1910/1923), in: *Gesammelte Werke Band 6*, Hamburg, 2000.

– , *Die Philosophie der Aufklärung* (1932), Tübingen, 1973.

– , *Philosophie der symbolischen Formen*, Bd. 1 (1923), in: *Gesammelte Werke Band 11*, Darmstadt, 2001.

Chan, Wing-tsit, *Source Book in Chinese Philosophy* (1963), Princeton, 1973.

Cohen, Hermann, *Ästhetik des reinen Gefühls* (Erster Band) (1912), Hildesheim, 2005.

Collins, Michael (A. Papadakis (Hrsg.)), *Design und Postmoderne* (1989: *Post-Modern Design*, übers. v. Chr. Court), München, 1990.
Danneberg, Lutz, Graeser, Andreas und Petrus, Klaus (Hrsg.), *Metapher und Innovation*, Bern 1995.
Danto, Arthur C., *Kunst nach dem Ende der Kunst* (1992: *Beyond the Brillo Box: The visual Arts in Post-historical Perspective*, übers. v. Chr. Spelsberg), München, 1996.
Davidson, Donald, *Wahrheit und Interpretation* (1984: *Inquiries into Truth and Interpretation*, übers. v. J. Schulte), Frankfurt am Main, 1990.
Debatin, Bernhard, *Die Rationalität der Metapher* (1995), Berlin, 1995.
DeCrescenzo, Luciano, *Geschichte der griechischen Philosophie – Die Vorsokratiker* (1983: *Storia della Filosofia Greca – I Presocratici*, übers. v. L. Birk), Zürich, 1990.
Derrida, Jacques, „Der Entzug der Metapher" (1978: „Le retrait de la métaphore", übers. v. A. G. Düttmann und I. Radisch), in: *Die paradoxe Metapher*, hg. v. Anselm Haverkamp, Frankfurt am Main, 1998, S. 197-234.
– , „Die weisse Mythologie – Die Metapher im philosophischen Text" (1971: „La mythologie blanche", übers. v. G. Ahrens), in: *Randgänge der Philosophie*, hg. v. Peter Engelmann, Wien, 1988, S. 205-258.
Descartes, René, *Abhandlung über die Methode des richtigen Vernunftgebrauchs* (1637: *Discours de la méthode pour bien conduire sa raison et chercher la vérité dans les sciences*, übers. v. K. Fischer), Stuttgart, 1973.
– , *Meditationen über die Erste Philosophie* (1641: *Meditationes de Prima philosophia*, übers. v. G. Schmidt), Stuttgart, 1986.
Dewey, John, *Die Erneuerung der Philosophie* (1920: *Reconstruction in philosophy*, übers. v. M. Suhr), Hamburg, 1989.
Dorschel, Andreas, *Gestaltung – Zur Ästhetik des Brauchbaren* (2001), Heidelberg, 2003.
Engels, Friedrich, *Grundsätze des Kommunismus* (1847), in: *Manifest der Kommunistischen Partei* (1848), hg. v. Karl Marx und Friedrich Engels, Stuttgart, 1995, S. 57-79.
Epikur, *Briefe – Sprüche – Werkfragmente* (übers. v. H.-W. Krautz), Stuttgart, 1989.
Erni, Peter, *Die gute Form* (1983), Baden, 1983.
Essbach, Wolfgang, *Studium Soziologie* (1996), München, 1996.
Foucault, Michel, *Von der Freundschaft – Michel Foucault im Gespräch* (1984, übers. v. M. Karbe und W. Seitter), Berlin, 1984.
– , *Der Gebrauch der Lüste – Sexualität und Wahrheit 2* (1984: *Histoire de la sexualité. Vol. 2 L'usage des plaisirs*, übers. v. U. Raulff und W. Seitter), Frankfurt am Main, 1993.
Freud, Sigmund, *Das Unbehagen in der Kultur* (1930), in: *Fragen der Gesellschaft, Studienausgabe Bd. IX*, Frankfurt am Main, 1997, S. 191-270.
– , *Die Traumdeutung* (1900), Frankfurt am Main, 1961.
Gaudí, Antoni (A. G. Funes (Hrsg.)), *Gaudí x Gaudí*, Barcelona, 2001.
Geldsetzer, Lutz und Hong, Han-ding, *Grundlagen der chinesischen Philosophie* (1998), Stuttgart, 1998.
Gethmann-Siefert, Annemarie, *Einführung in die Ästhetik* (1995), München, 1995.
Geyer, Carl-Friedrich, *Philosophie der Antike – Eine Einführung* (1978), Darmstadt, 1996.
Goldstein, E. Bruce, *Wahrnehmungspsychologie* (2002: *Sensation and Perception*, übers. v. M Ritter), Heidelberg, 2002.

Goleman, Daniel, *EQ - Emotionale Intelligenz* (1995: *Emotional Intelligence*, übers. v. F. Griese), München, 1997.
Goodman, Nelson, *Sprachen der Kunst* (1968: *Languages of Art. An Approach to a Theory of Symbols*, übers. v. B. Philippi), Frankfurt am Main, 1997.
Gordon, David, *Therapeutische Metaphern* (1978: *Therapeutic Metaphors*, übers. v. R. Neef), Paderborn, 1986.
Gössel, Peter und Leuthäuser, Gabriele, *Architektur des 20. Jahrhunderts* (1990), Köln, 1994.
Graeser, Andreas, *Die Philosophie der Antike 2 – Sophistik und Sokratik, Plato und Aristoteles* (1992), in: *Geschichte der Philosophie, Band II*, hg. v. Wolfgang Röd, München, 1993.
– , *Bedeutung, Wert, Wirklichkeit* (2000), Bern, 2000.
Gustmann, Kurt, *Top Design des 20. Jahrhunderts* (A. Jahr (Hrsg.)) (2002), Köln, 2002.
Habermas, Jürgen, *Die Neue Unübersichtlichkeit* (1985), Frankfurt am Main, 1991.
– , „Moderne und postmoderne Architektur" (1981), in: *architektur_theorie.doc*, hg. v. G. de Bruyn und S. Trüby, Basel, 2003, S. 160-168.
Han, Byung-Chul, *Philosophie des Zen-Buddhismus* (2002), Stuttgart, 2002.
Haubrich, Rainer und Schwere, Frank, *Unzeitgemäss – Traditionelle Architektur in Berlin*, Berlin, 1999.
Häusel, Hans-Georg, *Think Limbic* (2000), Planegg, 2005.
Hauskeller, Michael, *Was ist Kunst?* (1998), Nördlingen, 2002.
Haverkamp, Anselm (Hrsg.), *Theorie der Metapher* (1983), Darmstadt, 1996.
- (Hrsg.), *Die paradoxe Metapher* (1998), Frankfurt am Main, 1998.
Heidegger, Martin, *Sein und Zeit* (1927), Tübingen, 1993.
Hell, Daniel, *Seelenhunger* (2002), Bern, 2003.
Heller, Agnes, *Theorie der Gefühle* (1979: *Az érzelmek elmélete*), Hamburg, 1981.
Herzog, Walter, *Pädagogik und Psychologie – Eine Einführung* (2005), Stuttgart, 2005.
Hirdina, Heinz, „Funktionalismus" (2001), in: *Ästhetische Grundbegriffe – Historisches Wörterbuch in sieben Bänden*, hg. v. K. Barck, M. Fontius, D. Schlenstedt, B. Steinwachs und F. Wolfzettel, Stuttgart, 2001, Bd. 2, S. 588-608.
Holzheu Harry, *Emotional Selling – Wer nicht lächeln kann, macht kein Geschäft* (2000), Frankfurt am Main, 2003.
Horkheimer, Max und Adorno, Theodor W., *Dialektik der Aufklärung* (1944), Frankfurt am Main, 1994.
Hume, David, *Ein Traktat über die menschliche Natur, Buch 1: Über den Verstand* (1739: *A Treatise of Human Nature*, übers. v. Th. Lipps), Hamburg, 1989.
Imhof, Michael und Krempel, León, *Berlin Architektur 2000 – Führer zu den Bauten von 1989 bis 2001* (2001), Petersberg, 2001.
Isaacs, Reginald R, *Walter Gropius - der Mensch und sein Werk*, Bd. 2 (1983, übers. v. G. Meerwein), Berlin, 1984.
Jencks, Charles, *Die Neuen Modernen – von der Spät- zur Neomoderne* (1990: *The New Moderns*, übers. v. N. v. Mühlendahl-Krehl), Stuttgart, 1990.
– (Hrsg.), *Post-Modern Classicism* (1980), London, 1980.
– , *Was ist Postmoderne?* (1986: *What is Post-Modernism?*, übers. v. K. Dobai), Zürich/München, 1990.

– , „Die Sprache der postmodernen Architektur" (1977: „The Language of Post-Modern Architecture"), in: W. Welsch (Hrsg.): *Wege aus der Moderne Schlüsseltexte der Postmoderne-Diskussion* (1988), hg. v. Wolfgang Welsch, Weinheim, 1988, S. 85-98.
Jullien, François, *Über das Fade – eine Eloge, Zu Denken und Ästhetik in China*, (1991: *Eloge de la fadeur*, übers. v. A. Hiepko/J. Kurtz), Berlin, 1999.
Junghanns, Kurt, *Bruno Taut: 1880–1938, Architektur und sozialer Gedanke* (1998), Leipzig, 1998.
Kambartel, Friedrich, *Philosophie der humanen Welt* (1989), Frankfurt am Main, 1989.
Kant, Immanuel, *Kritik der Urteilskraft* (1790), Frankfurt am Main, 1997.
– , *Kritik der reinen Vernunft* (1781), Stuttgart, 1989.
– , *Grundlegung der Metaphysik der Sitten* (1785), Hamburg, 1965.
Kamlah, Wilhelm und Lorenzen, Paul, *Logische Propädeutik – Vorschule des vernünftigen Redens* (1972), Mannheim, 1973.
Karmasin, Helene, *Produkte als Botschaften* (1993), Wien, 1998.
Kief-Niederwöhrmeier, Heidi, *Frank Lloyd Wright und Europa* (1978), Stuttgart, 1983.
Kierkegaard, Sören, *Abschliessende unwissenschaftliche Nachschrift zu den philosophischen Brocken* (1846: *Afsluttende uvidenskabelig Efterskrift til de Philosophiske Smuler*, übers. v. H. M. Junghans) (Bd. 1), München, 1994.
Klotz, Heinrich, *Moderne und Postmoderne, Architektur der Gegenwart 1960–1980* (1984), Braunschweig, 1987.
Kondylis, Panajotis, *Die neuzeitliche Metaphysikkritik* (1990), Stuttgart, 1990.
Kühn, Richard, *Marketing – Analyse und Strategie* (1994), Zürich, 1999.
La Mettrie, Julien Offray de, *L'homme machine – Die Maschine Mensch* (1747: *L'homme machine*, übers. v. C. Becker), Hamburg, 1990.
Langer, Susanne K., *Philosophie auf neuem Wege* (1942: *Philosophy in a New Key*, übers. v. A. Löwith), Frankfurt am Main, 1992.
Lao zi, *Daodejing* (Lao-tse: *Tao-Tê-King* (übers. v. G. Debon), Stuttgart, 1990.
– , (Lao-tzu) *Te-Tao-Ching* (translated by R. G. Henricks), New York, 1993.
Le Corbusier, *Vers une Architecture* (1920), Paris, 1958.
Lesueur, Patrick, *Mythos VW Käfer*, Köln 2006.
Lichtenberg, Georg Christoph, *Ausgewählte Schriften* (A. Messer (Hrsg.)), Berlin, 1910.
Liessmann, Konrad Paul, *Philosophie der modernen Kunst* (1993), Wien, 1994.
Löbach, Bernd, *Industrial Design – Grundlagen der Industrieproduktgestaltung* (1976), München, 1976.
Longinus, *Vom Erhabenen* (übers. v. O. Schönberger), Stuttgart, 1988.
Loos, Adolf, „Ornament und Verbrechen" (1908), in: ders., *Trotzdem*, Wien, 1982, S. 78-88.
Lück, Helmut E. und Miller, Rudolf (Hrsg.), *Illustrierte Geschichte der Psychologie* (1993), Weinheim, 2002.
Lyotard, Jean-François, *Das postmoderne Wissen* (1979: *La condition postmoderne*, übers. v. O. Pfersmann), Graz, 1986.
– , „Anima minima" (1992: „Anima minima", übers. v. M. Karbe und W. Welsch), in: *Die Aktualität des Ästhetischen*, hg. v. Wolfgang Welsch, München, 1993, S. 417-427.
Mao, Zedong, „Über den Widerspruch" (1937), in: ders., *Fünf philosophische Monographien*, Peking, 1976, S. 27-87.

Marquard, Odo, *Aesthetica und Anaesthetica – Philosophische Überlegungen* (1989), Paderborn, 1989.
Masuda, Tomoya (H. Stierlin (Hrsg.)), *Architektur der Welt – Japan* (1969: übers. v. I. Schaarschmidt-Richter), Lausanne, 1969.
Meier-Seethaler, Carola, *Gefühl und Urteilskraft* (1997), Nördlingen, 2001.
Mende, Ulrich von, *Design-Klassiker, Der VW Golf* (1999), Frankfurt am Main, 1999.
von Moos, Stanislaus (Hrsg.), *L'Esprit Nouveau – Le Corbusier und die Industrie 1920-1925*, Berlin, 1987.
Moravánszky, Ákos (Hrsg.), *Architekturtheorie im 20. Jahrhundert – Eine kritische Anthologie* (2003), Wien, 2003.
Müller, Claudius (Hrsg.), *ZEN – und die Kultur Japans / Klosteralltag in Kyoto* (1993), Berlin, 1993.
Neruda, Pablo, *Liebesgedichte* (1924: *20 Poemas de amor y una canción desesperada* / 1933 *El hondero entusiasta* / 1952 *Los versos del capitán*, übers. v. F. Vogelsang), München, 2000.
Neumeyer, Fritz, „Tektonik: Das Schauspiel der Objektivität und die Wahrheit des Architekturschauspiels" (1991), in: *architektur_theorie.doc*, hg. v. G. de Bruyn und S. Trüby, Basel, 2003, S. 273-283.
Nietzsche, Friedrich, *Ecce auctor* (1886), Hamburg, 1990.
– , *Die fröhliche Wissenschaft* (1882), in: KSA Bd. 3, München, 1999, S. 343-651.
– , *Wahrheit und Lüge im aussermoralischen Sinn* (1873), in: KSA Bd. 1, München, 1999, S. 873-890.
– , *Die Geburt der Tragödie* (1872), Stuttgart, 1998.
– , *Zur Genealogie der Moral* (1887), Stuttgart, 1997.
– , *Jenseits von Gut und Böse* (1886), in: KSA Bd. 5, München, 1999, S. 9-243.
Nussbaum, Martha C., *Konstruktion der Liebe, des Begehrens und der Fürsorge - Drei philosophische Aufsätze* (aus: 1999: *Sex and Social Justice*, übers. v. J. Schulte), Stuttgart, 2002.
Ockham, Wilhelm von, *Texte zur Theorie der Erkenntnis und der Wissenschaft*, (übers. und herausgegeben v. R. Imbach) Stuttgart, 1987.
Oerter, Ralf und Montada, Leo, *Entwicklungspsychologie* (1982), Weinheim, 1998.
Papatheodorou, Konstantinos I., *Agia Photeine Mantineias* (1994), Tripolis, 1994.
Parker, Patricia, „Metapher und Katachrese" (1990: „Metaphor and Catachresis", übers. v. A. Kern), in: *Die paradoxe Metapher*, hg. v. Anselm Haverkamp, Frankfurt am Main, 1998, S. 312-332.
Parmenides, *Über das Sein* (übers. v. J. Mansfeld), Stuttgart, 1995.
Paul, Jean, *Vorschule der Ästhetik* (1804), Hamburg, 1980.
Paul, Michael, *zen – Wohnen und Leben in Harmonie* (2000), Köln, 2000.
Paul, Sherman, *Louis H. Sullivan – Ein amerikanischer Architekt und Denker* (1962: *Louis Sullivan – An Architect in American Thought*, übers. v. H. Korssakoff-Schröder), Frankfurt am Main, 1963.
Perpeet, Wilhelm, „Kultur, Kulturphilosophie", in: *Historisches Wörterbuch der Philosophie*, Bd. 4, Basel, 1976, Sp. 1309-1324.
Piano, Renzo, *Mein Architektur-Logbuch* (1997: *Out of the Blue*, übers. v. D. Dell'Agli / C. Romahn), Ostfildern-Ruit, 1997.
Platon, *Timaios* (übers. v. H. G. Zekl), Hamburg, 1992.

– , *Phaidros* (übers. v. F. Schleiermacher), in: Sämtliche Werke Band IV, Hamburg, 1988.
– , *Symposion* (übers. v. F. Schleiermacher), in: Sämtliche Werke Band II, Hamburg, 1988.
– , *Politeia* (übers. v. F. Schleiermacher), in: Sämtliche Werke Band III, Hamburg, 1988.
– , *Sophistes* (übers. v. H. Meinhardt), Stuttgart, 1990.
Plotin, *Enneaden* (übers. v. H. F. Müller) Band 1 und 2, Weidmann, Berlin 1878/80, in: *Philosophie von Platon bis Nietzsche*, hg. v. Frank-Peter Hansen, Digitale Bibliothek Band 2, Berlin, 2003.
Ricoeur, Paul, *Die lebendige Metapher* (1975: *La métaphore vive*, übers.: R. Rochlitz), München, 2004.
Rorty, Richard, „Ungewohnte Geräusche: Hesse und Davidson über Metaphern" (1987: „Unfamiliar noises: Hesse and Davidson on Metaphor", übers. v. S. Rödl), in: *Die paradoxe Metapher*, hg. v. Anselm Haverkamp, Frankfurt am Main, 1998, S. 107-122.
Rykwert, Joseph, „Ornament ist kein Verbrechen" (1975: „Ornament is no crime", übers. v. H. Ritter), in: *architektur_theorie.doc*, hg. v. G. de Bruyn und S. Trüby, Basel, 2003, S. 265-272.
Sabatès, Fabien, *Der Käfer* (1991), Genf, 1991.
Saner, Hans, *Geburt und Phantasie* (1977), Basel, 1995.
Schepers, Wolfgang und Schmitt, Peter (Hrsg.), *Das Jahrhundert des Design*, Frankfurt am Main, 2000.
Schiller, Friedrich, *Über die ästhetische Erziehung des Menschen in einer Reihe von Briefen* (1794), in: *Sämtliche Werke – Fünfter Band: Erzählungen/Theoretische Schriften*, Darmstadt 1989, S. 570-669.
Schlette, Heinz Robert, *Weltseele – Geschichte und Hermeneutik* (1993), Frankfurt am Main, 1993.
Schlick, Moritz, *Die Probleme der Philosophie in ihrem Zusammenhang* (Vorlesung aus dem Wintersemester 1933/34), Frankfurt am Main, 1986.
Schmid, Wilhelm, *Philosophie der Lebenskunst* (1998), Frankfurt am Main, 2003.
Schneider, Beat, *Design – Eine Einführung* (2005), Basel, 2005.
Schneider, Norbert, *Geschichte der Ästhetik von der Aufklärung bis zur Postmoderne* (1996), Stuttgart, 1996.
Schopenhauer, Arthur, *Die Welt als Wille und Vorstellung* (1818), Bd. 1, Frankfurt am Main, 1986.
Schulthess, Peter, *Am Ende Vernunft – Vernunft am Ende?* (1993), Sankt Augustin, 1993.
Schwemmer, Oswald, *Ernst Cassirer – Ein Philosoph der europäischen Moderne* (1997), Berlin, 1997.
Seel, Martin, *Ästhetik des Erscheinens* (2000), München, 2000.
– , *Eine Ästhetik der Natur* (1991), Frankfurt, 1996.
Sembach, Klaus-Jürgen, *Jugendstil* (1990), Köln, 1999.
Sennett, Richard, *Fleisch und Stein – Der Körper und die Stadt in der westlichen Zivilisation* (1994: *Flesh and Stone*, übers. v. L. Meissner), Frankfurt am Main, 1997.
– , *Der flexible Mensch – Die Kultur des neuen Kapitalismus* (1998: *The Corrosion of Character*, übers. v. M. Richter), Berlin, 1998.
– , *Das Handwerk* (2008: *The Craftsman*, übers. v. M. Bischoff), Berlin 2008.

Simmel, Georg, „Der Begriff und die Tragödie der Kultur" (1919), in: *Gesamtausgabe Bd. 14*, Frankfurt am Main, 1996, S. 385-416.
Singer, Peter, *Praktische Ethik* (1979: *Practical Ethics*, übers. v. O. Bischoff, J.-C. Wolf, D. Klose), Stuttgart, 1994.
Sloterdijk, Peter, *Kopernikanische Mobilmachung und ptolemäische Abrüstung* (1987), Frankfurt am Main, 1987.
– , *Kritik der zynischen Vernunft* (1983), Frankfurt am Main, 1983.
Smith, Edward E., Nolen-Hoeksema Susan, Fredrickson Barbara L. und Loftus Geoffrey R., *Atkinson & Hilgard's Introduction to Psychology*, Belmont USA, 2003.
Smith, Peter F., *Architektur und Ästhetik – Wahrnehmung und Wertung der heutigen Baukunst* (1979: *Architecture and the Human Dimension*, übers. v. C. Coulin), Stuttgart, 1981.
Sparke, Penny, *A Century of Car Design* (2002), London, 2002.
Speidel, Manfred, „Bruno Taut in Japan" (2001), in: Bruno Taut, *Ich liebe die japanische Kultur*, Berlin, 2003, S. 7-36.
Strub, Christian, *Kalkulierte Absurditäten* (1991), München, 1991.
– , „Spiegel-Bilder", in: *Blick und Bild im Spannungsverhältnis von Sehen, Metaphern und Verstehen*, hg. v. T. Borsche, J. Kreuzer und Chr. Strub, Paderborn, 1998, S. 265-277.
– , „Abbilden und Schaffen von Ähnlichkeiten", in: *Metapher und Innovation*, hg. v. L. Danneberg, A. Graeser und K. Petrus, Bern, 1995, S. 105-125.
Taut, Bruno, *Die neue Baukunst* (1929), Stuttgart, 1929.
– , *Ich liebe die japanische Kultur – Kleine Schriften über Japan* (M. Speidel (Hrsg.)), Berlin, 2003.
Tietz, Jürgen, *Geschichte der Architektur des 20. Jahrhunderts* (1998), Köln, 1998.
Tumminelli, Paolo, *Car Design* (2003), Kempen, 2004.
Vattimo, Gianni, *Kurze Geschichte der Philosophie im 20. Jahrhundert* (1997: *Tecnica ed esistenza. Una mappa filosofica del Novecento*, übers. v. U. Richter), Freiburg, 2002.
Villwock, Jörg, *Metapher und Bewegung* (1982), Frankfurt am Main, 1983.
Virilio, Paul, *Rasender Stillstand* (1990: *L'inertie polaire*, übers. v. B. Wilczek), Frankfurt am Main, 1997.
– , *Fahren, fahren, fahren* (übers. v. U. Raulff), Berlin, 1978.
– , *Ästhetik des Verschwindens* (1980: *Esthétique de la disparition*, übers.: M. Karbe und G. Rossler), Berlin, 1986.
Vitruv, *Zehn Bücher über Architektur* (*De architectura decem libri*, übers. v. C. Fensterbusch), Darmstadt, 1964.
Voltaire, *Kritische und satirische Schriften* (übers. v. K. A. Horst, J. Timm und L. Ronte), München, 1970.
Weber, Max, *Die protestantische Ethik und der „Geist" des Kapitalismus* (1904/1905), Weinheim, 1993.
Weinrich, Harald, „Semantik der kühnen Metapher" (1963), in: *Theorie der Metapher*, hg. v. Anselm Haverkamp, Darmstadt, 1996, S. 316-339.
Wellmer, Albrecht, *Zur Dialektik von Moderne und Postmoderne, Vernunftkritik nach Adorno* (1985), Frankfurt am Main, 2000.
Welsch, Wolfgang, *Grenzgänge der Ästhetik* (1996), Stuttgart, 1996.
– , *Unsere postmoderne Moderne* (1986), Berlin, 2002.

– (Hrsg.), *Wege aus der Moderne – Schlüsseltexte der Postmoderne-Diskussion* (1988), Weinheim, 1988.
– (Hrsg.), *Die Aktualität des Ästhetischen* (1993), München, 1993.
Wittgenstein, Ludwig, *Philosophische Untersuchungen* (1945/52), in: *Werkausgabe Bd. 1*, Frankfurt am Main, 1990, S. 225-580.
– , *Tractatus logico-philosophicus* (1918), in: *Werkausgabe Bd. 1*, Frankfurt am Main, 1990, S. 7-85.
– , *Über Gewissheit* (1951), in: *Werkausgabe Bd. 8*, Frankfurt am Main, 1992, S. 113-257.
Zhuang zi, *Dschuang Dsï – Das wahre Buch vom südlichen Blütenland* (übers. v. R. Wilhelm), München, 1988.
Zimbardo, Philip G., *Psychologie* (1988: *Psychology and Life*, übers. v. S. Hoppe-Graff und B. Keller), Berlin, 1992, 12. Aufl.
Zimbardo, Philip G. und Gerrig, Richard J., *Psychologie* (2002: *Psychology and Life*, übers. v. R. Graf, M. Nagler und B. Ricker), München, 2004, 16. Aufl.
Zohlen, Gerwin, *Auf der Suche nach der verlorenen Stadt – Berliner Architektur am Ende des 20. Jahrhunderts* (2002), Berlin, 2002.

b) Artikel und Aufsätze aus Zeitschriften, Zeitungen und Katalogen

Baruffaldi, Silvia, „The different face of the SUV", in: Auto & Design, 2005, Nr. 154, S. 19-26.
Bellu, Serge, „Ettore and Jean Bugatti – Genius and romanticism", in: Auto & Design, 2005, Nr. 155, S. 8-10.
Bloch, Alexander, „Four-Schuss", in: auto, motor und sport, 2004, Nr. 4, S. 28-29.
Braunschweig, Robert, „Die nächsten Schritte", in: Katalog der Automobil Revue, 1977, S. 73-74.
Di Falco, Daniel, „Gefangen in der Fahrgastzelle", in: Der kleine Bund, 2006, Nr. 53, S. 2-3.
Dohi, Yoshio, „Bruno Taut, sein Weg zur Katsura-Villa", in: Akademie-Katalog 128 (Akademie der Künste), Berlin: Brüder Hartmann Verlag, 1980, S. 120-128.
Dorschel, Andreas, „Gestaltung und Ethik" (1995), in: Conceptus XXVIII, Nr. 72, St. Augustin: Academia Verlag, 1995, S. 63-81.
Galvano, Fabio, „When Elegance is Pure Form", in: Auto & Design, 2005, Nr. 155, S. 53-56.
– , „Concept Balances", in: Auto & Design, 2005, Nr. 152, S. 43-47.
Gandini, Marzia, „Cultural Lyricism", in: Auto & Design, 2005, Nr. 155, S. 17-24.
– , „Wahei Hirai – Toyota's J-factor", in: Auto & Design, 2006, Nr. 156, S. 24-29.
Gloor, Roger, „Toyota nun vor GM", in: Automobil Revue, 2007, Nr. 19, S. 23.
Günak, Murat, „Spiegelbilder", in: mot, 2005, Nr. 12, S. 104 f.

Holschbach, Susanne, „Wohnen im Reich der Zeichen – Wohnmodelle der 70er, 80er und 90er Jahre", in: Kunstforum Bd. 130, Mai – Juli 1995, S. 159-189.

Hucho, Wolf-Heinrich, „Benzin sparen durch optimale Karosserieform", in: Katalog der Automobil Revue, 1976, S. 104-112.

– , „Design und Aerodynamik – Ein Wechselspiel zwischen Kunst und Physik", in: Katalog der Automobil Revue, 1999, S. 57-71.

– , „Luftwiderstand kostet Treibstoff", in: Automobil Revue, 2008, Nr. 5, S. 14 f.

Imhof, Thomas, „Neues Energie Konzept", in: motors, 2006, Nr. 3, S. 126-131.

– , „Das Comeback", in: mot, 2005, Nr. 13, S. 108-113.

Kataloge der Automobil Revue, Bern 1975, 1976, 1980, 1987, 1992, 1997, 2002, 2007.

Reil, Hermann, „Spiel mit dem Licht", in: mot, 2005, Nr. 1+2, S. 14-19.

Riegsinger, Johannes, „Auto-Architekt", in: motors, 2006, Nr. 2, S. 140-144.

Sloterdijk, Peter, „Autofahren ist kinetischer Luxus" (Interview), in: autofocus, 2002, Nr. 1, S. 32-39.

Sturm, Hermann, „Pandoras Box: Design – Zu einer Ikonografie der Gestaltung des Nützlichen", in: Kunstforum Bd. 130, Mai – Juli 1995, S. 73-143.

Tumminelli, Paolo, „Schönheit braucht Zeit", in: mot, 2005, Nr. 12, S. 98-99.

– , „Stilkunde", in: mot, 2005, Nr. 11, S. 156-163.

Welsch, Wolfgang, „Die Geburt der postmodernen Philosophie aus dem Geist der modernen Kunst", in: Philosophisches Jahrbuch, 97. Jahrgang, 1990, S. 15-37.

Wyler, Martin, „Hohe Anforderungen", in: Katalog der Automobil Revue, 1987, S. 6.

c) Prospekte

Citroën C4, „Citroën C4", April 2005.

Lexus IS, „Über die Kunst, eine ganz eigene Form zu finden. Der neue Lexus IS" (Sommer 2005).

– , „Der Lexus IS" (Herbst 2005).

Mazda Xedos 6, „Wie sie sich auf elegante Art vom Üblichen entfernen" (Werbebeilage 1992).

Škoda Suberb, „Der neue Škoda Superb" (März 2008).

VW Phaeton, „Wer neue Antworten will, muss andere Fragen stellen" (Februar 2002).

– , „Wir beginnen dort, wo andere aufhören" (Januar 2002).

d) Internet

Albrecht, Katrin, „Was ist Design?", in: http://www.designcenter-muenchen.de/wissen/was-ist-design/was-ist-design.html (Juli 2005).

Camenisch, Nora und Keller, Mischa, „‚CSI' für 20 Minuten on the road", in: http://www.20min.ch/auto/fahrberichte/story/26585237 (März 2008).
Citroën, „Conduite zen", in: http://www.c4.citroen.fr/ (Juli 2005).
Gartman, David, „A History of Scholarship on American Automobile Design" (2004), in: http://www.autolife.umd.umich.edu/Design/Gartman/D_Overview/D_Overview5.htm (April 2006).
Lexus, „Das Streben nach Perfektion", in: http://de.lexus.ch/pursuit_perfection/lexus_design/index.asp (September 2005).
Mazda, „Die Zukunft hat begonnen", in: http://www.mazda.de/AboutMazda/ConceptCars/%C3%9Cbersicht/ (März 2008)
Pander, Jürgen, „Verführung ohne Folgen", in: http://www.spiegel.de/auto/aktuell/0,1518,374513,00.html (November 2005).
Seat, „Unkonventionelles Design", in: http://www.seat.de/su/de/SEAT/site/Visionen/Design/main.html (November 2005).

9. Abbildungs- und Tabellenverzeichnis

a) Abbildungen

Titelbild

http://media.gm.com/ch/saab/de/photos/f_historical/index.html# (eigenhändig retouchiert; April 2008)

1. Ästhetik der Bewegung

Abb. 1
http://www.paulkleezentrum.ch/ww/de/pub/web_root/zpk/die_architektur/landschaftsskulptur_heute.cfm (eigenhändig retouchiert; Juli 2005)
Abb. 2
http://www.manager-magazin.de/life/auto/0,2828,bild-441769-344368,00.html (Juli 2005)
Abb. 3
eigenhändig fotografiert
Abb. 4
Citroën C4-Werbung: CITROËN C4. LET'S DANCE. (April 2006)

2. Moderne Ästhetik der Funktionalität

Abb. 1
http://www.pierluigisurace.it/imagerie/images/GCOC0003_1910_Packard_Model_Eighteen_Touring.jpg (November 2005)
Abb. 2
http://de.wikipedia.org/wiki/Bild:Rumpler_Tropfenwagen.jpg (retouchiert; April 2008)
Abb. 3
http://www.hit.nl/images/content/LeCorbusierCar.jpg (Mai 2008)
Abb. 4
http://www.washedashore.com/projects/dymax/ (Februar 2006)
Abb. 5
P. Lesueur, Mythos VW Käfer, S. 45.
Abb. 6
http://media.gm.com/ch/saab/de/photos/f_historical/index.html# (April 2008)

Abb. 7
http://www.autohistories.com/tatra/Tatra_history_auto3.html (Juni 2006)
Abb. 8
http://www.autoweteran.gower.pl/concept/1938_Phantom_Corsair.jpg (Juli 2005)
Abb. 9
http://www.citroen.com/CWW/fr-FR/HISTORY/LegendaryAndClassical/DS/PICTURES/22082005_PHOTOS.htm
Abb. 10
http://www.classics.com/images/pb00-24.jpg (Juli 2005)
Abb. 11
http://www.planetware.com/i/photo/art-deco-district-miami-beach-flmb8.jpg (Mai 2008)
Abb. 12
http://www.automobilemag.com/photo_gallery/0307_harley/index9.html (Juli 2005)
Abb. 13
http://arch.ou.edu/arch/2423/Chapter%2028/slide3.htm (Mai 2006)
Abb. 14
http://www.oldtimergala.de/content/produktfotos/1186097776LanciaAureliaB20Muel_preview.jpg (Mai 2008)
Abb. 15
http://jaguarlovers.tripod.com/Geschiedenis.html (Mai 2008)
Abb. 16
http://www.karmann.com/__C1256DF70051CC3B.nsf/html/AdlerStandard8.jpg/$FILE/AdlerStandard8.jpg (Februar 2008)
Abb. 17
http://www.famouscars.de/images/bond/bond-lotus01.jpg (März 2008)
Abb. 18
http://www.citroen-cx.info/galerien/cx-2000-pallas-100606/bildseite-cx-2000-pallas-100606-11.html (Mai 2008)
Abb. 19
http://www.vtcommunity.net/souteze/kveten2005/golf1_kveten2005.jpg (Juni 2006)
Abb. 20
http://www.astonmartinlagondas.com/gallery.htm (Mai 2008)
Abb. 21
http://www.motorbase.com/profiles/vehicle/picture.ehtml?i=1840486809;p=2105991270 (Mai 2008)
Abb. 22
http://www.audi100.de/Gallery/Private/pri061.jpg (März 2008)
Abb. 23
http://www.audi100.de/Gallery/Interior/int004.jpg (März 2008)
Abb. 24
http://commons.wikimedia.org/wiki/Image:Audi_c4.jpg (März 2008)
Abb. 25
http://inter-avto.narod.ru/audi100q.html (Juli 2005)
Abb. 26
http://en.wikipedia.org/wiki/Image:DSCN076.JPG (März 2008)

Abb. 27
P. Lesueur, Mythos VW Käfer, S. 99.
Abb. 28
http://www.alfisti.net/framer.php?show=/alfa-galerie/thumbnails.php?album=lastup (Juli 2005)
Abb. 29
http://www.alfisti.net/framer.php?show=/alfa-galerie/thumbnails.php?album=lastup (Juli 2005)
Abb. 30
http://www.p6club.com/index.php?q=gallery&g2_itemId=2386 (Mai 2008)
Abb. 31
http://www.austin-rover.co.uk/index.htm?sd1storyf.htm (Mai 2008)
Abb. 32
http://www.caradisiac.com/php/collection/voitures_legende/italiennes/alfa_romeo_giulia.php (Januar 2006)
Abb. 33
http://www.transalfa.de/Giulietta2.htm (Mai 2008)
Abb. 34
http://commons.wikimedia.org/wiki/Image:Opel_Corsa_A_front_20080131.jpg (März 2008)
Abb. 35
http://commons.wikimedia.org/wiki/Image:Opel_Corsa_100_3-doors.JPG (Mai 2008)
Abb. 36
http://www.autoreview.ru/new_site/year2002/n07/mazda_old/800/maz-08.jpg (retouchiert; Juli 2005)
Abb. 37
Mazda 626-Werbung: Mazda 626 (Suisse) 1992.
Abb. 38
http://commons.wikimedia.org/wiki/Image:1995-Ford-Contour.jpg (retouchiert; Mai 2008)
Abb. 39
http://www.motortrend.com/used_cars/11/ford/contour/index.html (Mai 2008)

3. Philosophische und ökonomische Hintergründe zur Moderne

Abb. 1
http://www.ruhr-uni-bochum.de/kgi/projekte/rub_expo/k4/k4_t2.htm (März 2008)
Abb. 2
http://davidszondy.com/future/city/corbusier.htm (März 2008)
Abb. 3
http://www.carstyling.ru/car.asp?id=1362 (November 2005)
Abb. 4
http://grumlt.citrina.lt/autos/Visa/1980_Citroen_Visa_Super_dash.jpg (November 2005)
Abb. 5
http://hem.passagen.se/flimmer9/galleri.html (Mai 2006)
Abb. 6
http://www.metroretrofurniture.com/images/knoll/newblackbrnoarmpads2.jpg (März 2008)

Abb. 7
http://www.treadwaygallery.com/ONLINECATALOGS/MARCH2006/images/0944.jpg (März 2008)
Abb. 8
http://theheftysection.typepad.com/the_hefty_section/images/2007/07/10/kundmanngasse.jpg (März 2008)
Abb. 9
http://www.columbia.edu/itc/ealac/V3613/katsura/dmb50i18.jpg (Juni 2006)
Abb. 10
http://en.wikipedia.org/wiki/Image:Geppa-ro.jpg (Mai 2008)

4. Postmoderne Ästhetik der inszenierten Identität

Abb. 1
http://www.conceptcarz.com/view/highResPhoto.aspx?carID=257&photoID=120984 (retouchiert; Mai 2008)
Abb. 2
http://forums.mazdaworld.org/index.php?s=b879911a67d8d70075e75f396b24af21&showtopic=21179&st=0&p=393706&#entry393706 (retouchiert; Mai 2008)
Abb. 3
http://www.autozeitung.de/online/index.php?render=view&count=1&media_id=14185 (Mai 2008)
Abb. 4
http://www.volkswagen.de/vwcms_publish/vwcms/master_public/brand_portal/de30/models/new_beetle/new_beetle/galerie/bilder.html (Oktober 2005)
Abb. 5
http://www.seat-toledo.de/cms/pictures.php?cat_id=17 (Oktober 2005)
Abb. 6
http://www.netcarshow.com/seat/1998-toledo/800x600/wallpaper_08.htm (Mai 2008)
Abb. 7
http://www.seat.ch/seat/toledo/fot.jsp (Oktober 2005)
Abb. 8
http://www.sybord.fr/ref/ref.htm (Oktober 2005)
Abb. 9
http://www.brazilshopping.com/store/emblems.html (November 2005)
Abb. 10
http://www.rhein-main.net/sixcms/detail.php/2448509 (Oktober 2005)
Abb. 11
http://www.wheel1.com/gallery/gallery.asp (Oktober 2005)
Abb. 12
http://www.carshowcase.org/List_Feature_Logo.htm (Oktober 2005)
Abb. 13
http://www.roverclub.se/ (Mai 2008)
Abb. 14
http://www.smink.nl/galerij/johans.html (Oktober 2005)

Abb. 15
http://sd1.boom.ru/history2.htm (Oktober 2005)
Abb. 16
http://www.austin-rover.co.uk/press/rov800_7.jpg (Mai 2008)
Abb. 17
http://www.autoregister.co.uk/system/0000/0036/1995_Rover_820_SLi.jpg (Oktober 2005)
Abb. 18
http://commons.wikimedia.org/wiki/Image:Rover_75.JPG (Mai 2008)
Abb. 19
http://www.energiesmag.com/images/articles/salon-geneve2004/dossier-2-geneve-2004/rover75-v8-400.JPG (Oktober 2005)
Abb. 20
http://de.wikipedia.org/wiki/Bild:1997.skoda.felicia.gli.1point9d.arp.jpg (retouchiert, Mai 2008)
Abb. 21
http://www.ukcar.com/road_tests/skoda/octavia/big/skoda-octavia-front.jpg (retouchiert, Mai 2008)
Abb. 22
http://upload.moldova.org/auto/Scoda/Skoda_Octavia_China_02.jpg (Mai 2008)
Abb. 23
http://shop.volkswarenhaus.de/oxid.php/sid/x/shp/oxbaseshop/cl/details/cnid/-/anid/7a54110b3f8ae8165.01704226 (Oktober 2005)
Abb. 24
http://www.thetorquereport.com/european_cars/jaguar/ (März 2008)
Abb. 25
http://media.automotive.com/evox/stilllib/nissan/altima/2007/4sa/44.jpg (März 2008)
Abb. 26
http://www.fordscorpio.co.uk/jagSType.htm (März 2008)
Abb. 27
http://www.motordesktop.com/wallpaper/conceptcars/Mercedes%20Benz%20Concept%202%20-%201024x768.jpg (März 2008)
Abb. 28
http://www.rrec.org.uk/website/public/thecars/Rolls-Royce%20Goodwood/images/ME3.jpg (Mai 2008)
Abb. 29
http://www.autointell.com/european_companies/renault/renault-cars/vel-satis/renault_velsatis-01.htm (April 2008)
Abb. 30
http://www.lacentrale.fr/occasion-auto-modele-Renault-SAFRANE.html (eigenhändig retouchiert; Juni 2006)
Abb. 31
http://www.watanabejidousha.co.jp/tsurumai/news/20040401_1/ (Oktober 2005)
Abb. 32
http://www.autobild.de/artikel/test-fiat-500-1.4-16v_429110.html (Mai 2008)
Abb. 33
http://r75.info/downloads/dashboard1.jpg (Mai 2008)

Abb. 34
http://www.audi.de/audi/de/de2/neuwagen/a6/limousine/ausstattung/innenausstattung.html (Juni 2006)

Abb. 35
http://www.alfaromeo156.info/hauptmenue.html (Mai 2008)

Abb. 36
http://www.sg-web2000.de/alfa/bilder/155_96_cockpit.jpg (Oktober 2005)

Abb. 37
http://www.caddyedge.com/wp-gallery2.php?g2_view=core.ShowItem&g2_itemId=20177 (Mai 2008)

Abb. 38
http://photos.ebizautos.com/6905/2252764_40.jpg (Mai 2008)

Abb. 39
http://www.autobild.de/projektor/projektor.php?artikel_id=6373&pos=22 (Oktober 2005)

Abb. 40
http://der-b5.de/Kategorie:Innenfarben.html (Mai 2008)

Abb. 41
http://www.volkswagen.de/vwcms_publish/vwcms_master_public/virtualmaster/de3/modelle/phaeton/gallerie/phg.html (März 2008)

Abb. 42
http://www.familycar.com/RoadTests/CadillacCTS/Images2008-2/Stack.jpg (März 2008)

Abb. 43
http://www.twingo.net/nicolas/oasis3.jpg (Mai 2008)

Abb. 44
http://www.autointell.com/european_companies/volkswagen/vw_marke/volkswagen-cars/golf-2004/vw-golf-04.htm (Oktober 2005)

Abb. 45
http://www.automobile.at/cgi-bin/deeplink.pl/cgi-bin/magazin/autonews/Fotoshows/index.pl?id=20848&type=bild&archiv=shows&page=6&back=%2Fcgi-bin%2Fdeeplink.pl%2Fcgi-bin%2Fmagazin%2Fautonews%2FFotoshows%2Findex.pl%3Fid%3D20848%26archiv%3Dshows (März 2008)

Abb. 46
http://auto.sohu.com/20070311/n248643199.shtml (März 2008)

Abb. 47
http://autos.yahoo.com/2007_buick_lacrosse_cxl-slideshow/?tab=gen&i=izp_dashboard&a=all (März 2008)

Abb. 48
http://www.autozeitung.de/online/render.php?render=view&count=6 (Mai 2008)

Abb. 49
http://www.autosalon-singen.de/photos/jaguar_mk_ii_05672_0026_04_08_03.jpg (Mai 2008)

Abb. 50
http://www.canadiandriver.com/previews/images/02passat_w8_4.jpg (Oktober 2005)

Abb. 51
http://www.autozeitung.de/online/render.php?render=view&count=3 (Mai 2008)

Abb. 52
http://de.toyota.ch/cars/new_cars/corolla_verso/gallery.asp (Juni 2006)
Abb. 53
http://www.auto-motor-und-sport.de/news/auto_und_produkte/mercedes_vision_cls_e_klasse_coupé_mit_vier_tueren.44267.d_ams_news_special_ha.htm (Oktober 2005)
Abb. 54
http://rover.whitehousegroup.co.uk/content/5969/images/75.jpg (Oktober 2005)
Abb. 55
http://www.origo.hu/auto/ujdonsag/20050210ac6tal.html (Juni 2006)
Abb. 56
http://www.autozeitung.de/online/render.php?render=view&count=33 (Mai 2008)
Abb. 57
http://www.autozeitung.de/online/render.php?render=view&count=3 (März 2008)
Abb. 58
http://www.autozeitung.de/online/index.php?render=53773 (März 2008)
Abb. 59
http://www.autosieger.de/Autokatalog8.html (Oktober 2005)
Abb. 60
http://www.volkswagen.de/vwcms_publish/vwcms/master_public/virtualmaster/de3/modelle/phaeton/highlights/komfort___design.image_popup.ModuleColumn_0001_Module_0004.htm (März 2008)
Abb. 61
http://www.familycar.com/RoadTests/MercedesE320Bluetec/Images/Dash.jpg (März 2008)
Abb. 62
http://www.autozeitung.de/online/render.php?render=view&count=9 (Mai 2008)
Abb. 63
http://www.autozeitung.de/online/render.php?render=view&count=9 (Mai 2008)
Abb. 64
http://www.mercedesforum.com/models/a-class/ (Mai 2008)
Abb. 65
http://www.autobild.de/test/neuwagen/artikel.php?artikel_id=992 (Juni 2006)
Abb. 66
http://www.diseno-art.com/images/cadillac-evoq.jpg (März 2008)
Abb. 67
http://www.cadillac.com/cadillacjsp/model/gallery.jsp?primary=1&model=xlr&year=2008&nid=1&sid=0&id=0 (Mai 2008)
Abb. 68
http://www.resimmotoru.com/data/media/69/Renault%20Avantime%2001.jpg (März 2008)
Abb. 69
http://fr.cars.yahoo.com/050426/230/t/4duvh.html (Oktober 2005)
Abb. 70
http://www.kues.de/Bilder/2004/1421/1.jpg (Mai 2008)
Abb. 71
http://www.modellismorossi.com/catalog/images/Vespa%20150%2048983.jpg (Mai 2006)
Abb. 72
http://motokrolik.vinnitsa.com/af02/af02spacy1.gif (Mai 2006)

Abb. 73
http://home.online.no/~erstokke/scooter/hvilken/ahab125.html (Mai 2006)
Abb. 74
http://www.100megsfree4.com/cadillac/cad1940/cad46s.htm (Mai 2008)
Abb. 75
http://www.lexus.com/models/IS/index.html (Mai 2008)
Abb. 76
http://www.lexus.com/models/IS/index.html (Mai 2008)
Abb. 77
http://www.lexus.com/models/IS/index.html (Mai 2008)

5. Philosophische und ökonomische Hintergründe zur Postmoderne

Abb. 1
http://www.myswiss.jp/architecture/botta.htm (Dezember 2005)
Abb. 2
http://www.kollhoff.de/ (Dezember 2005)
Abb. 3
http://www.jbiphoto.com/Cergy/imagepages/image6.htm (Dezember 2005)
Abb. 4
http://www.bd.zh.ch/content/internet/bd/de/medienforum/Medienmitteilungen/106.html (Mai 2008)
Abb. 5
http://www.autozone.be/auto_j2ee/gg/pag/a_detail.jsp?locale=en_GB&pZoekId=2195837&pPartner=autozone&pActief=occ&locale= (März 2008)
Abb. 6:
http://www.autoreview.ru/new_site/year2002/n24/mazda2/800/mazda2_01.jpg (März 2008)
Abb. 7:
http://www.autozeitung.de/online/render.php?render=0056297 (Mai 2008)
Abb. 8:
http://commons.wikimedia.org/wiki/Image:Mazda_626_front_20071114.jpg (März 2008)
Abb. 9:
http://www.autozeitung.de/online/render.php?render=view&count=6 (Mai 2008)
Abb. 10:
http://www.autozeitung.de/online/render.php?render=0083237 (Mai 2008)
Abb. 11:
http://www.autozeitung.de/online/render.php?render=0108529&size= (März 2008)
Abb. 12:
http://www.autobild.de/artikel/test-fiat-500-1.4-16v_429110.html (März 2008)
Abb. 13:
http://www.manager-magazin.de/life/auto/0,2828,bild-441769-344368,00.html (Juli 2005)
Abb. 14
http://www.ford-oder.de/mondeo.php (März 2008)

Abb. 15
http://picasaweb.google.com/aslan.mahmuti/Autos/photo#5075290581521977042 (März 2008)
Abb. 16
http://www.autozeitung.de/online/index.php?render=10446 (Mai 2008)
Abb. 17
http://www.autozeitung.de/online/render.php?render=11483 (Mai 2008)
Abb. 18
http://www.autoreview.ru/new_site/year2001/n13/avantime/55_.jpg (Oktober 2005)
Abb. 19
http://www.autozeitung.de/online/index.php?render=106025 (Mai 2008)

6. Ausfaltung einer praktischen Ästhetik auf neuem Wege

Abb. 1
http://www.antiquariatoerestauro.com/gaudi/gaudi.htm (April 2006)
Abb. 2
http://www.supercars.net/Pics?v=y&s=c&id=1939&p=1936_Delahaye_135CompetitionCourt
   FigonietFalaschiCoupe2.jpg (Mai 2008)
Abb. 3
http://www.pierluigisurace.it/imagerie/images/GCOC0058_1938_Delage_Cabriolet.jpg (Oktober 2005)
Abb. 4
http://www.forum-auto.com/automobiles-mythiques-exception/section5/sujet378018-175.htm
   (retouchiert; Mai 2008)
Abb. 5
http://peternad.club.fr/peintres/munch04.htm (April 2006)
Abb. 6
K. Papatheodorou, Agia Photeine Mantineias, S. 5

7. Ästh/ethische Rückschlüsse und automobile Anwendungen

Abb. 1
http://www.daniel-libeskind.com/projects/show-all/jewish-museum-berlin/ (März 2008)
Abb. 2
http://www.autozeitung.de/online/index.php?render=7472 (Mai 2008)
Abb. 3
http://www.autozeitung.de/online/render.php?render=0034973&size= (Mai 2008)
Abb. 4
http://www.vintageweb.net/ccpa/english/am_lavi2.jpg (Mai 2006)
Abb. 5
http://www.carstyling.ru/car.asp?id=1028 (Mai 2006)
Abb. 6
http://www.seat.de/su/de/SEAT/site/Visionen/Concept-Cars/salsa/design/design02/main.html
   (Juni 2006)

Abb. 7
http://www.pevomuc.de/100-Cadillac/sixteen/Cadillac-16-2.html (Mai 2006)
Abb. 8
http://es.cars.yahoo.com/fot/txt/foto_0_c3_citro_n_pluriel_1_6i_16v_sensodrive_excl.html (Oktober 2005)
Abb. 9
http://www.citroen.ch/french/gamme/c3_pluriel/images/c3pluriel/big/c3pluriel_6.jpg (März 2008)
Abb. 10
http://www.classics.com/pbbch00.html (Oktober 2005)
Abb. 11
http://www.shorey.net/Auto/Miscellaneous%20Pictures/Hispano%20Suiza/1938%20Hispano-Suiza%20H6C%20Dubonnet%20Xenia%20Saoutchik%20Coupé-fVr=mx=.jpg (März 2008)
Abb. 12
VW Phaeton, „Wir beginnen dort, wo andere aufhören", S. 10.
Abb. 13
http://www.volkswagen.de/vwcms_publish/vwcms/master_public/virtualmaster/de3/modelle/phaeton/rund_um_den_phaeton/individualisierung/interieur.image_popup.ModuleColumn_0003_Module_0004.htm (April 2006)
Abb. 14
http://www.cree.ch/ (Oktober 2005)
Abb. 15
http://www.toyota.de/cars/new_cars/index.asp (Oktober 2005)
Abb. 16
http://media.ford.com/newsroom/feature_display.cfm?release=19071 (Oktober 2005)
Abb. 17
http://www.focus.de/auto/neuwagen/neuheiten/vws-1-liter-prototyp_did_12519.html (März 2008)
Abb. 18
http://onemansblog.com/wp-content/uploads/2007/02/BugattiVeyron.jpg (März 2008)
Abb. 19
http://www.lotec-gmbh.de/gallery_sirius/pages/sirius23.htm (März 2008)
Abb. 20
http://www.myswitzerland.com/de/navpage.cfm?category=Routes&subcat=A_A&id=38267 (eigenhändig retouchiert; Mai 2006)

10. Anhang

Abb. 1
http://picasaweb.google.com/pininfarinacars/911/photo#5094860042153057426 (März 2008)
Abb. 2
http://www.automobilemag.com/classifieds/14/1996/chevrolet/corvette/base/california/cathedral_city/214170755/113/images.html (März 2008)
http://www.motortrend.com/used_cars/67/1996/chevrolet/corvette/base_coupe/313/index.html

Abb. 3
http://commons.wikimedia.org/wiki/Image:Renault_19.jpg (März 2008)
Abb. 4
http://www.passat.blauu.de/modellgeschichte/typb2/Th_b2_04.jpg (März 2008)
Abb. 5
http://www.ciao.de/Opel_Astra_1_6__Test_3183643 (März 2008)
Abb. 6
http://www.in.gr/auto/parousiaseis/foto_big/in_fiat_stilo_34.jpg (März 2008)
Abb. 7
http://www.autotouring.at/data/technik/webuse/0504_mercedes_c_a_4.jpg (März 2008)
Abb. 8
http://www.adclassix.com/ads2/84maserati.htm (März 2008)
Abb. 9
http://www.welt.de/multimedia/archive/00253/chrysler_300c_DW_So_253357g.jpg (März 2008)
Abb. 10
http://www.governmentauctions.org/uploaded_images/Rolls_Royce_Silver_Spur_1986-786269.jpg (März 2008)
Abb. 11
http://www.freewebs.com/milandouwe/CitroenC4_800.jpg (März 2008)
Abb. 12
http://www.autocult.com.au/Image.aspx?id=4638 (März 2008)
Abb. 13
http://www.autocult.com.au/Image.aspx?id=4633 (März 2008)
Abb. 14
http://www.autozeitung.de/online/render.php?render=0067493&size= (März 2008)
Abb. 15
http://upload.wikimedia.org/wikipedia/commons/e/e6/Citroen-ZX-Avantage-2.JPG (März 2008)
Abb. 16
http://www.forum-auto.com/marques/citroen/sujet5357.htm (März 2008)
Abb. 17
http://www.citroen.ch/german/gamme/c4/images/c4/1024x768/c4_1.jpg (März 2008)
Abb. 18
http://www.autozeitung.de/online/render.php?render=view&count=2 (März 2008)
Abb. 19
http://commons.wikimedia.org/wiki/Image:ModelZX.jpg (März 2008)
Abb. 20
http://www.zudroehn.de/bilder.html (März 2008)
Abb. 21
http://www.newemotion.it/gallery.php?ProdID=m-23&img=1 (Februar 2006)
Abb. 22
http://commons.wikimedia.org/wiki/Image:Citroen_2CV6_Charleston02.JPG (März 2008)
Abb. 23
http://www.citroen.ch/german/gamme/c3/images/c3/1024x768/c3_1.jpg (retouchiert; März 2008)

Abb. 24
http://images.worldcarfans.com/articles/2007/8/20/2070820.002/2070820.002.1M.jpg (März 2008)
Abb. 25
http://www.citroen.com.au/cms/images/main/citroen_C4_int_800.jpg (Februar 2006)
Abb. 26
http://www.autozeitung.de/online/index.php?render=66541 (März 2008)
Abb. 27
http://www.autobild.de/suche/index.html?s_category=1%2C2%2C4%2C8%2C16%2C32%2C64%2C128&s_text=citroen+ds (Mai 2008)

b) Tabellen

Kap. 2. f)	Tab. 1:	Übersicht über die Designstile bis ca. 1990
Kap. 4. f)	Tab. 1:	Übersicht über die Designstile im Automobilbau
Kap. 5. d)	Tab. 1:	Übersicht über die Grosskonzerne in der Automobilindustrie (Stand: 2006)
Anhang	Tab. 1:	Messinstrument für die Erhebung der Designentwicklung
	Tab. 2:	Auswertung der empirischen Daten
	Tab. 3:	US-Amerikanische Marken
	Tab. 4:	Britische Marken
	Tab. 5:	Deutsche Marken
	Tab. 6:	Spanische und tschechische Marken
	Tab. 7:	Französische Marken
	Tab. 8:	Italienische Marken
	Tab. 9:	Schwedische Marken
	Tab. 10:	Japanische Marken
	Tab. 11:	Koreanische Marken
	Tab. 12:	Übersicht über die Designstile im Automobilbau

10. Anhang

Dieser Teil enthält Zusatzmaterialien und Daten, die mit quantitativen und qualitativen Methoden analysiert werden.

a) Statistische Auswertung der Designentwicklung (1975-2007)

In den Kapiteln 2. e) und 4. a) habe ich dargelegt, wie sich die Veränderung des Designs exemplarisch in der unterschiedlichen Gestaltung des Kühlergrills zeigt. Um dies empirisch zu untermauern, habe ich die nachfolgende Untersuchung gemacht. Anhand der Einordnung in jeweils eine von fünf Stufen (0-4) lassen sich die Fronten der analysierten Autos statistisch auswerten. Ich habe davon abgesehen, allein die relative Grösse eines Kühlergrills zu berechnen, da der Chromeinsatz, die Positionierung des Markenlogos oder die Abhebung des Grills von der Karrosserie, bzw. von den Scheinwerfern ebenso relevant sind (Definition der Kriterien, vgl. Tab. 1).

Nicht immer war es möglich, eine eindeutige Zuordnung vorzunehmen, darum kommen auch Zwischenwerte (0.5, 1.5, 2.5, 3.5) vor. Um eine möglichst repräsentative Auswertung zu machen, wurden jeweils maximal vier Modelle der bekanntesten Automobilhersteller berücksichtigt. Ich habe vergleichbare Modelle über eine Zeitspanne von 32 Jahren ausgewählt. Die Erhebung erfolgte anhand von Fotografien, die ich in den jährlich erscheinenden Katalogen der Automobil Revue fand. Da ich nicht alle Kataloge im Fünfjahresrhythmus ausfindig machen konnte, sind die Zeitintervalle (1975-2007) nicht ganz regelmässig.[1]

Gesamthaft umfasst meine Studie die Daten von 131 Modellen über sieben Zeitpunkte. Allerdings liess sich nicht zu jedem Zeitpunkt ein einschlägiges Modell finden. Zum Teil sind heute bekannte Marken erst in den 80er oder 90er Jahren entstanden oder ist die Produktion früherer Modellreihen eingestellt worden. Die 131 Modelle rekrutieren sich aus verschiedenen Segmenten: 18 % sind Kleinwagen, 27 % stammen aus der unteren Mittelklasse, 37 % aus der oberen Mittelklasse und schliesslich 18 % aus der Luxusklasse. Die Ergebnisse sind in der Tabelle 2 zusammengefasst:

---

[1] Der Fünfjahresrhythmus macht insofern Sinn, als ein Modellzyklus normalerweise mindestens fünf Jahre dauert.

Wert	Kriterium	Beispiele	Veranschaulichung	
0	Kein sichtbarer Lufteinlass und kleines Logo	Porsche 911 (1985), Chevrolet Corvette (1996)	Abb. 1	Abb. 2
1	Kaum sichtbarer oder optisch unscheinbarer Lufteinlass für den Kühler	Renault 19 (1992), VW Passat (1980)	Abb. 3	Abb. 4
2	Sichtbarer, optisch hervorgehobener Lufteinlass, wenig Chrom	Opel Astra (1998), Fiat Stilo (2001)	Abb. 5	Abb. 6
3	Gut sichtbarer und optisch stark betonter Grill mit Chrom und grossem Logo	Mercedes C (1997), Maserati Biturbo (1984)	Abb. 7	Abb. 8
4	riesiger Chromgrill	Chrysler 300C (2003), Rolls-Royce Silver Spirit (1980)	Abb. 9	Abb. 10

Tab. 1: Messinstrument für die Erhebung der Designentwicklung

Automobilindustrien	Modelle	1975	1980	1987	1992	1997	2002	2007
USA	20	2.97	3.13	2.34	2.05	1.89	2.25	2.88
GB	12	2.38	2.11	2.05	2.09	2.59	2.71	2.91
BRD	25	2.17	1.77	1.54	1.69	2.02	2.25	2.85
Spanien & Tschechien	7	1.4	1.8	1.25	1	1.6	2.71	3
Frankreich	12	1.91	1.73	0.9	0.67	1.04	1.77	2.17
Italien	16	1.67	1.41	1.69	1.64	1.97	2.03	2.61
Schweden	5	2.83	2.6	2.8	3.1	3	3	3.3
Japan	28	1.95	1.84	1.07	1.04	1.41	2.27	2.39
Korea	6	1.5	1.5	1.33	0.6	1.67	2.5	2.25
∅ (Durchschnittswerte)	(n=131)	**2.15**	**2.04**	**1.65**	**1.54**	**1.83**	**2.30**	**2.66**

Tab. 2: Auswertung der empirischen Daten

Die Durchschnittswerte in der untersten Zeile sprechen für die These, dass sich in den 80er und 90er Jahren die Ästhetik der modernen Funktionalität in der Grillgestaltung durchgesetzt hat. Andererseits legen die Werte von 1975, 1980 und ab 2002 nahe, dass die Inszenierung der Markenidentität traditionell starkes Gewicht hatte[2] und in der so genannten Postmoderne neu an Bedeutung gewinnt. Im Vergleich der verschiedenen Automobilindustrien oder -„kulturen" fällt auf, dass der Grad der Modernität oder Funktionalität unterschiedlich ist. Sehr futuristisch gestaltet sind demnach französische Modelle zu Beginn der 90er Jahre, während britische und schwedische Modelle grundsätzlich traditioneller wirken. Zudem scheint die Moderne im amerikanischen Design durchschnittlich später eingesetzt zu haben als in den übrigen Automobilnationen.

Auf den folgenden Seiten sind die Einzelwerte der jeweiligen Modelle und Marken einsehbar (vgl. Tab. 3-10).

---

2 Ich vermute, dass die Durchschnittswerte in den 60er Jahren noch weit höher liegen als jene von 1975, bzw. 2007. Dies könnte Teil einer weiteren, umfassenderen Untersuchung sein.

US-AMERIKANISCHE MARKEN							
Marke/Modellbezeichnungen	1975	1980	1987	1992	1997	2002	2007
BUICK							
Regal – Lacrosse	2	3	3	3	3	2	3
Electra – Park Avenue – Lucerne	3.5	4	3	3.5	4	3.5	3.5
CADILLAC							
Seville – STS			4	3	3	2	3	4
Deville – DTS	3	4	3	3	3	3	3
Cimarron – Catera – CTS			3		3	3	4
CHEVROLET							
Vega – Citation – Cavalier – Cobalt	2	2	2	1	0	1	1.5
Corvette	0	0	0	0	0	0	0
Caprice – Impala	3	3	3	3	1	1	3
CHRYSLER							
New Yorker – Vision – 300M – 300C	4	4	3	1	1	2.5	4
Le Baron – Stratus/Sebring	4	4	3	3	2	3	3
DODGE							
Omni/Shadow – Neon – Caliber		3	2.5	2	1	1.5	2.5
Dart – Aspen/Lancer/Spirit – Stratus – Avenger	2	2.5	3	2	1	1.5	3
FORD							
Mustang	3	1	0	0	2	1	2
Thunderbird	3	4	1	1	1	3	
Granada – Taurus – Five Hundred	3	4	1	1	1	2	3
Bronco – Explorer		2	3	3	2	2	4
JEEP							
Grand Wagoneer – Cherokee	3	3	2	2	1.5	3	2
LINCOLN							
Continental/Town Car	4	4	3	3	4	4	4
Mark V/VI/VII/VIII	4	4	3	3	4		
MERCURY							
Topaz – Mystique – Milan			2	2	2		3
Monarch – Sable	3	3	2	2	1	3	3
PONTIAC							
Grand Prix	4	4	3	1.5	2	2	2
Total:	**2.97**	**3.13**	**2.34**	**2.05**	**1.89**	**2.25**	**2.88**

Tab. 3: US-Amerikanische Marken

BRITISCHE MARKEN							
Marke/Modellbezeichnungen	1975	1980	1987	1992	1997	2002	2007
ASTON MARTIN							
V8 – Virage – DB 7 – DB 9	2	2	1.5	2	2	2.5	3
BENTLEY							
T2 – Mulsanne – Arnage	4	4	4	4	4	4	4
JAGUAR							
S-Type – XF						3	3
XJ	3	3	3	3	3	3	3
XK			2	2	1	2	2	3
LAND ROVER							
Range Rover	1.5	1.5	1.5	1.5	2	2	2
LOTUS							
Esprit – Exige	0	0	0	0	0	0	1
MINI							
Cooper	2.5	2.5	2.5	2.5	2.5	3	3
ROLLS ROYCE							
Silver Shadow – Spirit – Seraph – Phantom	4	4	4	4	4	4	4
ROVER (ROEWE)							
200 – 25 – 250					1	3	3	2
213 – 414 – 420 – 45 (550)				1	1	3	3	
3500 – 800 – 75 – 750	2	0	1	3	3	3	4
Total:	**2.38**	**2.11**	**2.05**	**2.09**	**2.59**	**2.71**	**2.91**

Tab. 4: Britische Marken

DEUTSCHE MARKEN							
Marke/Modellbezeichnungen	1975	1980	1987	1992	1997	2002	2007
AUDI							
60 – A3	2				3	3	3.5
80 – A4	2	2	2	3	3	3	3.5
100 – A6	2	2	2	3	3	3	3.5
200 – V8 – A8		2	2	3	3	3	3.5
BMW							
3er	2	2	2	3	3	3	3
5er	3	3	2	2	3	3	3
3.0 – 7er	3	3	2	2	3	3	3
FORD							
Fiesta		1	1	1	1	1.5	1.5
Escort – Focus	2	1	1	1	1.5	1	3
Taunus – Sierra – Mondeo	2	1	0	1	2	3	3.5
Granada – Scorpio	3	1	1	1	3		
MERCEDES							
200 – C-Klasse	3.5	3.5	3.5	3.5	3	3	3.5
E-Klasse		3.5	3.5	3.5	3	3	3
S-Klasse	4	4	4	3.5	3.5	3	3.5
SEC – CL			3	3	3	3	3.5
OPEL							
Corsa			1	1	1	2	2.5
Kadett – Astra	1.5	1.5	1	1	1	1.5	3
Ascona – Vectra	2	2.5	1	1	1.5	2	3
Rekord – Omega	3	2	1	1	2	3	
PORSCHE							
911er	0	0	0	0	0	0	0
924 – 944 – 968 – Boxter		0	0	0	0	0	0
VOLKSWAGEN							
Polo	1	1	1	1	1	1.5	3
Golf	1.5	1	1	1	1	1.5	1.5
Jetta – Vento – Bora		1	1	1	1	2	4
Passat	1.5	1	1	0	1	2	4
Total:	**2.17**	**1.77**	**1.54**	**1.69**	**2.02**	**2.25**	**2.85**

Tab. 5: Deutsche Marken

ANHANG

SPANISCHE UND TSCHECHISCHE MARKEN							
Marke/Modellbezeichnungen	1975	1980	1987	1992	1997	2002	2007
SEAT							
133 – Marbella – Arosa	1	2	1	1	1	2.5	
127 – Ibiza	2	2	1	1	1	2.5	3
1430 – Ritmo – Leon	2	1				2.5	3
124 – Malaga – Toledo	2	2	1	1	2	2.5	3
ŠKODA							
Favorit – Felicia – Fabia				1	1	3	3
110 – 120 – Octavia	0	2	2		3	3	3
Superb						3	3
Total:	**1.40**	**1.80**	**1.25**	**1.00**	**1.60**	**2.71**	**3.00**

Tab. 6: Spanische und tschechische Marken

FRANZÖSISCHE MARKEN							
Marke/Modellbezeichnungen	1975	1980	1987	1992	1997	2002	2007
CITROËN							
Dyane – Visa – AX – Saxo – C3	2	1	0	0	1	1.5	1.5
ZX – Xsara – C4				0	1	2	2
GSA – BX – Xantia – C5	2	2	0	0	1	2	2
CX – XM – C6	1	1	1	1	1		2.5
PEUGEOT							
104 – 205 – 206 – 207	2	2	1	1	1	1	2.5
304 – 309 – 306 – 307–308	2	2	1	1	1	1.5	3
404 – 505 – 405 – 406 – 407	3	2	2	1	1	2	2
504 – 604 – 605 – 607	2	2		1	1	2	2
RENAULT							
5 – Clio	1	1	1	1	0	2	2
6 – 14 – 11 – 19 – Mégane	2	2	1	0	1	2	2
16 – 18 – 21 – Laguna	2	2	1	1	1	1	2
30 – 25 – Safrane – Vel Satis	2	2	1	1	2.5	2.5	2.5
Total:	**1.91**	**1.73**	**0.90**	**0.67**	**1.04**	**1.77**	**2.17**

Tab. 7: Französische Marken

ITALIENISCHE MARKEN							
Marke/Modellbezeichnungen	1975	1980	1987	1992	1997	2002	2007
ALFA-ROMEO							
GT	3	2	2		2	3	3
Alfasud – 33 – 145 – 147	2	2	2	3	3	3	3.5
Giulietta – 75 – 155 – 156 – 159	2	2	2	2	3	3	3.5
6 – 90 – 164 – 166		2	2	3	3	3	
FERRARI							
365 – 308 – 328 – 348 – 355 – 360 – 430	1	0	1	0.5	1	0	0
365 – 412 – 456 – 612	1	0.5	1	1	2	2	2
FIAT							
126 – Cinquecento – Seicento – 500	0	0	0	0	0	0	1
127 – Uno – (Grande) Punto	1	1	1	1	0	0	2.5
128 – Ritmo – Tipo – Bravo – Stilo – Bravo	2	0	1	1	1	2	2.5
131 – Croma – Marea – Croma	2	2	1	1	2.5	2	3
LAMBORGHINI							
Countach – Diablo – Murciélago	0	0	0	0	0	0	0
LANCIA	2	1	2	2	2.5	2.5	3.5
A – Y – Ypsilon							
Beta – Delta/Prisma – Dedra – Lybra (Delta)	2	3	3	3	3	3	
Gamma – Thema – Kappa – Thesis	3	3	3	3	3	4	4
MASERATI							
Merak – Biturbo – Ghibli – GT	1	1	3	2.5	2.5	3	4
Quattroporte	3	3	3		3		4
Total:	**1.67**	**1.41**	**1.69**	**1.64**	**1.97**	**2.03**	**2.61**

Tab. 8: Italienische Marken

SCHWEDISCHE MARKEN							
Marke/Modellbezeichnungen	1975	1980	1987	1992	1997	2002	2007
SAAB	3	2	2	3	3	3	3.5
96 – 99 – 900 – 9*3							
900 – 9000 – 9*5		3	3	3	3	3	4
VOLVO							
340 – 460 – S40		2	3	3	3	3	3
240 – 740 – 850 – 70 - S60	2	3	3	3	3	3	3
260 – 960 – 90 – S80	3.5	3	3	3.5	3	3	3
Total:	**2.83**	**2.60**	**2.80**	**3.10**	**3.00**	**3.00**	**3.30**

Tab. 9: Schwedische Marken

JAPANISCHE MARKEN							
Marke/Modellbezeichnungen	1975	1980	1987	1992	1997	2002	2007
DAIHATSU							
Fellow – Cuore	2	2	1	1	1	1.5	1
Charmant – Charade – Sirion	2	1	1	1	1	1.5	1
HONDA							
Today – Jazz			0	0	0	1	1
Civic	2	2	0	0	1	1.5	2
Accord	2	2	1	1	2	3	3
Legend			2	2.5	3	3	3
INFINITI							
Q (M)				1	3	3.5	3
LEXUS							
IS						3	3
GS					2.5	3	3
LS				3	3	3.5	3.5
MAZDA							
121 – 2				1	1.5	2.5	2.5
323 – 3	2	2	1	0	0	2	2.5
616 – 626 – 6	2	2.5	1	1	1	3	3
MITSUBISHI							
Minica – Colt	1.5	1.5	1	0	0	1.5	1.5
Lancer (Carisma)	2	2	1	0.5	1	2	2.5
Galant	2	2	1	1	1	1	2
NISSAN (DATSUN)							
Cherry – Micra	2.5	1	1	1	1	2	2
Sunny – Almera – Tiida	2	2	1	1	1	2	2
Bluebird – Primera – (Sylphy)	2	2	2	1	2	2	3
Laurel – Maxima	2	3	2	1	2	3	3
SUBARU							
Hatchback – Impreza					1	2	2.5
Leone – Legacy	2	2	1	2	2	2.5	2.5
SUZUKI							
Fronte – Alto – Swift	1	1	1	1	1	2	2
Jimmy – (Grand) Vitara			1.5		1	2.5	3
TOYOTA							
Starlet – Yaris	2	1.5	1	1	1	2	2
Corolla – Auris	2	1	1	1	1	2	2.5
Carina – Avensis	2	1.5	1	1.5	2	3	3
Corona (Cressida) – Camry	2	3	1	1.5	2	2	2
Total:	**1.95**	**1.84**	**1.07**	**1.04**	**1.41**	**2.27**	**2.39**

Tab. 10: Japanische Marken

KOREANISCHE MARKEN							
Marke/Modellbezeichnungen	1975	1980	1987	1992	1997	2002	2007
HYUNDAI							
Pony (Lantra) – Accent – i30	1.5	1.5	1	1	0	2	2
Stellar – Sonata				2	1	3	3	2.5
XG – Grandeur						3	3	3
KIA							
Sephia – Cee'd					1	1	1	2
CHEVROLET (DAEWOO)							
LeMans – Lanos – Lacetti				1	0	3	3	2
Espero – Evanda (Leganza) – Epica					0	0	3	2
Total:	1.50	1.50	1.33	0.60	1.67	2.50	2.25

Tab. 11: Koreanische Marken

Anmerkung:
In dieser Zusammenstellung kommen der Repräsentativität wegen auch einzelne Modelle mit Heckmotor vor (z. B. Fiat 126, Škoda 110, die Modelle von Porsche). Bei diesen Fahrzeugen hat ein Kühlergrill in der Front keine Funktion. Der Wert ‚0' hat hier also technische und nicht ästhetische Gründe.

b) Exemplarische Analyse der Mehrsprachigkeit im postmodernen Design

Nach der quantitativen Untersuchung über die Designentwicklung wechsle ich die Methode und unternehme eine hermeneutische Einzelanalyse.

Die Mehrsprachigkeit im Design von Autos aufzuzeigen ist nicht einfach, da Fahrzeuge im Gegensatz zu Gebäuden klein sind und funktionell gestaltet werden. Darum bedarf es einer subtilen phänomenologischen, möglichst wertfreien Analyse der ästhetischen Phänomene und Hintergründe, um die Pluralität der Designsprachen, bzw. -dialekte aufzuzeigen. Zunächst möchte ich die bedeutendsten Designstile anhand der bereits in Kapitel 4. e) gezeigten Tabelle noch einmal in Erinnerung rufen (vgl. Tab. 12).

Stile im Automobildesign	Bezug zu Architekturstilen	siehe
- mechanisch-konstruktivistisch (heute sehr selten)	Konstruktivismus/Brutalismus, Erste Maschinenästhetik	2. a); 2. b)
- organisch: o *Stromlinie* o *„Klassisch"* (Kotflügelschwung, abfallendes Heck) o *„Barock"* (manieristisches Dekor) o *Neo-klassisch* und *Retro*	Historismus, Jugendstil, Expressionismus, Art déco, New Deal, Dynamismus, Symbolismus, New Liberty, Italianità Eklektizismus, Postmoderne	2. b) 2. a) 2. b), 4. a) 2. b) 4. a), 4. c)
- rational/technoid: o *Edge* (Kiste) o *Wedge* (Keilform) o *Graph* (Horizontale zusätzlich betont) o *Flow/Smooth* (rund/oval geschliffen) o *Puristisch* (reine, leere Flächen)	Bauhaus, Internationaler Stil, Funktionalismus, Sachlichkeit, Purismus, Rationalismus, High-Tech (Silberne Abstraktion), Minimalismus, Zweite Maschinen-Ästhetik Neomoderne	2. c), 3. b), c) 2. c) 2. c) 2. c) 2. e) 4. d)
- emotional: o *Carving* (Spannungsbogen) o *Dekonstruktivistisch* (schiefe Linien)	Postmoderne, Dekonstruktion Metaphorische Metaphysik, Surrationalismus, organischer Expressionismus	5. a), 5. c) 4. c) 4. c)

Tab. 12: Übersicht über die Designstile im Automobilbau

Als Analysebeispiel wähle ich den Citroën C4 (Berline, 2004) (Abb. 11). Die Marke Citroën eignet sich für eine solche Analyse, da sie eine legendäre Designgeschichte hinter sich hat. Es verwundert nicht, dass diese gerade in der Postmoderne in Zitaten wieder belebt wird.[3] Damit verbunden sind logischerweise auch verschiedene Stilsprachen. Der Citroën C4 selbst hat aber noch keine lange Geschichte. Er besitzt nur zwei Vorgängergenerationen (ZX 1991-1997 und Xsara 1997-2004) und war Citroëns späte Antwort auf den VW Golf und das beliebte Segment der unteren Mittelklasse. In seinem Design greift das Modell viele Elemente der Studie C-Airdream (2002) auf (Abb. 12 und 13).

---

[3] P. Tumminelli schreibt zum Stil ‚New Classic': „Die ‚neue Klassik' ist die klare Weiterentwicklung des Retro-Designs. […] Das Automobildesign befasst sich hier mit der Vergangenheit und Zukunft zugleich. Diesem neuen Klassik-Trend können nur Marken mit Historie und mit Vorbildern folgen." (in: „Stilkunde", S. 162).

Abb. 11: Citroën C4 (2004)

Abb. 12 und 13: Citroën C-Airdream (Studie 2002)

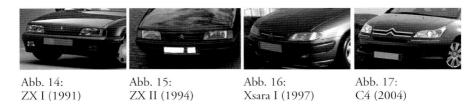

| Abb. 14: | Abb. 15: | Abb. 16: | Abb. 17: |
| ZX I (1991) | ZX II (1994) | Xsara I (1997) | C4 (2004) |

Auf den ersten Blick überraschte der C4 bei seiner Präsentation im Herbst 2004 positiv. Hier erschien nach einer Phase unspektakulärer Modelle (Saxo, Xantia, Xsara, C5) „endlich" ein Modell, das sofort als typischer, avantgardistischer und unkonventioneller Citroën erkennbar war. Doch wenn wir das Modell mit seinen Vorgängern vergleichen, erfolgte hier kein eigentlicher Bruch, sondern eine kontinuierliche Entwicklung mit gewissen Ähnlichkeiten. Beginnen wir bei der Front.

Abb. 18: C4-Silhouette

Abb. 19: ZX-Silhouette

Abb. 20: Ami 6 (1961)

Abb. 21: Prototyp des C4 (2002)

1. Analyse des Aussendesigns

In der Gestaltung des Kühlergrills und der Scheinwerfer findet (abgesehen vom Facelift des Xsara (2000)) eine allmähliche Evolution vom glatten, anonymen Gesicht zu einer immer stärkeren „Persönlichkeit" mit mehr Chromeinsatz statt (Abb. 14-17). Der C4 war das erste Serienmodell, das den Doppelwinkel in einer zweifachen Chromlinie in die Breite bis knapp zu den Scheinwerfern zieht. Dies unterstreicht die klare, moderne Note des Designs. Die dagegen etwas zerklüftet wirkenden Öffnungen für die Motorkühlung sollen helfen, die Verletzungsgefahr von Fussgängern bei einem frontalen Unfall zu verringern. Die waagrechte Grundform der Scheinwerfer liegt in der Tradition der Marke seit dem CX (1974; vgl. Kap. 2, Abb. 18). Im Falle des C4 sind sie aber zusätzlich an der Aussenseite nach hinten bumerangförmig in die Karosserie gelenkt. In diesem Teil der Leuchte steckt einerseits der Blinker, andererseits ein Tagfahrlicht, wie es bereits im BMW 5 (2003) vorkommt. So dringt etwas leicht Barockes und Organisches in die rational-eckige Form.

Fahren wir weiter mit der Silhouette. Die Seitenlinie des C4 übernimmt den Edge-Stil des ZX-Vorgängers in der groben Grundform, wie z. B. in der Fensteraufteilung (Abb. 18 und 19). Die Graph-Sicke entfällt und macht die Seitenansicht des neuen Modells klar und puristisch, ganz im Sinne der Neomoderne, ohne jegliche Dekorelemente. Einzig am unteren Rand der Türen findet sich eine Gummischutzleiste. Doch bei näherer Betrachtung zeigt sich, dass nicht gänzlich auf Schmuck verzichtet wurde. Der Designer Oleg Son versuchte mit seinem Team

232 ANHANG

Abb. 22: 2CV (1948)   Abb. 23: C3 (2001)   Abb. 24 C4 Heckansicht

zum Beispiel, die Rückspiegel als kleine „Fahnenmasten im Wind" zu formen.[4] Der gerade Graph in der Gürtellinie wird mit dem gewölbten Dachbogen, einem typischen Carving-Element des postmodernen Designs, kombiniert. Dabei fällt auf, wie radikal und konsequent sich der ovale Bogen bis in die Heckschürzen durchzieht. Die aerodynamische Form widerspiegelt sich in einem guten C_w-Wert von 0.28. So dominiert eine abstrakte Geometrie der reinen Form die Silhouette. Höchstens ein liegendes Ei kommt als organische Assoziation auf. Augenmerk verdient aber die besondere, dekorative Gestaltung der D-Säule und der in sie integrierten Heckleuchten. Die Form der lackierten Blechteile (ohne Leuchte) dekonstruiert die eiförmige Linie, indem der rückläufige Absatz in subtiler Weise die charakteristische C-Säule des Ami 6 (1961) zitiert (Abb. 20). In einem Prototyp aus dem Jahr 2002 ist das Zitat noch offensichtlicher zu erkennen (Abb. 21), ähnlich wie bei der aktuellen Coupé-Version des C4 (siehe Abb. 11, rechts). Trotz dieser kleinen Dekonstruktion folgt das Dachdesign klar der Carving-Mode und schafft gleichzeitig einen Bezug zur klassischen Form der Citroën-Legende 2CV (Abb. 22). Bereits im Modell C3 (2001) erlebte diese Form eine Renaissance (Abb. 23).

Das Heck wirkt sauber und streng. Gleichwohl offenbart gerade die Heckansicht den kleinen Clou mit der eben beschriebenen Reminiszenz an den Ami 6 (Abb. 24). Soviel zu den Designspielen und -deutungen des Exteriors. Betrachten wir zum Schluss noch das Interieur.

2. Analyse des Innendesigns

Die sanft geschwungene Bogenform der Dachkuppel, Hauptmotiv des Aussendesigns, erscheint in zahlreichen Variationen im Innenraum, z. B. in der Abrundung des Armaturenbrettes zur Frontscheibe hin oder in den ovalen Armstützen der Türen. In der luxuriösen Ausstattungsversion unterstreicht ein zarter Chromstreifen die gebogene Linie. Schliesslich sind auch die Staufächer in den Türverkleidungen auffällig carvingförmig gezeichnet. So wiederholt sich die einfache geometrische Form als Designphilosophie im Interieur. Sie verdeutlicht die puristische Zentradi-

---

4 vgl. Th. Imhof, „Das Comeback", S. 110.

Abb. 25: C4-Cockpit (2004)   Abb. 26: CX-Cockpit (1974)   Abb. 27: DS-Cockpit (1955)

tion, auf die sich die Citroën-Designer selber in der Werbung berufen.[5] Kombiniert wird diese Ästhetik des Einfachen und Reinen mit avantgardistischen High-Tech-Elementen wie den digitalen Anzeigen (Abb. 25). Doch neben diesen beiden Stilen finden sich erstaunlich viele Zitate aus Citroëns Geschichte der Cockpitgestaltung. Auch wenn der Tachobogen im neuen Modell im Zentrum des Armaturenbretts liegt, imitiert er doch in seiner leicht gewölbten Form die futuristische Haube des CX (1974). Ebenso übernimmt die Mittelkonsole mit dem kleinen Aufsatz oberhalb der Klimaanlage die Form aus dem CX (Abb. 26). Die abgewinkelten Lüftungsdüsen links und rechts lehnen sich an die Cockpit-Gestaltung der DS (1955) an (Abb. 27). Dass solche Anleihen in einem Interieur, das heute sehr modern und puristisch kühl wirkt, möglich sind, weist darauf hin, wie revolutionär Citroëns Design in der Vergangenheit war. Revolutionär im neuen Modell sind hingegen die feststehende Nabe des Lenkrades, die lichtdurchlässige LCD-Anzeige für die Geschwindigkeit und andere wichtige Fahrinformationen, die auch bei Sonneneinstrahlung gut ablesbar bleibt[6], der Duftspender in Form einer austauschbaren Kartusche und die grosszügige Verglasung dank der schmalen A-Säule. Sie macht das Interieur rein und ruhig und lässt dadurch beinah die Grenzen zwischen Innen und Aussen wie in der neomodernen Glasarchitektur vergessen.

Das Fazit dieser kurzen exemplarischen Analyse zeigt, mit welch reichen Reminiszenzen verwoben aktuelles Autodesign sein kann, während die Hersteller gleichzeitig diverse (modische) Gestaltungselemente und Designdialekte aufnehmen, Mehrsprachigkeit üben und mit ihr spielerisch eine kleine Skulptur mit zahlreichen Kodierungen und Konnotationen erschaffen. Allerdings – letztlich ist auch der C4 nur ein konventionell gebautes Serienfahrzeug.

Wahrscheinlich liessen sich bei einer sorgfältigen Analyse weiterer Automobile ähnlich interessante Kontexte, Zitate und Verweise in- und ausserhalb der eigenen Firmengeschichte finden. Auf diese Weise befruchten sich Tradition und Moderne des Automobilbaus im gegenseitigen Wechselspiel wie überall dort, wo es um

---

5   vgl. Citroën: Conduite zen, in: http://www.c4.citroen.fr, sowie Th. Imhof, „Das Comeback", S. 111 f. Bereits im Kapitel 4. d) habe ich darauf hingewiesen.
6   vgl. den Prospekt „Citroën C4", S. 23.

Ästhetik und Kultur geht. In diesem Sinn scheint es lohnend, eine praktische Ästhetik zu betreiben und Objekte unseres alltäglichen Lebens im kulturgeschichtlichen und soziologischen Kontext lesen und deuten zu lernen, aber auch kritisch zu beleuchten. Nach dieser phänomenologischen Analyse bestünde nun ein zweiter Schritt darin, das Design ästhetisch zu beurteilen, d. h. sich zu fragen, in wieweit es gelungen, angemessen oder reizvoll ist. Diese Aufgabe überlasse ich aber getrost den Leserinnen und Lesern.